CHENGYU YU DILI KEXUE

成语与地理科学

曾承 著

安徽师范大学出版社

· 芜湖 ·

责任编辑:黄成林　郭行洲

责任校对:祝凤霞

装帧设计:桑国磊

责任印制:郭行洲

图书在版编目(CIP)数据

成语与地理科学 / 曾承著. —芜湖:安徽师范大学出版社, 2015.8（2018.12 重印）

ISBN 978-7-5676-1991-3

Ⅰ.①成… Ⅱ.①曾… Ⅲ.①汉语—成语—通俗读物 Ⅳ.①H 136.3-49

中国版本图书馆CIP数据核字(2015)第115981号

成语与地理科学

曾　承　著

出版发行:安徽师范大学出版社

芜湖市九华南路189号安徽师范大学花津校区　邮政编码:241002

网　　　址:http://www.ahnupress.com/

发 行 部:0553-3883578 5910327 5910310(传真) E-mail:asdcbsfxb@126.com

经　　　销:全国新华书店

印　　　刷:日照教科印刷有限公司

版　　　次:2015年8月第1版

印　　　次:2018年12月第3次印刷

规　　　格:700×1000　　1 / 16

印　　　张:15

字　　　数:253千

书　　　号:ISBN 978-7-5676-1991-3

定　　　价:30.00元

前　言

我国历史悠久,在漫长的发展过程中,经过劳动人民长期使用、千锤百炼,诞生了数以万计的中华民族语言瑰宝——成语。成语结构固定,历代沿用,形式简洁,言简意赅,积淀深厚,凝结着我国劳动人民的智慧,闪烁着科学的光芒。

随着国学热和中国传统文化教育的回归,特别是央视文化类原创节目《中国成语大会》隆重播出之后,读者对成语知识的需求有了很大提升,不仅想知道成语本身的含义、成语中的科学知识,还想在此基础上更多地了解成语带给我们的科学思维和启示,进而指导我们的学习、工作和生活,等等。

笔者孤陋寡闻,未读过涉及地理科学知识、科学思维和科学方法的成语类著作。市场上有关成语的书籍多为成语词典和成语故事,学术论文一般只讨论一个或几个成语,简单描述其中的地理等知识,未见从地理科学层面研究成语的著述。

笔者供职于阜阳师范学院,一直为本科学生开设通识教育课程"看成语学地理"。在第一次开课前两年,笔者就系统收集整理了1 000余条与地理相关的成语,初步梳理了其中部分成语所涉及的地理知识、地理规律、地理原理和其他科学知识,以及蕴含其中的科学思想、科学思维、科学方法和科学精神。通识教育课程"看成语学地理"涉及其中近100条成语。

其实,成语只是本书的"切入点",揭示隐含成语之中的,或从成语推及而来的地理科学知识才是本书的"真谛"。

一次偶然的机会,有幸与安徽师范大学黄成林教授相识,聊起了自己承担的通识教育课程"看成语学地理"教学任务的问题。在他的鼓励下,我尝试将该课程部分讲授内容编写成本书。本书从通识教育课程"看成语学地理"中选择了27个成语,主要涉及天文学、地质学、地貌学、水文学、气象学和人文地理学等学科。

本书读者对象定位为地理科学专业在校学生、相关通识课程学生、中学地理教师,以及对成语和地理科学感兴趣的读者。

在写作过程中,针对中学地理教师读者,我们尝试结合解析成语,讨论高考地理试题等诸多有助于其提升教学水平的问题;针对一般读者,我们注意通俗性与专业性相结合,一方面必须比较准确地反映成语揭示的诸多地理科学方面的信息,甚至与成语相关联的诸多最新研究成果,另一方面又要深入浅出,使非地理专业的读者也能读懂,所以本书基本上不包括复杂的公式,也不采用任何理论推导。探讨成语中蕴含的地理科学知识、地理科学思想、地理科学思维和地理科学方法等,属于尝试性工作,我们在书中还尝试对部分成语提出了一些自己的看法。

《成语与地理科学》虽由笔者选题、拟纲、统稿和定稿,但却是阜阳师范学院地理科学专业教师集体合作的成果。具体撰写分工如下:第一章到第五章,曾承;第六章,曾承、张松婷、白如山、陈玲玲。

在写作过程中,我们阅读、参考并引用了不少学者的研究成果,得到了多方面的帮助和鼓励。每一节第一目之前交代成语出处、示例和含义方面的内容,主要引自刘万国、侯文富的《中华成语大词典(修订版)》(北大青鸟电子出版社2004年版),因考虑到篇幅,没有在脚注中一一著录文献源,特此说明;安徽师范大学黄成林教授为书稿修改提出了富有建设性的意见与建议;阜阳师范学院江进德、黄鹏娜老师负责收集整理了部分资料,陈玲玲老师和阜阳市广播电视台李根老师清绘了所有插图,郑小平老师负责文字录入工作。值付梓之际,谨向各位专家学者和同仁表示衷心的感谢和由衷的敬意。

本书在撰写过程中虽数易其稿,但囿于作者学识,书中定有疏漏错误之处,敬请读者批评指正。

本书的编写和出版得到了以下项目资助:教育部人文社会科学研究青年基金项目(10YJC770003),安徽省哲学社会科学规划项目(AHSKQ2014D56),安徽省高校省级优秀青年人才基金项目(2010SQRW113、2013SQRW039ZD),安徽省高校省级人文社会科学研究项目(2010sk337),安徽省教育科学规划项目(JG09160),阜阳师范学院科学研究项目(2009FSKJ13),阜阳师范学院本科教学工程项目(2014ZYJH01、2013ZYJS06),阜阳师范学院教学研究项目(2012JYXM54、2012JYXM77)。

曾 承

2015年初春于卧牛岭

目　录

图　录

表　录

第一章 成语中的科学思维和科学方法

本章以"盲人摸象""狐假虎威"和"曹冲称象"三个成语为例,解读了蕴含其中的科学思维和科学方法等。

"盲人摸象"一节分析了盲人摸象的困境和原因,提出了解决盲人摸象困境之道——交流、重复。在进行古环境演变研究时,科研人员往往选择多种信息载体、多个研究区域、多种样品,并且采用多种技术方法和多指标分析,即通过"重复"的方式在最大程度上避免犯盲人摸象式的错误。

"狐假虎威"一节揭示了"相关性良好未必有成因联系",以地震前兆和湖泊自生碳酸盐氧碳稳定同位素值协变性的古环境意义及存在的问题为例进行了详细阐述,并且结合两道高考地理试题的"另类解析"进一步分析了相关性与成因之间的关系。

"曹冲称象"一节揭示了"时空转换"和"化整为零"两种科学思维和方法。以南水北调、北煤南运、西气东输、水库修建为例,说明可以通过时空转换来解决资源分布不均的问题;以"台风诱发慢地震"为例,详细阐述了"化整为零"这一科学思维和方法。

第一节 盲人摸象:困境和对策

盲人摸象出自《大般涅槃经》卷三二。相传几个盲人摸大象的身躯,各人都以为自己摸到的是大象的全部。"尔时大王,即唤众盲各各问言:'汝见象耶?'众盲各言:'我已得见。'王言:'象为何类?'其触牙者即言象形如芦菔根,其触耳者言象如箕,其触头者言象如石,其触鼻者言象如杵,其触脚者言象如木臼,其触脊者言象如床,其触腹者言象如瓮,其触尾者言象如绳。"大意是说,摸到长牙的说像萝卜,摸到耳朵的说像簸箕,摸到头的说像石头,摸到鼻子的说像木头,摸到腿的说像木制舂米器具,摸到脊背的说像床,摸到肚子的说像水瓮,摸到尾巴的说像绳子。

宋·释道原《景德传灯录》卷二四:"有僧问:'众盲摸象,各说异端,忽遇明眼人,又作幺生?'师曰:'汝但举以诸方。'师经行次,众僧随从。"

元·黄潜《书表通甫诗后》:"正如盲人说象,知其鼻者谓象如杵,知其牙者谓象形如芦菔根。"

明·张岱《大易用·序》:"盲人摸象,得耳者谓象如簸箕,得牙者谓象如槊,得鼻者谓象如杵。随摸所名,都非真象。"

后以"盲人摸象"或"瞎子摸象"比喻看问题(或观察事物)以偏概全、以点代面,在不了解全局的情况下,根据自己所掌握的信息或只凭自己的经验妄加揣测,做出自己认为正确的判断。亦作"盲人说象"。

故事告诉我们,看问题不能仅凭自己主观的片面了解就做出判断,应了解事物的全貌。

和盲人摸象相类似的成语有很多,如坐井观天、井底之蛙,管中窥豹、窥豹一斑、管窥所及、以管窥天,一叶障目、闭门造车。

一、盲人摸象:问题及原因

每个盲人根据自己对大象的把握和了解描述出大象的形状,结果犯了以偏概全、以点代面的错误,闹了笑话。但在笑过之后,我们还应该思考(且不限于)以下几个问题:

问题一:每个盲人是否认为只有自己的判断是正确的,而其他盲人的判断是错误的,或可能是错误的?

问题二:如果摸象的盲人中有一人,或至少有一人在眼盲之前见过大象,其他盲人会不会相信这(几)位盲人对大象形状的正确描述?

问题三:盲人为什么会犯以偏概全的错误?

问题四:如果我们也不知道大象长什么样,我们如何根据盲人的不同描述("众盲摸象,各说异端")判断谁对谁错?

问题五:现实生活中,包括科学研究中是否存在盲人摸象的现象?

问题六:如何有效避免盲人摸象可能产生的问题?

针对上述六个问题,不同的人给出的答案恐怕也不会完全相同(这可能也算"盲人摸象")。

对于问题一,恐怕每个盲人都认为只有自己的判断是正确的,而其他盲人的判断都是错误的,或可能是错误的。当然,产生这种情况的原因之一就在于几位盲人都没见过大象。

对于问题二,如果其他盲人知道某(几)位盲人见过大象,可能会相信其正确描述;如果不知道某(几)位盲人见过大象的话,相信其正确描述的可能性一定较低。

对于问题三,犯错误的盲人一则未见过大象,二则都根据自己的了解做出自己认为正确的判断。但这里面有两个问题值得思考:一是为什么每个盲人都只摸了大象的局部,而不是在摸到大象局部之后再摸其他地方? 是他们主动停止摸其他部位,还是他们只被允许摸大象某一局部? 如果盲人摸的不只是大象某一局部,其对大象形状的描述可能就会发生变化,哪怕这种变化后的描述也是错误的,但却是在一定程度上可以接受的错误。二是诸位盲人在听到其他盲人对大象形状的描述后,是否会思考诸如"为什么我的描述和他们的描述差异如此之大"之类的问题。

对于问题四,如果我们也不知道大象长什么样,至少我们可以根据不同盲人对大象形状描述不同,怀疑可能有人出错,甚至所有人都出错。即即使我们不知道大象长什么样,但我们也可以判断肯定有盲人出错了。

对于问题五,因为种种原因,现实生活中,包括科学研究中类似盲人摸象的现象一定存在,并且可能还不少。很多事物都是立体的、多维的,孤立地看问题只能是盲人摸象,得不到事物的真相。某些科学研究,在一定程度上类似于盲人摸象,学者根据自己掌握的信息做出自认为符合逻辑且正确无误(也有的学者可能自己都不知道该不该相信自己正确)但可能并不正确的判断。尤其是在古环境研究领域,对于同一地区同一时段的气候和(或)环境变化,不同学者根据各自掌握的信息得出不同结论,这很正常。

对于问题六,如何有效避免盲人摸象可能产生的问题,将在后面详细阐述。

二、问题的解决之道——交流与重复

根据上述分析,我们知道盲人摸象产生问题的原因包括:大家都没见过大象;每个人都只摸了局部,而未摸其他部位;每个人都相信自己的判断是正确的;没有交流,即使交流了也没有思考为何自己和他人的判断不同;等等。

那么,如何有效避免盲人摸象可能产生的问题呢? 有两点非常重要,一是信息共享、交流合作,二是重复检验、统筹考虑。

这里仅以地学研究领域的古环境研究为例,来说明重复检验对于避免产生盲人摸象问题的重要性。在进行古环境演变研究时,科研人员往往选择多种信息载体、多个研究区域、多种样品,并且采用多种技术方法和多指标分析,即通过重复的方式在最大程度上避免犯盲人摸象式的错误(至少从形式或程序上来讲是这样的)。对于未知的事物,不同人有不同理解很正常,我们都在各自局部重复或整体重复的状态下不断地接近事物真相。

(一)多载体对照

古环境、古气候在演变过程中,会在地球表层的不同圈层系统中留下痕迹,人们可以从诸多地质沉积物、树轮、历史文献中提取并解读其演变信息。地质沉积物包括海洋沉积物和陆地沉积物,其中陆地沉积物又包括湖沼沉积物、洞穴沉积物(如石笋)、风力沉积物(如黄土、红黏土)、河流沉积物和冰芯等。

黄土沉积、深海沉积、极地冰芯已成为全球环境变化的三大国际对比标准。2002年度"泰勒环境成就奖"(国际环境科学最高奖)评审委员会成员科恩评价说:"自然界沧海桑田的环境变化在地球上刻下了三本完整的历史大书:一本是完整保存古环境变化信息的深海沉积,一本是系统反映气候变化的极地冰川,而第三本书则是中国的黄土沉积。这三本书是我们认识地球上自然历史、气候、生物变迁的最佳文献档案。"[1]

研究地球环境演变,需要选择不同的信息载体分别开展研究,并在适当的时候开展集成研究,方可一步步地逼近或还原真相。

1.两次南中国海大洋钻探

人类对海底的大规模钻探已经经历了深海钻探计划(1968—1983,Deep Sea Drilling Program,DSDP)阶段、大洋钻探计划(1983—2003,Ocean Drilling Program,ODP)阶段和综合大洋钻探计划(2003—2013,Integrated Ocean Drilling Program,IODP)阶段,目前已进入国际海洋发现计划(2013—2023,International Ocean Discovery Plan,IODP)阶段,其中大洋钻探计划(ODP)在全球各大洋钻了数以百计的钻孔。

中国于1999年2—4月参与了ODP184航次(首次南海大洋钻探),并于

[1]周维海.国家最高科技奖得主刘东生:天书无垠行者无疆[EB/OL].(2000-03-10)[2015-02-28].http://www.chinanews.com/n/2004-02-24/26/405412.html.

2014年1—3月主导了IODP349航次(第二次南海大洋钻探)。IODP349航次为"国际大洋发现计划"(2013—2023)的首个航次。

作为在中国海域的首次大洋钻探,ODP184航次是根据中国学者的建议和计划"东亚季风历史在南海的记录及其全球气候影响"而开展的航次,由中国科学院院士、同济大学汪品先教授和海洋古季风研究的国际权威、美国布朗大学 W. Prell 教授担任首席科学家。ODP184航次在南海南北6个深水站位钻孔17口(详见表1.1),从水深2 000~3 300米的海底钻入地层,最深一口深入海底以下850米,取得高质量的连续岩芯共计5 500米,取芯率达95%,取得了南海3 000多万年来的沉积记录,首次为东亚季风的历史取得了深海记录。后继研究表明,南海深水记录中的季风变迁与我国内地的黄土剖面对比良好,为我国气候历史研究的海陆对比提供了新的依据。这种海陆对比,从逻辑上讲,就是通过不同信息载体的对比,以期避免犯盲人摸象式的错误。ODP184航次发现大洋碳循环具有40万年长周期,为探索气候变化的热带驱动效应提供了新途径[1]。

表1.1　南海大洋钻探计划184航次钻孔资料

海区	站号	位置	水深/m	最大井深/m	钻孔数/口	井底年龄/万年距今	岩芯总长度/m
	1143	9°22′N,113°17′E	2 272	500	3	1 100	1 100
南沙	1144	20°03′N,117°25′E	2 037	450	3	~100	1 110
	1145	19°35′N,117°38′E	3 175	200	3	~300	555
	1146	19°27′N,116°16′E	2 092	600	3	~1 900	1 450
东沙	1147	18°50′N,116°33′E	3 246	80	3	140	240
	1148	18°50′N,116°34′E	3 294	850	2	3 200	1 000

IODP349航次重点解决中国南海的扩张历史和形成机制,以及对东亚和西太平洋构造和古环境演化影响的科学问题。该航次在水深3 300~4 400米的4个不同区域钻探取芯,并穿透沉积物至大洋玄武岩,确定中生代晚期以来南海的解体和盆地形成的历史;在不同的磁场区及周边主要构造事件的不同年龄段的基底进行岩石地球化学采样,揭示地壳和地幔如何演变,为各阶段的盆地演化提供重要信息。此航次由美国伍兹霍尔海洋研究所资深研究员林间与同济

[1] 苏新. 南海大洋钻探计划184航次简介[J]. 现代地质——中国地质大学研究生院学报,1999(2):175—176.

大学李春峰教授担任首席科学家[1]。

IODP349航次首次在南海东部次海盆和西南次海盆开展了钻探工作,实际完成了五个站位(U1431—U1435)的钻探,以研究南海的构造演化和深海盆洋壳为重点,力图解决"两个次海盆开始扩张和结束扩张的年龄"以及"构造演化对深水沉积和古海洋的影响"等问题,创造了多个科学的首次发现,并且从中可以读取南海4 000万年来的风云变幻、沧海桑田。本航次的钻探总深度为4 317米,其中沉积岩取芯1 503米,基底玄武岩取芯近100米,获得的最大井深1 008米。借此,科学家们获取了具有极高科学价值的岩芯,同时还完成了2个站位的地球物理测井工作[2]。

该大洋钻探航次圆满完成了取芯、测量工作,全面的科学研究还需要好几年时间。仅根据对所取得沉积物的初步分析看,已经获得了多方面重大发现:一是首次获得了南海形成年龄的直接证据,初步标定了不同站位处的南海东西两大海盆的年龄(南海停止扩张的年代范围被缩小到约1 600万~1 700万年前);二是发现南海形成过程中有多期次的大规模火山喷发,此项发现为研究海山的形成原因以及海底扩张如何停止的历史过程提供了全新的线索;三是发现南海深海盆反复变化的沉积历史,为研究南海乃至西太平洋演变历史提供了宝贵资料。

2. 中国历史文献记载的气候环境变化研究

在历史文献记载中,有关气候的证据,内容十分广泛,既包括直接的气候证据,如水灾、旱灾、霜冻、降雪、冰雹、风沙、逐日天气记载等,也包括许多间接的气候证据,如湖泊和河流封冻及水位变化、沙漠变迁、雪线升降、冰川进退、物候现象、各种指示生物(包括动物和植物)的分布、某些农作物界限的变迁、耕作措施的变化等[3]。

特别是竺可桢,集多年研究之大成,于20世纪70年代初发表了《中国近五千年来气候变迁的初步研究》一文,初步建立了我国近5 000年来的温度变化序列(图1.1),成功地描绘出我国历史时期气候变化的轮廓。该文献至今仍然是历史文献气候研究的经典文献。

[1] 海洋地质与第四纪地质编辑部. IODP349航次——南海构造演化[J]. 海洋地质与第四纪地质,2013(3):14.

[2] 李春峰,宋晓晓. 南海沧桑问岩心[J]. 科学世界,2014(6):54-55.

[3] 龚高发,张丕远,吴祥定,等. 历史时期气候变化研究方法[M]. 北京:科学出版社,1983:20-31.

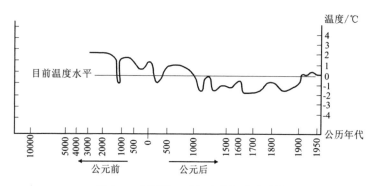

图1.1　中国近五千年来的温度变化[1]

（横线时间的缩尺是虚数的，越至左边缩尺越小）

　　尽管后来有学者[2]指出该文在史料引用和理解方面存在某些错误，但对作者确立的理论体系和研究方法毫无异议。此后的许多研究成果证明：该序列所勾画出的中国历史时期温度变化的基本框架，从总体上看是基本正确的，特别是对主要冷期的识别是较为准确的[3]。

　　20世纪80年代以来，随着地球系统科学的诞生与全球变化研究的不断深入，以及研究手段和技术的不断发展，对过去数百年、数千年乃至上万年的气候重建及变化规律研究，也朝着高分辨率、定量化、综合集成研究的方向发展。中国学者在这些方面做了大量工作，手段也从原来单一的文献分析迅速发展为文献资料与考古及自然证据（如孢粉、树轮、湖泊沉积、冰芯等）并举分析与集成。多种信息载体的对比分析，类似于在盲人摸象过程中增加了相互交流校正的过程。

　　而后，中央气象局气象科学研究院组织专家对中国历史典籍中记载的气候信息进行了详细搜寻、订正、研究，以五级旱涝指数分类来描述中国120个站点1470—1979年的干湿状况，并和器测记录连接起来，于1981年出版了世界上时间跨度最长的历史气候图集《中国近五百年旱涝分布图集》[4]。经过两次续补，

　　[1] 竺可桢. 中国近五千年来气候变迁的初步研究[J]. 考古学报，1972(1)：15-38.

　　[2] 牟重行. 中国五千年气候变迁的再考证[M]. 北京：气象出版社，1996：6-80.

　　[3] 葛全胜，方修琦，郑景云. 中国历史时期温度变化特征的新认识——纪念竺可桢《中国过去五千年温度变化初步研究》发表30周年[J]. 地理科学进展，2002，21(4)：311-317.

　　[4] 中央气象局气象科学研究院. 中国近五百年旱涝分布图集[M]. 北京：地图出版社，1981.

已将这一旱涝指数数据延伸到2 000 AD[1-2]。该旱涝等级序列作为反映我国过去500年旱涝气候变化的基本代用资料被广泛引用。

他们还系统收集、整理了我国公元前13世纪至公元1911年3 000多年间的各种天气、气候、大气物理现象(涝、旱、雨、雪、冷、暖、冰、冻、霜、雹、风、尘霾、风暴潮、雷电、大气声光等)出现的时间和情景,各种气象灾害的范围、危害程度和灾后赈济、蠲免情形,与气象条件有关的物候、农业丰歉、病虫害、疫病、饥荒等现象,按公历年序编排(明代以后,即1368—1911年的记录在年序之下又将同一年的记录按省份编排),并为各条记载标明其现代地名,出版了《中国三千年气象记录总集》[3],为利用历史文献研究过去气候变化提供了宝贵资料。全书近900万字,主要覆盖我国东部100°E以东地区,共分四册:第一册为远古至元代的气象记录,第二册为明代的记录,第三、四册为清代(上、下)的记录。

鉴于竺可桢《中国近五千年来气候变迁的初步研究》一文在历史文献气候研究领域的经典地位,文中"五千年来中国温度变迁图"被选作2006年高考上海历史卷试题的素材:

37.气候的冷暖会在一定程度上影响人类的活动和历史的进程,以下这幅"中国近五千年来气温变化曲线示意图"(图1.2,改绘),直观地再现了公元前3000年至公元1950年间中国气温的变化过程。观察下图,阅读材料,回答问题。(8分)

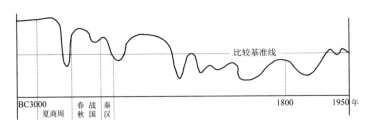

比较基准线

BC3000　春　战　秦
夏商周　秋　国　汉　　　　　　　　　1800　　1950年

图1.2　中国近五千年来气温变化曲线示意图

[1]张德二,刘传志.《中国近五百年旱涝分布图集》的续补(1980—1992年)[J].气象,1993,19(11):41-46.

[2]张德二,李小泉,梁有叶.《中国近五百年旱涝分布图集》的再续补(1993—2000年)[J].应用气象学报,2003,14(3):379-388.

[3]张德二.中国三千年气象记录总集[M].南京:江苏教育出版社,2004.

(1)上图的"比较基准线"为中国现代年平均气温,历史上年平均气温连成的曲线位于基准线上方时,称为"暖期";位于基准线下方时,称"冷期"。试问公元前3000年至公元1800年间,中国气候的变化经历了几个暖期?(1分)

(2)如图所示,秦汉时期虽然处于气候史上的暖期,但与此前相比,气温变化已呈缓慢下降的趋势。随着这一趋势的不断加强,北方游牧区的生态开始恶化,自然灾害连年发生,游牧民族开始南下。试问,这一时期有哪个游牧民族南下?他们的南下产生了哪些影响?(4分)

(3)从长时段看,气候变化影响人的活动,而人的生产与生活也影响了气候和环境。试举出近代以来工业文明对气候与环境造成影响的史实。(3分)

(二)多区域结合

此处仅以4.2 ka B. P.(距今4 200年;B. P.: Before Present,以1950年为基准向前推算)气候事件为例,简要说明在古环境演变研究中的多区域结合。

4.2 ka B. P.事件大约是全新世中期,即大约5 ka B. P.以来最强的一次气候突变,或快速气候变化。其特点是中纬度(45°N)以南到热带(15°N)包括北美洲、北非、地中海到中亚及东亚在内的中、低纬干旱,干旱期可能持续100~200年,降水量可能减少20%~30%[1]。4.2 ka B. P.事件的空间尺度究竟多大,众多科学家在全球范围对此进行了研究。有学者[2]利用之前几年公开发表的有确切年代控制的全新世高分辨率古气候记录等来研究4.2 ka B. P.气候事件在中国不同地区的降雨表现,发现4.2 ka B. P.左右中国南北方降水普遍减少,所涉及的研究地点见图1.3。

[1] 王绍武. 4.2 Ka BP事件[J]. 气候变化研究进展,2010,6(1):75-76.
[2] 谭亮成,安芷生,蔡演军,等. 4.2 ka BP气候事件在中国的降雨表现及其全球联系[J]. 地质论评,2008,54(1):94-104.

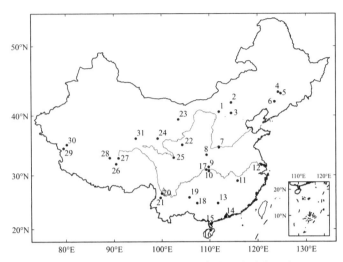

图1.3 中国4.2 ka B. P.气候事件研究地点示意

（图中数字所代表信息：1.内蒙古岱海湖泊沉积物，2.内蒙古太仆寺全新世剖面，3.华北太师庄泥炭，4.吉林金川泥炭，5.吉林四海龙湾玛珥湖纹泥，6.辽宁本溪水洞石笋，7.河南洛阳寺河南剖面，8.陕南佛爷洞石笋，9.湖北神农架石笋，10.湖北清江榨洞石笋，11.鄱阳湖沉积物，12.长江三角洲沉积物，13.桂林响水洞石笋，14.珠江三角洲沉积物，15.湛江湖光岩玛珥湖纹泥，16.海南岛双池玛珥湖沉积物，17.重庆新崖洞石笋，18.贵州董歌洞石笋，19.贵州白骨洞石笋，20.云南宁蒗仙人洞石笋，21.洱海沉积物，22.定西苏家湾剖面，23.甘肃野麻湖沉积物，24.青海湖沉积物，25.红原泥炭，26.西藏纳木错沉积物，27.西藏错鄂沉积物，28.西藏色林错沉积物，29.西藏班公错沉积物，30.西藏松西错沉积物，31.青海察尔汗盐湖。）

只有通过多区域的集成研究，方可证实或证伪4.2 ka B. P.气候事件在中国的降雨表现，以防止发生类似盲人摸象式的以偏概全、以点代面的错误。

（三）多样品分析

此处仅以青海湖为例，简要分析在古环境演变研究中多样品分析的重要性。

青海湖是我国最大的内陆咸水湖，东邻黄土高原，西北连接荒漠和沙漠，处于东亚季风湿润区和内陆干旱区的过渡带上；既受亚洲季风的影响，又受西风急流的影响，对气候和环境变化反应灵敏；同时，青海湖地区环境变化与青藏高原新近纪隆升和区域构造的环境效应密切相关（图1.4）。独特的区域地理位置使青海湖沉积物的研究具有十分重要的科学意义[1]。

[1]曾承.青海湖及邻近地区碳酸盐同位素环境记录与季风-干旱环境变迁[D].北京:中国科学院地球环境研究所,2008.

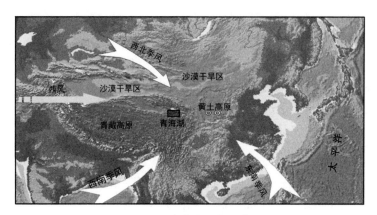

图1.4　青海湖位置示意

　　为推动"青海湖环境钻探"大型国际合作计划,中国科学院地球环境研究所联合中国科学院南京地理与湖泊研究所和中国科学院南海海洋研究所,于2001—2003年连续三年分四期对青海湖湖底沉积进行了地球物理勘探,完成电火花测线约1 000千米,高分辨率的浅地层剖面测量约130千米,测线范围覆盖了整个青海湖湖盆(图1.5)[1]。

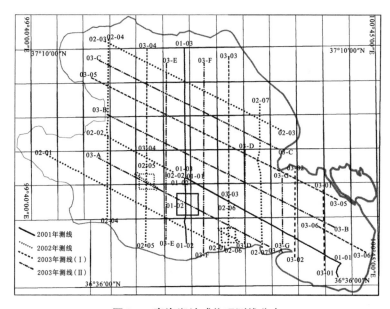

图1.5　青海湖地球物理测线分布

　　[1] AN Z S, WANG P, SHEN J, et al. Geophysical survey on the tectonic and sediment distribution of Qinghai Lake basin[J]. Science in China Series D. 2006, 49(8): 851–861.

在对青海湖进行地球物理测线的基础上,中国科学院地球环境研究所联合多家单位,于2005年4—11月开展了青海湖环境钻探工程,共在湖心五个地点获取13根、单根最长达76.8米的沉积物柱芯,并在二郎剑和一郎剑两个地方获取两根分别长达1 108.9米和626.39米的湖岸沉积物柱芯。这些平行钻孔的钻取,在最大程度上避免了盲人摸象"一掌之见"式的"一孔之见"。

(四)多指标研究

在野外采集到样品后,就进入指标测试环节。在古环境演变研究领域,可测试的指标多种多样,对于同一样品,在条件(如样品量、科研经费、实验条件等)允许的情况下,有必要进行多指标测试(当然还取决于科研目标)。测试指标包括物理指标(如磁化率、粒度、密度、宽度等)、化学指标(如同位素值、元素比值等)、生物指标(如孢粉、硅藻、摇蚊、介形虫、有孔虫等)。由于测试指标分类标准的不统一,上述物理、化学、生物指标有重叠,如生物指标中的介形虫就经常被用来进行同位素值测定。同时,不同地质载体,因为种种原因,适宜或能够测试的指标也不一样,比如在湖泊沉积物中便无在黄土中能见到的蜗牛残体以供测试。

下面以湖泊沉积物中总碳酸盐含量(Total Carbonate Content,TCC)为例,说明在进行古环境演变研究时只考虑TCC这单一指标可能带来的问题。

1.TCC测量

可利用滴定法[1],测量过程如下:

(1)溶液配制。①1%酚酞指示液:称取1 g酚酞,溶于无水乙醇溶液,用蒸馏水稀释至100 mL;②0.1 mol/L氢氧化钠(NaOH):称取4 g NaOH,注入1 000 mL无CO_2水中,摇匀,密封至玻璃瓶中保存;③0.2 mol/L盐酸溶液(HCl):量取18 mL分析纯盐酸,注入1 000 mL水中,摇匀,放入玻璃瓶中备用。

(2)氢氧化钠溶液标定。称取0.3 g于105℃~110℃烘干至恒重的基准邻苯二甲酸氢钾,注入50 mL容量瓶中,加无CO_2水至50 mL,制成基准邻苯二甲酸氢钾溶液。将溶液倒入滴定瓶中,加入两滴酚酞指示剂,用约0.1 mol/L NaOH溶液滴定至溶液呈粉红色,同时做空白试验。NaOH的浓度(mol/L)按照如下公式计算:

$$C = \frac{G}{0.20422 \times (V_1 - V_2)}$$

---

[1] HESSE P R. A text book of soil chemical analysis[M]. New York:Chemical Publishing C., Inc.,1972.

式中:G 为基准邻苯二甲酸氢钾质量(g),V_1 为 NaOH 溶液的用量(mL),V_2 为空白试验 NaOH 溶液的用量(mL),0.20422 为每毫摩尔基准邻苯二甲酸氢钾质量(g)。

(3)HCl 浓度的标定。量取 25 mL HCl 溶液,置入容量瓶中,加入 2 滴酚酞指示剂,利用标定后的 NaOH 溶液滴定至溶液呈粉红色,同时做空白试验。HCl 的浓度(mol/L)按照如下公式计算:

$$D = \frac{(V_1 - V_2) \times C}{25}$$

式中:V_1 为 NaOH 溶液的用量(mL),V_2 为空白试验 NaOH 溶液的用量(mL),C 为标定好的 NaOH 的浓度(mol/L)。

(4)TCC 测定。称取 0.3 g 烘干至恒重的沉积物样品,置入离心瓶中,加入 30 mL 标定好的约 0.2 mol/L 的 HCl 溶液,摇匀,并静置 24 小时,使其充分反应。离心反应结束的样品,抽取上层清液 10 mL 于滴定瓶中,加入 2 滴酚酞指示剂。用标定好的约为 0.1 mol/L 的 NaOH 溶液滴定至溶液呈粉红色,记下消耗的 NaOH 体积为 V_1,同时作空白实验,消耗的 NaOH 体积为 V_2,样品的碳酸盐含量按照如下公式计算:

$$X\% = 5D - 0.5(V_1 - V_2)*C$$

式中:$X\%$ 为样品中的碳酸盐含量(折算为 $CaCO_3$ 含量),C 为标定后的 NaOH 浓度,D 为标定后的 HCl 摩尔浓度(mol/L),V 为消耗的 NaOH 体积(mL)。

2. 湖泊沉积物次生无机碳酸盐含量(TCC)可能揭示的气候环境信息

碳酸盐沉积可形成于湿润至干旱区包括淡水湖、咸水湖及盐湖在内的不同地区不同类型湖泊中。湖积物中次生碳酸盐矿物包括化学沉积碳酸盐和生物碳酸盐,化学沉积碳酸盐矿物以方解石、白云石及文石为主,而生物碳酸盐则包括以方解石为基本成分的介形类、以文石为基本成分的腹足类及双壳类等。

(1)湖积物中次生无机碳酸盐沉淀的影响因素。湖泊沉积物中次生无机碳酸盐往往形成于湖水表层,然后下沉到湖底再沉积。自然水体中产生碳酸盐沉淀的必然条件是碳酸盐在水体中过饱和(活度积超过平衡常数时)。这里以 $CaCO_3$ 在水体中的形成为例,详细讨论无机碳酸盐矿物在水体中的形成及影响因素。水体表层中的 $CaCO_3$ 和水体之间存在下面的化学反应:

$$CaCO_3 + CO_2 + H_2O = Ca^{2+} + 2HCO_3^- + Q$$

式中:Q 代表能量。

当上式达到平衡时,如果对平衡体系施加外力,平衡将沿着减少此外力的方向移动。由此可知,影响$CaCO_3$沉淀的因素如下:

①CO_2量的变化。从上述反应可知,若CO_2量减少,则平衡向左移动,$CaCO_3$增多;若CO_2量增加,则平衡向右移动,$CaCO_3$减少。湖水中CO_2含量变化大致源于几个方面:去气作用(如由于温度升高使CO_2溶解度降低,CO_2逸出水面,从而使湖水表层CO_2减少),光合作用(减少CO_2),呼吸作用(水生植物吸收CO_2,水生动物产生CO_2),腐解作用(产生CO_2)等。

②H_2O量的变化。从上述反应可知,若H_2O量减少,则平衡向左移动,$CaCO_3$增多;若H_2O量增加,则平衡向右移动,$CaCO_3$减少。据湖水量平衡方程可知,湖水量变化受控于湖区降水(P)、蒸发(E)及径流(包括地表径流和地下径流);对于内陆封闭湖泊而言,主要取决于P、E之差。

③Ca^{2+}量的变化。从上述反应可知,若Ca^{2+}量减少,则平衡向右移动,$CaCO_3$减少;若Ca^{2+}量增加,则平衡向左移动,$CaCO_3$增加。如湖水硬度增加,在其他条件相同的情况下,$CaCO_3$沉积增加。

④HCO_3^-量的变化。从上述反应可知,若HCO_3^-量减少,则平衡向右移动,$CaCO_3$减少;若HCO_3^-量增加,则平衡向左移动,$CaCO_3$增加。

只要湖水中有足够的Ca^{2+}和HCO_3^-,在条件适合时就可形成$CaCO_3$,而Ca^{2+}和HCO_3^-几乎是所有类型的岩石化学风化产生的最常见离子[1],故当湖泊汇水区域风化情况发生变化导致进入湖泊Ca^{2+}和HCO_3^-量的变化,会影响$CaCO_3$的沉积。

⑤pH的变化。若湖水表层水体pH升高,平衡向左移动,$CaCO_3$增加;若湖水表层水体pH降低,平衡向右移动,$CaCO_3$减少。

⑥温度的变化。从上述反应可知,若气温升高,则湖水表层水温也升高,平衡向左移动,$CaCO_3$增加;若气温降低,则湖水表层水温也降低,平衡向右移动,$CaCO_3$减少。温度变化起最重要的作用,主要表现在如下几个方面:温度升高,$CaCO_3$溶解度与溶解平衡常数减小,湖水过饱和度系数增大,易于沉淀;水温升高,CO_2易于逸出;高温期湖水蒸发增强,水量减小,且Ca^{2+}和HCO_3^-浓度增大;温暖年份,湖水中藻类通过光合作用从湖泊表层吸收的CO_2量增多[2]。

[1] 刘传联. 稳定同位素地球化学方法在古湖泊学研究中的应用[C]//汪品先,刘传联. 含油盆地古湖泊学研究方法. 北京:海洋出版社,1993:96-123.

[2] 陈敬安,万国江,汪福顺,等. 湖泊现代沉积物碳环境记录研究[J]. 中国科学(D辑),2002,32(1):73-80.

简而言之,去气作用、光合作用、水生植物呼吸作用、水量的减少、Ca^{2+}和HCO_3^-量的增多、pH及水温的升高通常会导致$CaCO_3$增多,而水生动物呼吸作用及腐解作用会导致$CaCO_3$减少;反之亦反。

需注意的是:在湖水表层水体中沉淀的$CaCO_3$在下沉过程中经过静水层时,可能由于水温的降低而再次溶解。

(2)TCC可能反映的气候环境信息。

①TCC高值反映暖干。这种模型适用于当温度升高且水分减少时。温度升高对碳酸盐沉淀的影响主要表现为:温度升高,$CaCO_3$溶解度与溶解平衡常数减小,湖水过饱和度系数增大,易于沉淀;水温升高,CO_2易于逸出水面;高温期湖水蒸发增强,水量减小,且Ca^{2+}和HCO_3^-浓度和pH均增大;温暖年份,湖水中藻类通过光合作用从湖泊表层吸收的CO_2量增多。水量减少对碳酸盐沉淀的影响主要表现为:导致更多的碳酸盐沉淀;Ca^{2+}和HCO_3^-浓度和pH均增加,从而使碳酸盐沉淀。

从上面的分析可知,当湖泊水分减少且温度升高时,非常有利于碳酸盐的沉淀,即TCC高值和低值分别代表暖干和冷湿。一般而言,对于淡水湖及咸水湖而言,盐类物质沉淀尚处于碳酸盐沉淀阶段,沉积物中碳酸盐含量的高低分别代表湖水的咸化和淡化,间接地反映湖区气候的干湿变化:即沉积物中碳酸盐含量增多往往出现在湖水水位降低时,反映干旱程度的增加。有不少学者据此利用TCC的变化重建不同湖泊古环境,如沈吉等[1]根据青海湖沉积岩芯QH00A的TCC,结合其他指标重建了青海湖地区近千年来的气候变化过程;沈吉等[2]重建了大布苏湖15 ka B.P.以来的气候变化;李世杰等[3]恢复了西昆仑山甜水海24万年来的气候环境变化;舒强[4]认为,苏北兴化孔350~254.5米TCC高低值分别对应暖干和冷湿;众多研究认为,青海湖碳酸盐含量的变化和湖水盐度呈正相关的关系[5-6];同时,TCC高低值对应干旱和湿润亦被应用于其他湖泊

[1]沈吉,张恩楼,夏威岚.青海湖近千年来气候环境变化的湖泊沉积记录[J].第四纪研究,2001,21(6):508-513.

[2]沈吉,吴瑞金,羊向东,等.大布苏湖沉积剖面碳酸盐含量、氧同位素特征的古气候意义[J].湖泊科学,1997,9(3):217-221.

[3]李世杰,区荣康,朱照宇,等.24万年来西昆仑山甜水海湖岩芯碳酸盐含量变化与气候环境演化[J].湖泊科学,1998,10(2):58-65.

[4]舒强.苏北盆地兴化钻孔近3Ma环境变化记录研究[D].南京:南京师范大学,2004.

[5]王苏民,李建仁.湖泊沉积——研究历史气候的有效手段——以青海湖、岱海为例[J].科学通报,1991,46(1):54-56.

[6]王云飞.青海湖、岱海的湖泊碳酸盐化学沉积与气候环境变化[J].海洋与湖沼,1993,24(1):31-35.

古环境研究[1-3]。

②TCC高值反映冷干。这种模型适用于当温度降低而水分减少时。根据前面的分析,当温度降低时,碳酸盐沉淀减少,但水量减少则有利于碳酸盐沉淀。当水分减少对碳酸盐沉淀增加的影响程度超过温度降低对碳酸盐沉淀减少的影响程度时,温度降低而水分减少对碳酸盐的总体影响是使TCC增加。如岱海晚更新世以来碳酸盐沉积增强段即与冰期的干冷气候吻合[4]。

③TCC高值反映暖湿。这种模型适用于当温度升高而水分增加时。根据前面的分析,当温度升高时,碳酸盐沉淀增加,但水量增加则会减少碳酸盐沉淀。当温度升高对碳酸盐沉淀增加的影响程度超过水量增加对碳酸盐沉淀减少的程度时,温度升高而水分增加对碳酸盐的总体影响是使TCC增加。

如研究表明,大布苏盐湖一万年以来TCC越高湖水越深[5],此研究结论与前人结论截然相反[6];青海湖16 ka B. P.以来沉积碳酸盐以文石为主,而文石的高含量时段同暖湿气候相对应,低含量时段则同冷干气候相对应[7],且与据介形虫体长恢复的盐度呈良好的反相关关系[8];舒强[9]认为,苏北兴化孔230~0米TCC高低值分别对应暖湿和冷干;TCC低值对应冷干的情况也出现在岱海[10]、青海湖[11]、青藏高原北部部分湖泊(如可鲁克湖、托素湖及尕海)、河南泌阳[12]以及滇东、黔、桂

[1]王云飞.青海湖、岱海的湖泊碳酸盐化学沉积与气候环境变化[J].海洋与湖沼,1993,24(1):31-35.

[2]曹建廷,徐爱霞,王苏民,等.内蒙岱海湖岩芯碳酸盐含量变化与气候环境演化[J].海洋湖沼通报,1999(4):21-26.

[3]王云飞.青海湖、岱海的湖泊碳酸盐化学沉积与气候环境变化[J].海洋与湖沼,1993,24(1):31-35.

[4]王云飞.青海湖、岱海的湖泊碳酸盐化学沉积与气候环境变化[J].海洋与湖沼,1993,24(1):31-35.

[5]介冬梅,吕金福,李志民,等.大布苏湖全新世沉积岩芯的碳酸盐含量与湖面波动[J].海洋地质与第四纪地质,2001,21(2):77-82.

[6]沈吉,吴瑞金,羊向东,等.大布苏湖沉积剖面碳酸盐含量、氧同位素特征的古气候意义[J].湖泊科学,1997,9(3):217-221.

[7]刘兴起,沈吉,王苏民,等.16 ka以来青海湖湖相自生碳酸盐沉积记录的古气候[J].高校地质学报,2003,9(1):38-46.

[8]张恩楼,沈吉,王苏民,等.青海湖近900年来气候环境演化的湖泊沉积记录[J].湖泊科学,2002,14(1):32-38.

[9]舒强.苏北盆地兴化钻孔近3Ma环境变化记录研究[D].南京:南京师范大学,2004.

[10]曹建廷,徐爱霞,王苏民,等.内蒙岱海湖岩芯碳酸盐含量变化与气候环境演化[J].海洋湖沼通报,1999(4):21-26.

[11]符超峰.青海湖一郎剑钻孔岩芯的磁性地层学与古环境记录[D].北京:中国科学院地球环境研究所,2007.

[12]黄杏珍,邵宏舜,闫存凤,等.泌阳凹陷下第三系湖相白云岩形成条件[J].沉积学报,2001,19(2):207-213.

等地[1]。

对于盐湖而言,碳酸盐沉积已为其他盐类或干盐湖沉积取代,碳酸盐沉淀增多往往反映干旱程度的降低,或有淡水注入[2]。如大布苏湖即属于这种情况,其盐度为62.34~347.34 g/L[3],为东北地区极为罕见的盐湖。柴达木盆地晚更新世盐湖演化研究表明,25ka B. P.左右,该区已进入盐湖演化阶段。在干旱气候占统治地位的背景下,碳酸盐矿物主要与碎屑沉积共生,反映了古气候相对偏湿的波动[4]。

由此可见,TCC高值可能反映暖干、冷干、暖湿三种气候(环境)情形。具体到某一实际案例,TCC高值究竟代表何意,单靠这一指标(类似盲人独立摸象)恐怕不能解决问题,这时多指标综合对比分析就极为重要了。

第二节　狐假虎威:相关性良好未必有成因联系

狐假虎威出自《战国策·楚策一》:"虎求百兽而食之,得狐。狐曰:'子无敢食我也。天帝使我长百兽,今子食我,是逆天帝命也。子以我为不信,吾为子先行,子随我后,观百兽之见我而敢不走乎!'虎以为然,故遂与之行,兽见之皆走。虎不知兽畏己而走也,以为畏狐也。"即狐狸借着老虎的威势来吓唬百兽。

北周·庾信《哀江南赋》:"或以隼翼鷃披,虎威狐假。"

南朝·梁·沈约《宋书·恩幸传序》:"曾不知鼠凭社贵,狐藉虎威,外无逼主之嫌,内有专用之功。"

元·方回《桐江续集·梅雨大水》:"狐假虎威饶此辈,鼠穿牛角念吾民。"

清·筱波山人《爱国魂·骂奴》:"更可恨几辈虎威狐假,出宗邦便托足他的腐败生涯。"

后以"狐假虎威"比喻倚仗别人的势力来欺压人。亦作"虎威狐假""狐藉虎

---

[1] 杨汉奎,黄仁海,朱文孝.陆相CaCO₃的环境相模式讨论[J].海洋地质与第四纪地质,1991,11(2):105-114.

[2] 王云飞.青海湖、岱海的湖泊碳酸盐化学沉积与气候环境变化[J].海洋与湖沼,1993,24(1):31-35.

[3] 吴德云,张国防,刘崇禧.从大布苏湖近代地球化学特征探讨我国含盐湖的沉积模式与油气关系[J].石油实验地质,1988,10(3):268-276.

[4] 陈克造,鲍勒.柴达木盆地晚更新世盐湖演化[C]//中国-澳大利亚第四纪学术讨论会论文集.北京:科学出版社,1987:83-91.

威"。

和狐假虎威相类似的成语有很多,如狗仗人势、为虎作伥。

一、狐假虎威:问题、原因及对策

狐狸成功地让老虎以为百兽怕的不是老虎而是狐狸,进而全身而退。我们在感叹狐狸的狡猾(或聪明)和老虎的愚笨之余,还应思考如下问题:

问题一:老虎为什么会认为百兽怕的是狐狸而不是自己呢?

问题二:之前和之后老虎单独"求百兽而食"时,没有发现百兽怕的其实是自己吗?

问题三:老虎如何推理出百兽怕的究竟是谁?

问题四:现实生活以及科学研究中有无类似现象?

对于问题一,因为老虎看到了"狐狸出现"(实际上是"狐狸和老虎同时出现")之后,即有"百兽躲避"这个现象,即"狐狸出现"和"百兽躲避"之间有良好的相关性,便认为二者有成因上的联系,即"百兽躲避"乃"狐狸出现"所致。老虎据此认为百兽怕的是狐狸而不是自己,所以与其说老虎被狐狸骗了,不如说是老虎被自己的愚笨骗了。

对于问题二,老虎在单独"求百兽而食"时,肯定发现百兽怕自己。将问题二的答案和问题一的答案相对照,就很难理解老虎为什么还会犯如此低级的错误!

问题三是非常关键的问题,即老虎如何推理出百兽怕的究竟是谁? 可以从两个方面进行推理。

一方面通过对照实验确定"狐狸出现"和"百兽躲避"之间是否真有良好的相关性,至少有两套方案:

第一套方案为更换同行伙伴法:比如让老虎和兔子同行,看百兽是否会躲避:如果百兽不躲避,证明百兽怕的确是狐狸;如果百兽躲避,证明百兽怕的可能是狐狸,也可能是老虎或是兔子。再让狐狸和兔子同行,看百兽是否会躲避:如果百兽不躲避,证明百兽怕的是老虎;如果百兽躲避,证明百兽怕的或是狐狸,或是兔子,或是老虎。

第二套方案为单独"面兽"法:老虎让狐狸单独"面兽",但随时处在老虎的监视范围内,即百兽见不到老虎,只见到狐狸,然后看"狐狸出现"是否致"百兽躲避";老虎自己单独"面兽",即百兽只见到老虎,而见不到狐狸,然后看"老虎出现"是否致"百兽躲避"。

另一方面是成因分析,如果通过对照实验确定了"狐狸出现"和"百兽躲避"之间确实有良好的相关性之后,还要从机理上分析为什么百兽怕狐狸,即寻求二者成因上的联系。

对于问题四,在现实生活及科学研究中,这种现象比比皆是,尤其是在现实生活中:有根据良好相关性即推导出成因联系;有类似老虎一样只是误以为两者间相关性良好(实际上并不良好),进而认为二者有成因联系,甚至还有故意诱导别人犯前两种错误的,不一而足。

二、相关性简介

(一)相关关系的概念

当一个或若干个变量取一定数值时,与之相对应的另一变量的值虽然不确定,但却按某种规律在一定的范围内变化。变量间的这种相互关系,称为具有不确定性的相关关系。

(二)相关关系的分类

按照不同的标准可以将相关关系分为若干类型。

1. 按变量数量

(1)单相关。两个变量间的相关,即一个变量(因变量)和另一个变量(自变量)的相关关系。

(2)复相关。多个变量间的相关,即一个因变量同多个(两个及以上)自变量的相关关系。

(3)偏相关。当自变量为多个,且只研究因变量与其中一个自变量之间的相关关系时,并把其余的自变量当作常量,即为偏相关。

2. 按相关关系变化的方向

(1)正相关。因变量和自变量在数量上同方向变化,同增同减。

(2)负相关。因变量和自变量在数量上反方向变化,一增一减。

3. 按相关程度

(1)完全相关。一个变量的数量变化由另一变量的数量变化确定,且只由其确定,即两个变量具有函数关系。

(2)不相关。两个变量的数量变化各自独立,彼此互不影响。

(3)不完全相关。两个变量之间的关系介于完全相关和不完全相关之间。

4.按相关关系的表现形式

(1)线性相关。两个变量的数量变化大致均等,又称直线相关。

(2)非线性相关。两个变量的数量变化不均等,又称曲线相关。

5.按相关性质

(1)真相关。两个变量之间有相关性,且有成因上的联系。

(2)伪相关。两个变量之间有相关性,但无成因上的联系。

伪相关的一个经典案例是[1]:美国印第安纳州的地区教会想要筹款兴建新教堂,提出"教堂能洁净人们的心灵,减少犯罪,降低监狱服刑人数"的口号。为了增进民众参与的热诚和信心,神父收集了近15年教堂数与在监狱服刑人数并进行统计分析,结果却令教会大吃一惊:最近15年教堂数与监狱服刑人数呈显著的正相关。显然不能由此得出,教堂建得越多,就可能带来更多的犯罪。

(三)相关关系的描述

1.散点图

用(x_i,y_i)代表两个变量组成的多组数据($i=1,2,\cdots,n$),用坐标的横轴和纵轴分别代表变量x、y,每组数据(x_i,y_i)在坐标系中用一个点表示,n组数据在坐标系中形成n个点(称为散点),由坐标及其散点形成的二维数据图称为散点图。

散点图描述了两个变量之间的大致关系,从中可以直观看出变量之间的关系形态及关系强度,但不能准确反映变量之间的关系密切程度,由此引入相关系数。

2.相关系数

简单相关系数计算公式如下:

$$r = \frac{\sum(x-\bar{x})(y-\bar{y})}{\sqrt{\sum(x-\bar{x})^2\sum(y-\bar{y})^2}}$$

式中:|r|≤1。

若r>0,说明变量之间正相关;

---

[1] 吴柏林. 现代统计学[M]. 台北:五南图书出版有限公司,1999.

若r<0,说明变量之间负相关。

相关系数|r|越接近1,说明两个变量之间线性相关程度越密切;

相关系数|r|越接近0,说明两个变量之间线性相关程度越不密切。

当|r|=1,两变量之间完全线性相关,二者之间呈函数关系;

当|r|=0,两变量之间不存在线性相关关系。

三、相关案例分析

(一)现实生活案例

1.案例一:"你不开唱,便是晴天"——"雨神"萧敬腾

先看一组与萧敬腾演唱会相关的天气实况记录:

2012年7月21日,萧敬腾在北京开演唱会,结果北京遭遇61年来最大暴雨;

2012年8月8日,萧敬腾上海演唱会开票,上海遭遇50年来最大台风海葵袭击;

2012年10月31日,萧敬腾新专辑母带留在纽约,飓风桑迪携狂风暴雨肆虐纽约;

2012年11月5日,萧敬腾原定在天津体育中心举行世界巡回演唱会,因暴雨延期;

2012年11月23日,萧敬腾在伦敦馆举行个人演唱会,英国普降暴雨,多个地区遭受洪水侵袭;

2013年5月18—19日,萧敬腾参加杭州氧气音乐节,杭州下了半周的雨;

2013年6月7日,萧敬腾刚抵达北京首都机场,北京天空顿时一片黑暗,下起了暴雨。

整理2012年萧敬腾所有场次演唱会,加之2013年萧敬腾所有透露其行踪的微博,汇总出萧敬腾2012年1月至2013年7月共出行43天。根据行程,查看当地当日的天气实况记录,发现"雨神"在43天出行中共有26天遇到了降雨,占总数的60.46%[1]。

---

[1] 商然.用八卦数字揭开"雨神"萧敬腾的真面目[EB/OL].(2013-08-17)[2015-01-28]. http://www.guancha. cn/Celebrity/2013_08_17_166296.shtml.

2.其他案例

有的家庭在孩子出生时种一棵树苗,寓意孩子和小树苗一起茁壮成长。如果统计几年之内孩子身高和小树高度之间的相关性,可能高度正相关。

现实生活中还有很多类似案例,如很多老爷爷喜欢牵着自己孙子的手过马路,是否就可以据此推断,马路上牵着小孩手的老爷爷就是小孩的亲爷爷?

上面提及的现实生活中看似良好相关的几则现象,实际上没有任何因果联系,抑或是纯属巧合,抑或是惯性思维使然。

(二)科学研究案例

1.地震前兆

(1)地震常见前兆。地震是地球内能的一种释放形式。看过电影《唐山大地震》的观众可能对片头地震发生前一天蜻蜓满天飞的情形还有印象,电影似乎从片头就以这样一种"地震前兆"的形式预示地震即将来临。

所谓地震前兆,是指地震前在自然界发生的与其有关的异常现象,包括微观前兆和宏观前兆两大类。常见的地震前兆类型和现象成百上千,包括地下水异常、生物异常、气象异常、地声异常、地光异常、地气异常、地动异常、地鼓异常和电磁异常等[1]。

地下水异常包括地下水中氡气含量或其他化学成分的变化;发浑,冒泡,翻花,升温,变色,变味,突升,突降,井孔变形,泉水突然枯竭或涌出等。

动物异常表现,如牛、马、驴、骡惊慌不安,不进厩,不进食,乱闹乱叫,打群架,挣断缰绳逃跑,蹬地,刨地,行走中突然惊跑等。除此之外,有些植物在地震前也有异常反应,如不适季节的发芽、开花、结果或大面积枯萎与异常繁茂等。

气象异常主要有震前闷热,人焦灼烦躁,久旱不雨或霪雨成灾,黄雾四塞,日光晦暗,怪风狂起,六月冰雹等。

地声异常指地震前来自地下的声音。其声有如炮响雷鸣、重车行驶、大风鼓荡等。

地光异常指地震前来自地下的光亮,其颜色多种多样,可见到日常生活中罕见的混合色,如银蓝色、白紫色等,但以红色与白色为主;其形态也各异,有带状、球状、柱状等。一般地,光出现的范围较大,多在地震前几小时到几分钟内

---

[1] 百度百科. 地震前兆 [EB/OL]. [2015-01-18]. http://baike.baidu.com/view/249374.htm?fr=Aladdin.

出现,持续几秒钟。

地气异常指地震前来自地下的雾气,又称地气雾或地雾。这种雾气,具有白、黑、黄等多种颜色,有时无色,常在地震前几天至几分钟内出现,常伴随怪味,有时伴有声响或带有高温。

地动异常指地震前地面出现的晃动。地震时地面剧烈振动,是众所周知的现象。不发生地震地面也可能晃动,这种晃动与地震时不同,晃动得十分缓慢,地震仪常记录不到,但很多人可以感觉到。

地鼓异常指地震前地面上出现鼓包。

电磁异常指地震前家用电器如收音机、电视机、日光灯等出现的异常。最为常见的电磁异常是收音机失灵,北方地区日光灯在地震前自明也较为常见。

为方便大家记忆,还有关于地震前兆的歌谣:

震前动物有前兆,发现异常要报告;

牛马骡羊不进圈,猪不吃食狗乱咬;

鸭不下水岸上闹,鸡飞上树高声叫;

冰天雪地蛇出洞,大量蟾蜍搬家逃;

兔子竖耳蹦又撞,鱼儿惊慌水面跳;

蜜蜂群迁闹哄哄,鸽子惊飞不回巢。

(2)地震前兆与地震之间的关系。如同前文对成语"狐假虎威"所分析的那样,有关地震前兆与地震之间的关系,首先要确定二者之间的相关性,其次要探讨二者之间的成因联系。具体而言,有三个至关重要的问题需要解决。

①地震前兆是否只在地震发生之前出现。仅以发生于2008年5月12日的汶川地震为例,在地震发生以后,网上即有人贴出"2008年5月9日,江苏省泰州市市区东风大桥上数万只小蟾蜍集体迁移"!

经不完全调查,在汶川地震之前,涉及大规模蟾蜍迁移的现象有很多次:

2005年7月,吉林省长春市上万只蟾蜍集体大迁移;

2006年5月,四川省绵竹市上万只蟾蜍集体大迁移;

2007年5月,四川省绵竹市上万只蟾蜍集体大迁移;

2007年5月23日,河北省唐山市成千上万只蟾蜍大迁移;

2007年9月19日,山东省临沂市成千上万只蟾蜍大迁移。

在汶川地震发生前几天的大规模蟾蜍迁移现象有:

2008年5月4日,江苏省江都市武坚镇新楼村数百万只蟾蜍在该村刘埭闸

附近"集会";

2008年5月5日,四川省绵竹市西南镇檀木村大规模蟾蜍迁徙,数十万只蟾蜍走上马路;

2008年5月9日,江苏省泰州市市区东风大桥上数万只小蟾蜍集体迁徙;

2008年5月11日,江苏省常熟市古里镇珠泾苑数万只小蟾蜍集体迁徙。

汶川地震之后,涉及大规模蟾蜍迁移的现象也有很多:

2009年2月,四川省雅安市某村连续三天20:00之后出现了大量蟾蜍集体上岸、上坎、上路、进家院现象;

2009年5月5日,四川省绵阳市安县桑枣镇香溪村第四村民组上百万只蟾蜍"游行"。

由此可见,大规模蟾蜍迁移的现象在汶川地震发生之前有,在汶川地震发生之后也有,"前兆"一说从何而来? 如果地震前的大规模蟾蜍迁移现象是地震的前兆,那么我们如何根据这些前兆来判定地震发生的时间?

②地震前兆是否只在震中附近出现。有关汶川地震的所谓前兆还有很多:

2008年4月26日7时,湖北省恩施市白果乡下村坝村直径约百米、水深数十米、常年不干的观音塘约8万立方米的蓄水5小时内全部消失,水面突然出现漩涡,并伴有轰鸣声;

2008年5月12日13点56分,甘肃省天水市秦州区南廓寺出现百年罕见的佛光;

汶川地震前,深圳野生动物园出现"鸵鸟成群狂奔、大雁集体拒食、亚洲象不断长鸣、长角羚羊焦躁不安等现象";

2008年5月9日,山东临沂出现大片地震云。

由此可见,这些"前兆"发生的地方离汶川地震发生地点,有的相对较近,如甘肃天水、湖北恩施,有的相对很远,如广东深圳、山东临沂。

从上述大规模蟾蜍迁移现象也可以看出,所谓的"前兆"可以在离汶川很远的地方出现(如江苏泰州、吉林长春、河北唐山、山东临沂、江苏江都、江苏泰州、江苏常熟),也可以在离汶川很近的地方出现(如四川绵竹),我们又如何根据这些"前兆"判断地震发生的地点?

③地震前兆可否由非地震现象引起。对电影《唐山大地震》片头地震发生前一天蜻蜓满天飞的情形还有印象的观众,估计还记得片中蜻蜓满天飞时父子之间的一段对话:

儿子:爸爸,怎么那么多蜻蜓呢?

父亲:这是要憋着一场大雨呢。

从逻辑上讲,这段对话其实在一定程度上揭示了所谓的地震前兆可能由非地震现象引起。

上文所提及的诸多常见地震前兆现象往往并不一定是由地震引起的,要注意与非地震干扰因素加以区别。例如地下水位的升降就与气候(降雨、蒸发、气温、气压、干旱等)、人为因素(包括灌溉、开采、注水、排水等)、水文、地质、土壤、生物等有关。再如动物异常往往与天气变化、饲养条件的改变、生存条件的变化(如水体污染、害敌侵扰)以及动物本身的生理状态变化(如动物生病、发情)等有关。植物异常的因素则可能包括植物生长发育中遭遇病虫害或气象异变、地表形变等。因此,我们必须在识别出这些变化原因的基础上,再来考虑是否与地震有关。

从成语"狐假虎威"的角度分析,即地震前兆即使与地震有良好相关性,也并不代表二者之间有必然的成因联系。

综上所述,所谓的地震前兆可能在地震前发生,也可能在地震后发生;可能离震中很近,也可能离震中很远;可能由地震所引起,也可能由非地震现象所引起。

由此可见,这些地震前兆完全可以由诸多非地震因素引发,即使是由地震所引起,我们也根本无法据此判断地震可能发生的时间、地点。

2.湖泊自生碳酸盐氧碳稳定同位素值协变性的古环境意义及存在的问题

湖泊碳酸盐氧同位素值$\delta^{18}O$与碳同位素值$\delta^{13}C$之间的协方差$Cov(\delta^{18}O, \delta^{13}C)$为正表示$\delta^{18}O$和$\delta^{13}C$同方向变化,协方差为负表示$\delta^{18}O$和$\delta^{13}C$反方向变化;绝对值越大表示$\delta^{18}O$和$\delta^{13}C$关系越密切,绝对值越小表示$\delta^{18}O$和$\delta^{13}C$关系越疏远。湖泊碳酸盐$\delta^{18}O$和$\delta^{13}C$之间的协方差可由下式计算获得:

$$Cov(\delta^{18}O, \delta^{13}C) = [\Sigma(\delta^{18}O - \overline{\delta^{18}O})(\delta^{13}C - \overline{\delta^{13}C})] \tag{1}$$

式中:$\overline{\delta^{18}O}$、$\overline{\delta^{13}C}$分别代表$\delta^{18}O$和$\delta^{13}C$在沉积物柱芯某时段序列的均值。

(1)影响$\delta^{18}O$和$\delta^{13}C$协变性的因素。

①水平衡。只要湖水$\delta^{18}O$、$\delta^{13}C$与入湖水的$\delta^{18}O$、$\delta^{13}C$存在差异,封闭湖泊水位一旦因入湖水量变化而发生变化,则湖水$\delta^{18}O$、$\delta^{13}C$也会发生变化,以响应水位变化。

a.湖水$\delta^{18}O$的变化。湖水$\delta^{18}O$与入湖水$\delta^{18}O$存在差异,则二者混合后的混合水体$\delta^{18}O$可由下式计算获得[1]:

$$\delta^{18}O\,mw = \delta^{18}O_{lw} \times f_{lw} + \delta^{18}O_{fw} \times f_{fw} \qquad (2)$$

式中:mw代表混合水体,lw代表混合前的湖水,fw代表入湖水体,f代表混合前湖水与入湖水分别占总水体的相对百分比。

公式表明,水位变化对$\delta^{18}O$值的影响是线性的。

此公式可用以计算不考虑蒸发影响情况下因入湖水量变化而导致水位变化的湖水$\delta^{18}O$值。

对于封闭湖盆而言,如果考虑入湖水量及蒸发导致水位发生变化后的水体$\delta^{18}O$组成,则可由下式计算获得[2]:

$$\delta = \left(\delta_0 - \left[\frac{\delta_I + Ax}{1 + Bx}\right)f^{-\frac{1+Bx}{1-x}} + \frac{\delta_I + Ax}{1 + Bx}\right] \qquad (3)$$

式中,A和B分别为:

$$A = \frac{h\delta a + \Delta\varepsilon + \frac{\varepsilon}{\alpha}}{1 - h + \Delta\varepsilon} \qquad (4)$$

$$B = \frac{h - \Delta\varepsilon - \frac{\varepsilon}{\alpha}}{1 - h + \Delta\varepsilon} \qquad (5)$$

式中:δ_0为湖水初始δ值;式中δ_I为入湖水体平均同位素组成;x为蒸发水量与入湖水量的比值;$f=V/V_0$,为湖水滞留系数,即湖泊水体在演化过程中从某一时刻t_0到t时刻的湖水变量;h为接近湖面的薄层大气的相对湿度;δ_a为接近湖面的薄层大气中所包含水汽的平均δ值;$\Delta\varepsilon$为湖水在蒸发时的水汽动力富集系数;ε为湖水在蒸发时的水汽平衡富集系数;α为湖水在蒸发时的水汽平衡分馏系数。

假设某一内陆封闭湖泊的$\delta^{18}O_w$已达到其稳定状态δ_s,此时入流量I因汇水面积的变化而突然改变,湖水位则由V_0下降到V_1或上升到V_2;与此同时,湖水$\delta^{18}O$也会有所变化,由δ_s变到δ_1或δ_2。

这种短时间湖水位涨落所引发湖水δ值的波动幅度,当水位下降时,可由下

[1] LI H C,KU T L. $\delta^{13}C-\delta^{18}O$ Covariance as a paleohydrological indicator for closed-basin lakes[J]. Palaeogeography,Palaeoclimatology,Palaeoecology,1997,133:69-80.

[2] GONFIANTINI R. Environmental isotopes in lake studies[C]. In:Fritz P,Fontes J C,Eds. Handbook of environmental isotope geochemistry,Vol. 2,The terrestrial environment. Amsterdam:Elsevier,1986:113-168.

式来估算[1]：

$$\delta_1 = (\delta_s - A/B)f^B + A/B \qquad (6)$$

当水位上升时，可根据简单的同位素平衡方程求得[2]：

$$\delta_2 = \delta_1 + (\delta_s - \delta_1)/(V_2/V_0) \qquad (7)$$

由式(6)可知：当湖泊水位在短期内突然下降时，湖水$\delta^{18}O$值会迅速上升。

由式(7)可知：当湖泊水位在短期内突然上涨时，湖水$\delta^{18}O$值会迅速下降。

即湖水$\delta^{18}O$值的短期变化与湖泊水位短期变化关系密切且明显，水位的高低分别对应湖水$\delta^{18}O$值的低值与高值。

当气候环境条件改变而引起水位发生长期变化，进而影响湖水氧同位素组成变化的情况，比湖水位短期变化对湖水氧同位素组成变化的影响要复杂得多。当湖泊水位极浅时，湖水$\delta^{18}O$值的变化可能与水位变化无关，因为水位极低，气温对湖水$\delta^{18}O$值的影响可能远远强于湖水位变化对$\delta^{18}O$值的影响。

当f降低时，δ增加，即由于蒸发导致湖泊水位长期缓慢下降，会造成$\delta^{18}O_c$值随$\delta^{18}O_w$同步上升。当$h > 0.5$时，$\delta^{18}O_c$值随水位下降而上升得极其缓慢，即上升幅度极小，但很快达到同位素稳定阶段，随后几近恒定。而当$h < 0.5$时，$\delta^{18}O_c$值随水位下降而上升得极其迅速，即上升幅度极大，但不能达到同位素稳定阶段。当湖泊水位升高时，此公式不再适用[3]。

b. 湖水$\delta^{13}C$的变化。影响$\delta^{13}C$值的因素除了水位变化外，还包括CO_2浓度或碳酸盐碱度(二者线性相关[4])。入湖水与湖水混合后，其$\delta^{13}C$可由下式计算获得[5]：

$$\delta^{13}C_{mw} = \delta^{13}C_{lw} \times f_{lw} \times \frac{\sum CO_{2-lw}}{\sum CO_{2-mw}} + \delta^{13}C_{fw} \times f_{fw} \times \frac{\sum CO_{2-fw}}{\sum CO_{2-mw}} \qquad (8)$$

式中：$\sum CO_{2-lw}$和$\sum CO_{2-fw}$分别为混合前湖水和入湖水体中CO_2含量，$\sum CO_{2-mw}$为混合后湖水CO_2总量，其余参数含义同式(2)。

[1] 卫克勤, 林瑞芬. 内陆封闭湖泊自生碳酸盐氧同位素剖面的古气候意义[J]. 地球化学, 1995, 24(3): 215-224.

[2] 卫克勤, 林瑞芬. 内陆封闭湖泊自生碳酸盐氧同位素剖面的古气候意义[J]. 地球化学, 1995, 24(3): 215-224.

[3] GONFIANTINI R. Environmental isotopes in lake studies[C]. In: Fritz P, Fontes J C, Eds. Handbook of environmental isotope geochemistry, Vol. 2, The terrestrial environment. Amsterdam: Elsevier, 1986: 113-168.

[4] OXBURGH, R, BROECKER, W S, WANNINKHOL, R H. The carbon budget of Mono Lake[J]. Global Biogeochem. Cycles, 1991. 5: 359-372.

[5] LI H C, KU T L. $\delta^{13}C$-$\delta^{18}O$ Covariance as a paleohydrological indicator for closed-basin lakes[J]. Palaeogeography, Palaeoclimatology, Palaeoecology, 1997, 133: 69-80.

由于湖水$\sum CO_2$远高于入湖水体$\sum CO_2$,水位变化对$\delta^{13}C$值的影响是非线性的,且其影响远小于对$\delta^{18}O$值的影响;二者协变性很差,尤其对于高碱性湖而言,更是如此。

②蒸发—生产力。蒸发导致湖水位降低,$\delta^{18}O$会增大;蒸发及入湖水减少会导致$\delta^{13}C$增大。因此,湖水位快速降低,$\delta^{18}O$和$\delta^{13}C$会同时增大,呈现良好的协变性。

$\delta^{13}C$增大有三种方式:一是蒸发超过降水时,光合作用移走有机碳会导致$\delta^{13}C$增大,即便湖泊生产力保持不变;二是强烈的蒸发会使湖水CO_2浓度上升,与大气CO_2交换使湖水CO_2减少,而CO_2的$\delta^{13}C$则低于湖水$\delta^{13}C$;三是入湖水减少或蒸发增强导致的湖水位降低会促进湖水在垂直方向上的混合,湖泊深层水的营养会通过温跃层传到有光合作用的透光层,湖水表层生产力增加,湖表DIC(溶解无机碳)的$\delta^{13}C$增大[1]。

③水汽交换。当湖水位变化很小或不变化时,随着时间的推移,湖泊水体$\delta^{18}O$会趋向于某一稳定值δ_s[2]:

$$\delta_s = \frac{\delta_I + Ax}{1 + Bx} \tag{9}$$

式中参数含义同前。

公式表明:对于$\delta^{18}O$而言,其稳定值取决于入湖水$\delta^{18}O$、大气降水$\delta^{18}O$、相对湿度和气温;显然,δ_s是容积不变的湖泊水体由于蒸发损耗所能达到的水体氧同位素的最大值。

湖水与大气之间的气体交换,会使$\delta^{13}C$值都趋向于某一稳定值。溶解碳酸盐(HCO_3^-、CO_3^{2-})和CO_2之间的碳同位素分馏系数在25℃时为8‰~10‰。

可见,当湖水位变化很小或不变化,且湖泊生产力波动很小时,$\delta^{18}O$和$\delta^{13}C$都会保持相对稳定,其协变性很差。

当湖水位相对快速波动时,湖水与大气之间的水气交换与CO_2交换同时进行,CO_2交换对$\delta^{13}C$的影响可能是湖水位变化的函数。湖水位快速增加会减少湖水与大气之间CO_2的交换,将导致湖水$\delta^{13}C$达到稳定状态的速度趋缓,且该稳定值将低于湖水位不变时$\delta^{13}C$达到的稳定值。当湖水位快速降低时,湖水与大

[1] LI H C,KU T L. $\delta^{13}C$-$\delta^{18}O$ Covariance as a paleohydrological indicator for closed-basin lakes[J]. Palaeogeography,Palaeoclimatology,Palaeoecology,1997,133:69-80.

[2] GONFIANTINI R. Environmental isotopes in lake studies[C]. In:Fritz P,Fontes J C,Eds. Handbook of environmental isotope geochemistry,Vol. 2,The terrestrial environment. Amsterdam:Eelsevier,1986:113-168.

气之间 CO_2 的交换增多,湖水 $\delta^{13}C$ 将以比湖水位不变时更快的速度达到一个相对更重的稳定值[1]。

三大效应中,水汽交换对湖水 δ 值变化的影响效应最弱。

(2) $\delta^{18}O$ 和 $\delta^{13}C$ 协变性的环境意义。

①对湖泊封闭性的反映。对于封闭湖泊而言,E/P 增大,湖泊水位降低, $\delta^{18}O_c$ 升高。Gonfiantini[2]研究表明:在淡水湖、咸水湖, $\delta^{18}O_w$ 与盐度正相关;干旱区封闭型湖泊水体的 $\delta^{18}O$ 值随盐度增加而增大的现象较为普遍[3]。E/P 增大,湖泊水位降低,可通过直接和间接的方式导致 $\delta^{13}C$ 增大,蒸发会加速水体所含 CO_2 与大气中的 CO_2 交换,水位降低一般伴随着湖水硬度、盐度及矿化度的升高,都会导致湖水 $\delta^{13}C$ 增大,进而也呈现较好的协变性。很多研究都揭示出这一点或利用此观点进行环境演变研究[4-9]。

对于开放湖泊而言,由于湖泊水位基本不变,湖水 $\delta^{18}O$ 的改变与否一般认为主要取决于大气降水 $\delta^{18}O$ 值,湖泊 $\delta^{18}O$ 值基本不变;由于水汽与大气的交换,湖水 $\delta^{13}C$ 值却在发生变化,故其协变性较差。

②反映封闭湖泊水体碱性或 CO_2 浓度。在不考虑蒸发影响的情况下,封闭湖泊水位变化对 $\delta^{18}O$ 值的影响是线性的;由于湖水 CO_2 浓度远高于入湖水体 CO_2 浓度,水位变化对 $\delta^{13}C$ 值的影响是非线性的,且其影响远小于对 $\delta^{18}O$ 值的影响。

[1] LI H C,KU T L. $\delta^{13}C$-$\delta^{18}O$ Covariance as a paleohydrological indicator for closed-basin lakes[J]. PalaeogeograpHy,Palaeoclimatology,Palaeoecology,1997,133:69-80.

[2] GONFIANTINI R. Environmental isotopes in lake studies[C]. In:Fritz P,Fontes J C,Eds. Handbook of environmental isotope geochemistry,Vol. 2,The terrestrial environment. Amsterdam:Elsevier,1986:113-168.

[3] BOWEN R. Isotopes and Climates[M]. London and New York:Elsevier Applied Science,1990:75-140.

[4] STUIVER M. Oxygen and carbon isotope ratios of fresh-water carbonates as climatic indicators[J]. J. Geophys. ReS,1970,75:5 257-5 257.

[5] GASSE F,FONTES J C,PLAZIAT J C,et al. Biological remains,geochemistry and stable isotopes for the reconstruction of environmental and hydrological changes in the Holocene lakes from North Sahara[J]. Palaeogeogr. Palaeoclim. Palaeoecol,1987,60:1-46.

[6] TALBOTM R. A review of the palaeohydrological interpretation of carbon and oxygen isotopic ratios in primary lacustrine carbonates[J]. Chemical Geology(Isotopes Geoscience Section),1990,80:261-79.

[7] JOHNSON T C,HALFMAN J D,Showers W J. Paleoclimate of the past 4000 years at Lake Turkana,Kenya,based on the isotopic composition of authigenic calcite[J]. Palaeogeogr Palaeoclim Palaeoecol,1991,85:189-198.

[8] LI H C,KU T L. $\delta^{13}C$-$\delta^{18}O$ Covariance as a paleohydrological indicator for closed-basin lakes[J]. Palaeogeography,Palaeoclimatology,Palaeoecology,1997,133:69-80.

[9] XU H,AI L,TAN L C,et al. Stable isotopes in bulk carbonates and organic matter in recent sediments of Lake Qinghai and their climatic implications[J]. Chemical Geology,2006,235:262-275.

因此,稀释效应导致的协变性的强弱可以反映湖水与入湖水之间的CO_2浓度差异的大小:二者差异越小,协变性越强;二者差异越大,协变性越弱,即协变性的强弱与湖水碱性反向相关。因为高碱性可能抑制$\delta^{13}C$对入湖淡水和湖泊生产力的响应,进而影响协变性。

③反映封闭湖泊水位变化。蒸发导致湖水位降低,$\delta^{18}O$会增大;蒸发及入湖水减少会导致$\delta^{13}C$增大。因此,湖水位快速降低,$\delta^{18}O$和$\delta^{13}C$会同时增大,呈现良好的协变性。

当封闭湖泊水位变化很小或不变化,且湖泊生产力波动很小时,$\delta^{18}O$和$\delta^{13}C$都会保持相对稳定,其协变性很差。

④反映湖泊流域气候特征。很多入湖河水$\delta^{18}O$是流域降水$\delta^{18}O$的加权平均值[1],而降水$\delta^{18}O$的温度效应和降水量效应使暖干气候利于高$\delta^{18}O$值。

暖干气候利于高$\delta^{13}C$值:气温升高使更多CO_2因溶解度降低而从水中逸出,导致湖水高$\delta^{13}C$值[2];在湖水温度范围内的升温,会导致$CaCO_3$与DIC之间的碳同位素分馏系数增大[3];水生植物光合作用吸收CO_2,使DIC的$\delta^{13}C$升高,而气温升高使湖水热层形成更早,持续时间更长,光合作用导致表水层更多CO_2逸出[4]。

因此,在暖干—冷湿气候模式地区,封闭湖泊与开放湖泊均可表现出良好的$\delta^{18}O$和$\delta^{13}C$协变性,如云贵高原程海[5-6]和洱海[7]。基于此,有学者[8]发出"$\delta^{13}C$-$\delta^{18}O$协变性:湖泊水文封闭性的有效指标?"的疑问。

［1］TALBOT,M R. A review of the palaeohydrological interpretation of carbon and oxygen isotopic ratios in primary lacustrine carbonates[J]. Chemical Geology(Isotopes Geoscience Section),1990,80:261-79.

［2］DEUSER W G,Degens E T. Carbon isotope fractionation in the system CO_2(gas)-CO_2(aqueous)-HCO_3^-(aqueous)[J]. Nature,1967,215:1 033-1 035.

［3］TURNER J V,FRITZ I,KARROW P E,WARNER B G. Isotopic and geochemical composition of marl lake waters and implications for radiocarbon dating of marl lake sediments[J]. Can. J. Earth Sci,1983,20:599-615.

［4］CHEN J A,WANG F S,WAN G J,et al. $\delta^{13}C$-$\delta^{18}O$ Covariance:An effective indicator of hydrological Closure for Lakes?[J]Acta Geologica Sinica,2008,82(5):975-981.

［5］WANG F S,WAN G J,LIU C Q,et al. The correlation of inorganic C,O isotopic values for lake Chenghai sediments and its environmental implications[J]. Chinese Journal of Geochemistry,2002,21(2):186-192.

［6］CHEN J A,WANG F S,WAN G J,et al. $\delta^{13}C$-$\delta^{18}O$ Covariance:An effective indicator of hydrological closure for lakes?[J]. Acta Geologica Sinica,2008,82(5):975-981.

［7］CHEN J A,WANG F S,WAN G J,et al. $\delta^{13}C$-$\delta^{18}O$ Covariance:An effective indicator of hydrological closure for lakes?[J]. Acta Geologica Sinica,2008,82(5):975-981.

［8］CHEN J A,WANG F S,WAN G J,et al. $\delta^{13}C$-$\delta^{18}O$ Covariance:An effective indicator of hydrological closure for lakes?[J]. Acta Ggeologica Sinica,2008,82(5):975-981.

综上所述,我们似乎可以得出如下结论:湖泊碳酸盐$\delta^{18}O$和$\delta^{13}C$较好的协变性存在于长时间尺度、弱碱性、水位快速变化的封闭湖;短时间尺度的湖泊碳酸盐$\delta^{18}O$和$\delta^{13}C$之间的协变性取决于湖泊流域气候模式,"暖干—冷湿"气候模式似乎有利于二者良好的协变性;高碱性封闭湖因CO_2的缓冲效应导致氧、碳同位素值协变性较差;水位无变化的封闭湖由于同位素值迅速趋于稳定值,其协变性均较差。

但仍然存在一些需要解决的问题:如良好协变性揭示封闭湖的一个重要前提是其水位变化大幅度波动,因此只适用于长时间尺度内的低分辨率(100—1 000年)同位素数据是否存在于高分辨率同位素数据中? 水位快速变化时二者才相应同时同方向变化,水位长期缓慢变化对协变性有何影响?"暖干—冷湿"气候模式对短时间尺度的封闭和开放湖泊都存在良好的协变性,那其他气候模式又有何影响?

(三)其他案例

这里以两道高考题为例来说明"相关性良好未必有成因联系"。

1.2014年高考安徽文综卷第33题

通过海面的热收支方式主要有辐射、蒸发和传导。图1.6示意世界大洋海面年平均热收支随纬度的变化。读图完成33题。

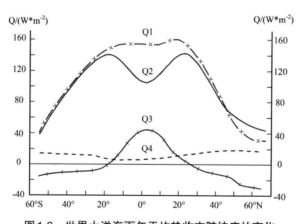

图1.6　世界大洋海面年平均热收支随纬度的变化

33.图中表示海面热量总收支差额、辐射收支差额、蒸发耗热量、海—气热传导差额的曲线,依次是

A.Q4、Q1、Q3、Q2　　　B.Q3、Q4、Q2、Q1

C.Q3、Q1、Q2、Q4　　　D.Q2、Q3、Q1、Q4

【答案】C

(1)正确解析。本题组主题为自然地理,以全球海面热收支平衡为切入点,主要考查"大气受热过程","太阳对地球的影响","地理环境各要素的相互作用,理解地理环境的整体性","气压带、风带的分布、移动规律及其对气候的影响","世界洋流分布规律,说明洋流对地理环境的影响","世界主要气候类型特征与分布",等等。解答本题需要考生具备"获取和解读地理信息"的能力,"调动和运用地理知识、基本技能"的能力,"描述和阐释地理事物、地理基本原理与规律"的能力,"论证和探讨地理问题"的能力。

海水表层热量收支包括海水表层与大气之间、海水表层与深海之间的热量输送。题中信息有"通过海面"四个字,界定了是海水表层与大气之间的热量传送。

解答本题对考生的能力要求较高。考生一方面应该从图中提取以下信息:曲线Q1、Q2、Q3在图示纬度表层海域均为正值,而曲线Q4大致在低纬度区为正值,在中高纬度区为负值;曲线Q1所代表的值在低纬度区相对较高,随纬度的增大而降低,基本对称;曲线Q2在赤道附近海域较低,向两侧(副热带)增大,然后再随纬度的增大而减小,呈"马鞍"形分布;曲线Q3最为特殊,有正有负,且正值区的面积同负值的面积大致相等;曲线Q4为正值,变化平缓且值偏低。

另一方面,考生需要调动以下知识和技能:

辐射收支差额等于海面获得辐射量与所失去辐射量之差,前者包括太阳辐射和大气逆辐射,后者包括海面辐射给大气的量。到达海面的太阳辐射基本上从赤道向两极递减(表层海水温度(sea surface temperature,SST)赤道最高,基本上从赤道向南北极对称递减),海面通过海面热辐射向大气传递的热量类似于SST的南北对称性递减,二者之差基本上在赤道最高,然后从赤道向南北极基本对称递减。故曲线Q1为辐射收支差额。

蒸发是海水由液态变为气态的过程,海水蒸发要消耗表层海水热量,蒸发耗热量的大小主要取决于两个因素:一是SST,二者正相关;二是近海面大气相对湿度,二者负相关。就SST而言,大致赤道海域最高,向两侧递减。赤道海域降水量大于副热带海域,故赤道海域大气相对湿度大于副热带海域。

两相结合,蒸发耗热量应该是副热带海域大于赤道海域,再从副热带海域向更高纬度海域减少,呈"马鞍"形分布(类似海水盐度分布)。故曲线Q2为蒸发耗热量。

热传导的概念在初中物理中学过,主要指在相同状态且直接接触的两种物质间热量传递。海—气热传导差额为海洋通过传导传递给大气的热量与大气通过传导传递给海洋的热量之差。其一,由于近洋面大气是由海洋表层加热的,故海洋通过传导传递给大气的热量大于大气通过传导传递给海洋的热量,即海—气热传导差额应为正值;其二,传导是指两种相态相同物质之间的一种热量输送方式,在不同相态物质之间的热量输送很少,海洋与大气是两种不同相态的物质,故不论是海洋通过传导传递给大气的热量还是大气通过传导传递给海洋的热量都应很少,二者之差值也应很小;其三,由于洋面对底层大气的加热作用,二者温度差值随纬度的变化很小。综上所述,海—气热传导差额应该为正值,低值,且变化较小,即曲线Q4。

海面热量总收支为海面获得总热量与海面失去总热量之差。海面获得的热量包括到达海面的太阳辐射、大气逆辐射、大气通过热传导传递给海面的热量,海面失去的热量则包括海面辐射给大气的热量、蒸发耗热量、海面通过热传导传递给大气的热量(见表1.2)。

表1.2　海面获得和失去的热量

	1	2	3
海面获得的热量A	到达海面的太阳辐射	大气逆辐射	大气通过热传导传递给海面的热量
海面失去的热量B	海面辐射给大气的热量	蒸发耗热量	海面通过热传导传递给大气的热量
小　计	$Q1=A1+A2-B1$	$Q2=B2$	$Q4=B3-A3$

故有:海面热量总收支$=A1+A2+A3-B1-B2-B3=(A1+A2-B1)-B2-(B3-A3)=Q1-Q4-Q2$。显然,海面热量总收支在纬度达到一定值(北纬在20多度,南纬在近20度)后即为负,即曲线Q3。

综上所述,正确答案为C。

(2)另类解析。观察四个选项,总收支差额对应有2个Q3(1个Q2,1个Q4),辐射收支差额对应有2个Q1(1个Q3,1个Q4),蒸发耗热量对应有2个Q2(1个Q1,1个Q3),传导差额对应有2个Q4(1个Q1,1个Q2)。综上,C选项的概率最大。

2.2011年高考安徽文综卷第31题

在地理研究中,可用重心移动反映地理事物和现象空间分布的变化,图1.7表示我国1978—2005年能源生产总量、能源消费总量与GDP重心变化轨迹。完成31题。

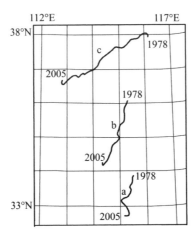

图1.7　我国1978—2005年能源生产总量、能源消费总量与GDP重心变化轨迹

31.能源生产总量、能源消费总量与GDP重心变化轨迹分别对应图中的

　　A.a、b、c　　　　B.c、b、a　　　　C.c、a、b　　　　D.b、c、a

【答案】B

(1)正确解析。我国能源生产基地一直主要分布在北方地区,能源生产总量重心位置偏北,对应曲线为c;改革开放后,东南地区经济发展快,能源消费多,能源消费中心向南移动较快,对应曲线为b;改革开放以来,东部、南部一直是我国经济相对发达区域,我国GDP重心位置偏南,对应曲线为a。

(2)另类解析。观察四个选项,其中能源生产总量对应有2个c(四个选项当中还有1个a,1个b,那么c选项出现概率最大,后面的以此类推),能源消费总量对应有2个b,GDP重心变化对应有2个a。综上,B项的概率最大。

3."另类解析"简析

(1)即便答案正确,也并不代表解析是合理的。尽管通过另类解析,都能得出两道题正确答案,并不代表其解析是合理的。

(2)另类解析得不出正确答案的概率计算。对于"2014年高考安徽文综卷第33题"来讲,即图1.6中表示海面热量总收支差额、辐射收支差额、蒸发耗热量、海—气热传导差额的曲线,依次是……Q1、Q2、Q3、Q4有P_4^4=24种排列方式,详见表1.3。

表1.3　2014年高考安徽文综卷第33题答案选项排列可能

序	排　列	序	排　列	序	排　列	序	排　列
1	Q1、Q2、Q3、Q4	7	Q2、Q1、Q3、Q4	13	Q3、Q1、Q2、Q4	19	Q4、Q1、Q2、Q3
2	Q1、Q2、Q4、Q3	8	Q2、Q1、Q4、Q3	14	Q3、Q1、Q4、Q2	20	Q4、Q1、Q3、Q2
3	Q1、Q3、Q2、Q4	9	Q2、Q3、Q1、Q4	15	Q3、Q2、Q1、Q4	21	Q4、Q2、Q1、Q3
4	Q1、Q3、Q4、Q2	10	Q2、Q3、Q4、Q1	16	Q3、Q2、Q4、Q1	22	Q4、Q2、Q3、Q1
5	Q1、Q4、Q2、Q3	11	Q2、Q4、Q1、Q3	17	Q3、Q4、Q1、Q2	23	Q4、Q3、Q1、Q2
6	Q1、Q4、Q3、Q2	12	Q2、Q4、Q3、Q1	18	Q3、Q4、Q2、Q1	24	Q4、Q3、Q2、Q1

从四个选项设置角度,理论上可以出现的选项组合情况有:C_{24}^4=10 626种。当然,这种组合未考虑四个选项相对先后顺序。

原题正确答案为表1.3中组合13。从理论上讲,通过适当的选项组合,上述24种选择都可能在另类解析中成为正确答案。在此仅举几例(且限定为"海面热量总收支差额、辐射收支差额、蒸发耗热量、海—气热传导差额"都只在正确位置出现两次。在正确位置出现一次或三次的情况,限于篇幅不再讨论),如表1.4。

表1.4　2014年高考安徽文综卷第33题几种可能的答案选项组合举例

选　项	排　列	排　列	排　列
A	Q1、Q2、Q3、Q4	Q1、Q3、Q4、Q2	Q2、Q3、Q1、Q4
B	Q1、Q4、Q3、Q2	Q2、Q4、Q3、Q1	Q2、Q4、Q3、Q1
C	Q3、Q2、Q1、Q4	Q4、Q1、Q2、Q3	Q3、Q4、Q2、Q1
D	Q4、Q3、Q2、Q1	Q3、Q2、Q4、Q1	Q4、Q1、Q3、Q2
另类解析答案	Q1、Q2、Q3、Q4(组合1)	Q4、Q3、Q2、Q1(组合24)	Q2、Q4、Q3、Q1(组合12)

上述分析只在于说明"另类解析"的不合理。如果再把正确答案置入的话,一样可以通过适当组合来说明另类解析的错误,如表1.5(同上,限于篇幅,只举三例)。

表1.5　2014年高考安徽文综卷第33题几种可能的答案选项组合举例(续)

选　项	排　列	排　列	排　列
A	Q3、Q1、Q2、Q4	Q3、Q1、Q2、Q4	Q3、Q1、Q2、Q4
B	Q1、Q2、Q4、Q3	Q2、Q3、Q4、Q1	Q1、Q3、Q4、Q2
C	Q4、Q2、Q1、Q3	Q4、Q2、Q1、Q3	Q4、Q2、Q1、Q3
D	Q1、Q3、Q4、Q2	Q4、Q3、Q2、Q1	Q4、Q3、Q1、Q2
另类解析答案	Q1、Q2、Q4、Q3(组合2)	Q4、Q3、Q2、Q1(组合24)	Q4、Q3、Q1、Q2(组合23)

从理论上分析,四个选项设置包括正确答案"Q3、Q1、Q2、Q4"在内,也可以通过适当组合,让"另类解析"得出的答案为表1.3中24种组合中的任一种。

对于"2011年高考安徽文综卷第31题"来讲,即能源生产总量、能源消费总量与GDP重心变化轨迹分别对应图1.7中的……a、b、c有$P_3^3=6$种排列,详见表1.6。

表1.6 2011年高考安徽文综卷第31题选项排列可能

序	排 列	序	排 列
1	a、b、c	4	a、c、b
2	b、a、c	5	b、c、a
3	c、a、b	6	c、b、a

从四个选项设置角度,理论上可以出现的选项组合情况有$C_6^4=15$种。当然,这种组合不考虑四个选项相对先后顺序。

原题正确答案为表1.6中的组合6。

通过实际排列组合发现,采用适当的选项组合(且包含正确答案在内),上述6种组合中除表1.6中组合2、4不能实现外,其余四种组合都可以在上述"另类解析"中成为正确答案(详见表1.7)。

表1.7 2011年高考安徽文综卷第31题几种可能的答案选项组合举例

选 项	排 列	排 列	排 列
A	c、b、a	c、b、a	c、b、a
B	a、c、b	b、a、c	a、c、b
C	b、a、c	a、c、b	b、a、c
D	a、b、c	c、a、b	b、c、a
另类解析答案	a、b、c(组合1)	c、a、b(组合3)	b、c、a(组合5)

综上所述,所谓"另类解析",其成功的概率其实和不作任何分析即任选一个的概率完全相等,即为25%。

这种"另类解析",不管成功率多高,即不管这种解析方法同获得正确答案之间的相关性有多高,都不能成为解题方法。

不过,这种"另类解析"方法为命题人员提供了一种思路,即今后在设置类似选项时,要有意识地避免"另类解析即可得出正确答案",要让这种解析付出代价——"另类解析"一定得出错误答案。当然,也不能让其根据"另类解析一定得出错误答案"来淘汰相关选项。

第三节　曹冲称象:时空转换与化整为零

成语曹冲称象出自《三国志·卷二十·魏志二十·武文世王公传第二十》:邓哀王冲字仓舒,少聪察歧嶷,生五六岁,智意所及,有若成人之智。时孙权曾致巨象,太祖欲知其斤重,访之群下,咸莫能出其理。冲曰:"置象大船之上,而刻其水痕所至,称物以载之,则校可知矣。"太祖大悦,即施行焉[1]。

后以曹冲称象来形容一个人聪明。

一、曹冲称象的启示:时空转换

如果放在今天再对大象进行称重,方法就多了。

其中一个经典办法是利用杠杆原理,即在同一时间,在不同空间(杠杆两端)分别放置大象和其他物体,进而利用质量守恒来获得大象的重量(实乃质量)。

曹冲(196—208)采用的称象方法,从原理上来讲与杠杆原理相同,都是基于质量守恒;区别在于现在的杠杆原理是在同一时间、不同空间实现质量守恒,曹冲称象的办法是在同一空间、不同时间实现质量守恒——时间杠杆原理。

某些问题可以通过时间或空间的转换来解决。这里仅以自然资源为例,来说明通过时间或空间的转换来解决问题

1.通过空间转换来解决资源的不均衡分布

(1)南水北调。我国水资源的空间分布南多北少,南水北调工程就是为了解决我国北方地区,尤其是黄淮海流域的水资源短缺问题,分东线、中线、西线三条调水线路(图1.8)。

通过三条调水线路与长江、黄河、淮河和海河四大江河的联系,构成以"四横三纵"为主体的总体布局,实现中国水资源南北调配、东西互济的合理配置格局。

东线工程从长江下游扬州附近抽引长江水,利用和扩建京杭大运河及与其平行的河道逐级提水北送,经洪泽湖、骆马湖、南四湖和东平湖。出东平湖后分

---

[1]许嘉璐.二十四史全译·三国志·第1册[M].北京:世纪出版集团,2004:348.

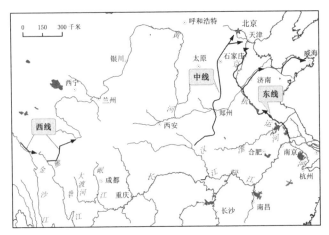

图 1.8　南水北调线路示意

两路输水：一路向北，在位山附近经隧洞穿过黄河后可自流，经位临运河、南运河到天津；另一路向东，通过胶东地区输水干线经济南输水到烟台、威海。东线工程开工最早，并且有现成输水道。

中线工程从汉江丹江口水库引水，输水总干渠自陶岔渠首闸起，沿伏牛山和太行山山前平原，京广铁路西侧，跨江、淮、黄、海四大流域，自流输水到北京、天津。2014 年 12 月 12 日，长 1 432 千米、历时 11 年建成的南水北调中线正式通水。

西线工程从长江上游干支流调水入黄河上游，引水工程拟定在通天河、雅砻江、大渡河上游筑坝建库，采用引水隧洞穿过长江与黄河的分水岭巴颜喀拉山入黄河。截至目前，还没有开工建设。

（2）北煤南运。我国煤炭资源分布不均匀，北方供给大于需求，而南方需求大于供给。尤其是陕西、山西、内蒙古西部地区（"三西"地区），煤炭资源十分丰富，为此，需要将"三西"地区的煤炭向南运输。

北煤南运主要采用铁路、公路、海运和内河水路运输，主要线路有三条（图 1.9）。

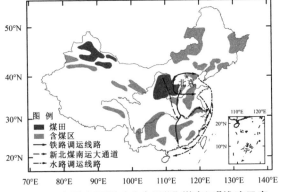

图 1.9　中国主要煤矿分布及"北煤南运"线路示意

一是通过铁路先将"三西"地区的煤炭东送至渤海沿岸的港口后转海运。西煤东送的铁路线路包括北通道的大秦、丰沙大、京原、集通、神朔黄铁路,中通道的石太转石德铁路,南通道的太焦、邯长、侯月、南同蒲、陇海、西康和宁西铁路。海运下水主要港口为秦皇岛、唐山、天津、黄骅、青岛、日照、连云港等港口,接卸港主要为华东、中南沿海各港口;长江、徐州—南京港(大运河—长江)也承担了相当数量的煤炭下水运输任务。

二是通过焦柳铁路线南下。

三是在建的"北煤南运大通道",即蒙西至华中地区铁路煤运通道项目,起于内蒙古自治区浩勒报吉,经山西省运城市进入河南省三门峡等市,并经过湖北省襄阳市、湖南省岳阳市后止于江西省吉安市,全长约 1 860 千米,拟于 2017 年建成投入使用。

除了已经实施的煤电转换外,在原地将煤转化为其他形式的能源("煤化气""煤化油"),然后再向南输送,也是值得考虑的问题。

(3)西气东输。我国西部地区蕴藏着丰富的天然气资源,目前有三条线路将西部的天然气运往东部和南部。西气东输一线工程西起塔里木盆地的轮南,经甘肃、宁夏、陕西、山西、河南、安徽、江苏,东至上海;二线工程西起新疆霍尔果斯,经甘肃、宁夏、陕西、河南、湖北、江西等,东达上海,南抵广州、香港;三线工程以中亚天然气为主供气源,经新疆、甘肃、宁夏、陕西、河南、湖北、湖南、江西,抵达福建、广东(图1.10)。

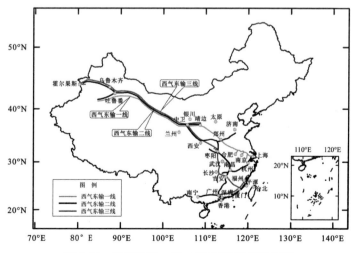

图1.10　西气东输一线、二线和三线走向示意

2.通过时间转换来解决资源的不均衡分布——修建水库

我国水资源季节分配不均匀,就东部季风区而言,夏季降水集中,汛期河水暴涨,大量宝贵的淡水资源白白流入大海,并且还容易造成洪涝灾害;冬春季则降水少,河流进入枯水期,北方的一些河流甚至干涸见底,严重干旱缺水。兴建水库,可以有效调控径流和水量的季节变化,解决水资源分布不均的问题。例如,三峡工程和小浪底水利枢纽,对长江和黄河的防洪及水资源调配发挥了重要作用。

二、曹冲称象的启示:化整为零

曹冲称象能够顺利进行,还得益于"化整为零"这一科学思维。在自然界,类似于"化整为零"的地学现象时有发生。

20世纪70年代,地震学家发现了一种发生机制完全和正常地震相同的"慢地震"(又名"静地震"),包括低频地震、超低频地震、深部不连续颤动地震、缓移地震及静默地震等。慢地震也会释放原本断层上所累积的能量,只是断层破裂得比较慢,或是发生的时间比较长。一般而言,典型的地震大约用数秒到数十秒来释放其所储存的能量,慢地震却花费数十分钟、数小时,甚至数天到一星期来释放其所累积的能量[1]。

由GPS观测的速度场发现,台湾海岸山脉(菲律宾海板块)以每年6~8厘米的速度向西移动,而海岸山脉西边(纵谷,欧亚大陆板块)只以每年4厘米的速度向西移动。这速度的差异显示此地地壳受到来自菲律宾海板块的快速挤压,但这些能量跑到哪里去了呢? 最一般的方式是由地震消耗大部分的能量,或是部分能量用来抬高海岸山脉,储存于位能之中。然而这里的实际情况并非如此。

如图1.11所示,图中黑色虚线框范围内虽然板块相对缩减率达每年8厘米,但自1900年以来没有发生过8级以上地震,7级以上地震只有六次。日本西南部的南开海槽也同样位于菲律宾海板块和欧亚板块聚合带,板块相对缩减率仅为每年4厘米,约是中国台湾板块聚合活动量的一半,同样的百年内却有两次8级以上地震,八次7级以上地震。理论上来说,因为滑动量较大,台湾东部应该比南开海槽更容易发生大地震,但是台湾东部的地震发生频率较低,能量

---

[1] 刘啟清. 台风引发慢地震[J]. 科学人,2009(10):110-115.

跑到哪里去了呢? 累积起来准备一次超级地震吗?

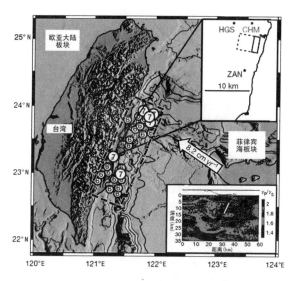

图1.11　中国台湾及周边地区示意[1]

为此,研究人员在菲律宾海板块和欧亚板块交界的台湾东部凿孔200~270米深,摆放井下应变计———一种可钻入地下深处的高敏度测量仪器。应变计能探测到无法觉察的岩石移动和变形,以期观测菲律宾海板块与欧亚板块挤压情况,结果监测到慢地震信息:慢地震的断层能量以数小时、数天缓慢释放,而非突然的剧烈活动。研究进行的5年期间记录到20场这种慢地震,其中11场刚好碰到台风,而且比其他的慢地震还要强烈、地震波形更复杂,研究证实了台风与慢地震的相关性。"这些资料明确指出台风是这些慢地震的促发因子。它们出于偶然碰巧一起发生的可能性微乎其微。"[2]

如图1.12所示,当台湾东部的气压降低时(如台风来临),地底下各深度的压力都会降低,海水就会由台风范围之外的远处流往台湾海岸,直到海水面升高到能使每一深度的压力都等同于较远海域。于是在台风来临时,海域底下的地壳中压力维持不变,但此时陆地岩层所受的压力降低,却没有海水可以补充,断层若在海边向西倾斜,则断层上盘压力减小,而下盘不变,会使断层面上产生一个上下的张力。这对引发此处的逆断层活动有两大帮助:其一是在沿着断层

[1] LIU C C, LINDE A T, SACKS S. Slow earthquakes triggered by typhoons[J]. Nature, 2009, 459: 833-836.

[2] 刘啟清. 台风引发慢地震[J]. 科学人, 2009(10): 110-115.

面方向,上盘的地层会相对于下盘有往上的力量,即较易引发逆断层活动;其二是垂直断层面上的张力,会降低断层面上的正压力,也就是会降低断层面上的摩擦力,这也有助于引发此处的逆断层活动[1]。

图1.12　中国台湾东部气压与断层关系示意[2]

在地面上,我们"完全察觉不到"这种方式频繁引发的慢地震,它可能降低了级别更高、破坏性更大的地震发生频率。

由此可见,台风与慢地震具有相关性,每年侵袭台湾的台风在地震活动上扮演了压力阀的角色,会引发长时间而缓慢释放能量的慢地震,为地壳能量的累积与释放提供了一个重要的均衡管道。这或许让台湾免于受到可能造成摧毁性灾难的大地震的侵袭[3]。

三、延伸阅读——2014年高考安徽文综卷第31题

鄱阳湖地区夏季的风向、降水等受西太平洋副热带高压脊位置变化的影响。鄱阳湖汛期水位上升,湖面辽阔;枯水期水位下降,水流归槽成为"赣江"(图1.13b)。图中的沙岭沙山(29.5°N附近)形成于2万年前,由松散沙粒组成。沙山临湖一侧发育了一系列垄(脊)槽(谷)相间的地形。读图1.13,完成31题。

[1] LIU C C, LINDE A T, SACKS S. Slow earthquakes triggered by typhoons[J]. Nature, 2009, 459:833–836.

[2] 刘啟清. 台风引发慢地震[J]. 科学人, 2009(10):110–115.

[3] LIU C C, LINDE A T, SACKS S. Slow earthquakes triggered by typhoons[J]. Nature, 2009, 459:833–836.

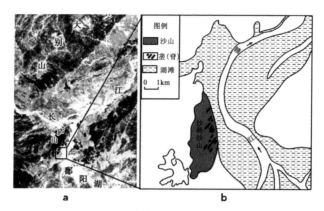

图1.13　鄱阳湖(沙岭沙山)及周边地区示意

31.受大气环流和地形分布(图1.13a)的影响,图1.13b所示地区

　A.全年以偏北风为主,冬半年风速较大

　B.夏半年以西南风为主,风速较大

　C.全年以偏南风为主,夏半年风速较小

　D.冬半年以东北风为主,风速较小

【答案】A

　　31题中的图1.13b所示地区冬半年或夏半年风速大小问题,"较大"或"较小"都是一种相对比较,有两种理解:一种是时间维度上的图1.13b所示地区冬、夏半年风速比较;一种是空间维度上的图1.13b所示地区与周边地区某半年风速比较。

　　(1)如果是时间维度上的图1.13b所示地区冬、夏半年风速比较。我国东部季风区目前冬季风势力相对强劲(其影响范围南界可达南海中部),夏季风势力相对偏弱(其影响范围北界可达季风和非季风区分界线),故就冬、夏半年相比较,图示地区冬半年风速相对较大,夏半年风速相对较小。冬半年偏北风较大与地形有关,长江以北是几百千米的北东向郯庐断裂带形成的平原,偏北气流没有地形的阻挡,至鄱阳湖时,湖口段呈瓶颈状,走向北北东,产生狭管效应,风速加大,加之湖面摩擦系数小,风速在湖面上再次增大[1]。同时,"狭管效应"对冬季风和夏季风的共同加速作用,也不会改变无"狭管效应"时的冬季风强于夏

　　[1]韩志勇,李徐生,张兆干,等.鄱阳湖湖滨沙山垄状地形的成因[J].地理学报,2010,65(3):331-338.

季风的事实。

（2）如果是空间维度上的图1.13b所示地区与周边地区某半年风速比较。根据题意，周边地区也应位于图1.13a区域内。如果周边地区是狭管地形（图1.13b地区到长江湖口之间的湖口段）内图1.13b外区域，相比较的两个区域均在狭管地形内，均受"狭管效应"的影响。冬半年时，图1.13b地区位于狭管地形尾端；夏半年时，图1.13b地区多数时间位于狭管地形尾端（只有一个月左右位于首端）。而风通过狭管地形区时，出风口附近风速较入风口附近更大[1]。据此则有图1.13b地区全年风速较大。如果周边地区是图1.13a区域内狭管地形外地区，则图1.13b地区因"狭管效应"风速更大。

[1]陈启新.风速的"狭管效应"增速初探[J].山西水利科技,2002（2）:62-64.

第二章　成语中的天文知识

　　成语中蕴含着丰富的天文知识,本章以天高地厚、天旋地转、黄道吉日、夸父逐日、立竿见影、来日方长和寥若晨星等七个成语为例予以阐述。

　　"天高地厚"一节描述了"天"的高度及分层、地球内部圈层结构。"天旋地转"一节告诉我们,"天旋"源于"地转"——天体周日视运动。"黄道吉日"一节则分析了太阳周年视运动,以及二十四节气和黄道十二宫、黄道十三星座。"夸父逐日"一节分析了夸父逐日的可行性,提出了"夸父'日中而作'"这一观点,并尝试给出追日路线。"立竿见影"一节分析了其形成条件,并分析了涉及该成语的部分高考试题。"来日方长"一节分析了一日长度的变化及其原因。"寥若晨星"一节分析了"晨星"可见的条件,并指出了容易看见的晨星。

第一节　天高地厚:天有多高,地有多厚

　　成语天高地厚原指天地广大辽阔(衬托人之窘迫或渺小),出自《诗经·小雅·正月》:"谓天盖高,不敢不局;谓地盖厚,不敢不蹐。"

　　金·元好问《论诗三十首(其十八)》:"东野穷愁死不休,高天厚地一诗囚。"

　　成语天高地厚也用于比喻恩情深厚。如《庄子·田子方》:"至人之于德也,不修而物不能离焉,若天之自高,地之自厚,日月之自明,夫何脩焉!"又如元·无名氏《合同文字》第一折:"他目下交三岁,你若抬举他更数年。常则是公心教训诚心劝,教的他为人谨慎于人善,不许他初年随顺中年变。俺便死也难忘你这天高地厚情……"

　　成语天高地厚还指事情的复杂性。如汉·韩婴《韩诗外传》第八卷:"曰:'始言圣人,今言不知,何也?'子贡曰:'臣终身戴天,不知天之高也;终身践地,不知地之厚也。'"又如《大戴礼记·七·劝学》:"是故不升高山,不知天之高也;不临深

溪,不知地之厚也。"再如《荀子·劝学》:"故不登高山,不知天之高也;不临深溪,不知地之厚也。"

一、天有多高

(一)天的高度——大气层的厚度

1.大气层上界

狭义地讲,所谓天有多高,即指大气圈有多厚——地表至大气的上界。

空气受地球引力作用,聚集在地球周围,形成大气层。大气质量主要集中在靠近地面的地方,大气随离地面高度的增加而变得愈来愈稀薄。大气圈没有确切的上界,在离地表0.2万~1.6万千米高空仍有稀薄的气体和基本粒子。

关于大气层上界,至少有三种差别很大的说法:一是界定为6万~7万千米的磁层顶;二是界定为1.6万千米,此处已非常接近真空;三是界定为0.12万千米——极光出现的可能最大高度。

2.大气层分层

大气层在不同高度上表现出各种不同的特性,从地面向上可划分成若干个层次(图2.1)。

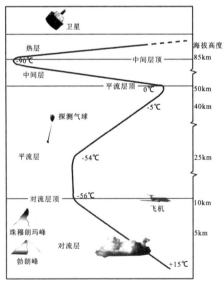

图2.1 大气层分层示意

对流层是大气的最下层,平均厚度约10千米。由于对流层热量来自地球表面,而地表热量在不同纬度差异较大,故不同纬度对流层厚度有所差异:低纬地区 17~18 千米,中纬地区一般为 10~12 千米,高纬地区仅为 8~9 千米。对流层的主要特点:气温随高度增加而递减,大约每上升 100 米下降 0.6℃,是谓"高处不胜寒";对流运动显著;天气现象复杂多变,日常所见的天气现象均发生在此层。

平流层,自对流层顶至约 50 千米高空。该层主要特点:起初气温变化小,30 千米以上气温迅速上升;大气以水平运动为主;大气稳定,利于高空飞行。

中间层,自平流层顶至约 85 千米高空。气温随高度增加而迅速递减,对流活动强烈,又名高空对流层。

热层,自中间层顶至约 500 千米高空。这一层内温度很高。

外层,又名散逸层,热层顶以上是外大气层,延伸至距地球表面约 1 000 千米处。这里的温度很高,可达数千度;大气已极其稀薄。

也有科学家根据不同高度上大气的电离特性,把大气分为中性层、电离层和磁层三层(图 2.2)。

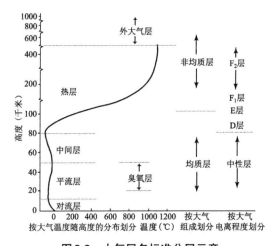

图2.2　大气层多标准分层示意

中性层是指地面到约 60 千米高度,这里大气各成分多处于中性,即非电离状态。

电离层指距地面 60~500 千米的大气层。由于太阳辐射的影响,大气物质开始电离。根据电离层电子的浓度及对电磁波反射的不同效果,又可划分为 D 层(大约在 60~90 千米高度)、E 层(约 110 千米高度)、F_1 层(约 160 千米高度)、F_2 层(300 千米高度),以及更高的 G 层等。

磁层指约500千米以上的大气层。在太阳风的作用下,磁层向着太阳的一面被压缩了,而在背着太阳的一面形成了一个类似于彗尾一样的磁尾。向着太阳的一端距地心约十几个地球半径,它的尾长(背着太阳一端)可达几十个地球半径(图2.3)。

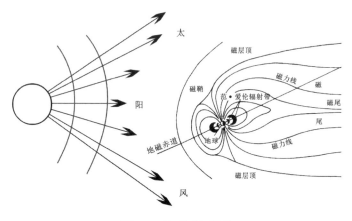

图2.3　地球磁层结构

太阳风与磁层之间的边界即为磁层顶,磁层顶以外即为星际空间,因此有人认为磁层顶才是大气层的顶。

(二)领空

领空,是指主权国家领陆和领水上空的空气空间,是国家领土的组成部分。《巴黎航空公约》和《国际民用航空公约》规定,国家对其领土上空的空气空间享有绝对主权。一般来讲,领空范围为主权国家领陆和领水垂直向太空100千米之内的空间。

二、地有多厚

地球半径平均约为6 372千米,可视为地的厚度。

(一)地球内部圈层结构

根据地震波在地下不同深度传播速度的变化,一般将地球内部分为地壳、地幔和地核(图2.4)。

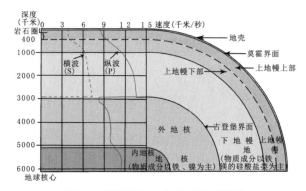

图2.4　地震波速度与地球内部构造

地壳的底部以莫霍面为界,在大陆地区位于地表以下30~78千米处,在大洋地区位于地表以下5~12千米处。地壳内部还存在一个界面——康拉德面,分地壳为上地壳和下地壳两层,该面以上为硅铝层,以下为硅镁层。

地壳底部至距地表以下2 900千米处的古登堡面的地球内部圈层为地幔。大致以1 100千米为界将地幔分为上地幔和下地幔。上地幔波速变化比较复杂,其中在100~200千米处存在一个横波的低速层,反映了该层物质可能具有较强的塑性变形能力,在动力的作用下可以发生缓慢流动,故又称该层为"软流层"[1]。

软流层以上地幔部分和地壳合在一起统称为"岩石圈"。

地核大概以5 100千米深度为界分为外地核和内地核,由于横波不能在外地核中传播,所以外地核应该是液态的。

(二)延伸阅读

1.地球上最古老的岩石和矿物

2001年,在加拿大魁北克省北部哈德森湾东海岸沿线的Nuvvuagittuq("努瓦吉图克")绿岩带的一个古岩床带,发现了目前地球上最古老的岩石,岩石样品取自古代火山喷发沉积物。通过测量该岩石样品中稀有元素钕和钐同位素的细微变化,研究人员证实该岩石距今已有42.8亿年历史[2]。

科学家于2001年在澳大利亚杰克山(Jack Hills)上一块露出地面的岩层上提取到一枚截面大小约为200微米×400微米(约为人类头发直径的两倍)的锆

[1] 吴泰然.普通地质学[M].2版.北京:北京大学出版社,2012:33.

[2] O'NEIL J,CARLSON R W,FRANCIS D,et al. Neodymium-142 evidence for Hadean mafic crust[J]. Science,2008,321:1828-1831.

石晶体,测年显示形成于43.74亿年前,为迄今地球最古老的矿物[1]。

2.2001年高考上海综合理科卷第43题

43.人从哪里来? 往哪里去? 这是人类永恒的话题……

地球的年龄到底有多大? 科学家利用天然放射性元素的衰变规律,通过对目前发现的最古老的岩石中铀和铅含量的测定,推算出该岩石中含有的铀是岩石形成初期时的一半。铀238的相对含量随时间变化关系如图2.5所示。由此推断,地球的年龄大致为_____。

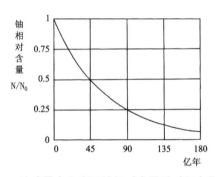

图2.5 地球最古老岩石铀相对含量随时间变化关系

【参考答案】45亿年。

这道高考题有两个地方可能需要商榷:一是在2008年之前,人类已知的最古老的岩石年龄为40.3亿年,是源自加拿大西北部地区的“安卡斯塔片麻岩”,该题给出的答案“大于45亿年”从何而来? 二是最古老的岩石年龄测定是通过钕和钐同位素获得的,而不是通过“岩石中铀和铅含量”测定的。

第二节 天旋地转:孰因孰果

人们常用天旋地转比喻重大的改变。如唐·元稹《望云骓马歌》:“雄雄猛将李令公,收城杀贼豺狼空。天旋地转日再中,天子却坐明光宫。”又如唐·白居易

[1] VALLEY J W,CAVOSIE A J,USHIKUBO T,et al. Hadean age for a post-magma-ocean zircon confirmed by atom-probe tomography[J]. Nature Geoscience,2014(7):219-223.

《长恨歌》:"行宫见月伤心色,夜雨闻铃肠断声。天旋地转回龙驭,到此踌躇不能去。"

有时人们用天旋地转形容眩晕时的感觉。如《水浒传》第二十七回:"那两个公人只见天旋地转,噤了口,望后扑地便倒。"又如清·李汝珍《镜花缘》第三十五回:"林之洋素日酒量虽大,无如近来腹中空虚,把酒饮过,只觉天旋地转,幸而还未醉倒。"

和天旋地转相类似的成语有地动山摇、头晕目眩等。

一、天旋地转与天体周日视运动

(一)天旋地转的实质

在地球上的观测者看起来,整个天球像是在围绕着我们旋转。这种视运动是地球自转引起的。

(二)天体周日视运动的基本规律

1.绕转中心及运动轨迹

在北半球看起来,天球的周日绕转中心为天北极。紧靠天北极有一颗较明亮的恒星,即北极星。

天体周日运动行经的路线叫周日圈,即它所在的那条赤纬圈。天体离天极愈近,其周日圈愈小;离极愈远,周日圈愈大。

2.方向、周期和速度

由于地球以一日为周期自西向东自转,故在地球上看到的天体周日视运动也以一日为周期,方向自东向西。即我们所见到的日月星辰,皆在一日内东升西落,其转动的角速度约为15°/小时。

(三)不同地区所见的恒星周日视运动

对于地球上各个不同纬度的观测者来说,所看到的天体的视运动线路和地平间的关系各不相同。

在北半球看来,天北极周围恒星永不落入地平线以下,这部分周日圈全部位于地平线以上的恒星叫作恒显星;其范围是以天北极为中心的一个圆形天空区域,称为恒显星区。反之,天南极周围恒星永不升到南方地平线以上,这部分周日圈全部位于地平线以下的恒星称为恒隐星；其范围是以天南极为中心的一个圆形天空区域，范围大小与恒显星区相同。介于上述两部分星区之间的恒星，东升西落，这部分周日圈与地平圈相交的恒星称出没星，其范围称为出没星区(图2.6)。

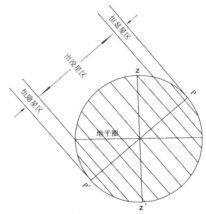

图2.6 恒显星区、恒隐星区和出没星区

显然，在北极，只有恒显星和恒隐星，而无出没星，周日圈平行于地平圈。在赤道，只有出没星，而无恒显星和恒隐星，周日圈垂直于地平圈。在北半球某纬度，南北天极周围有恒显星和恒隐星，天赤道南北是出没星(图2.7)。

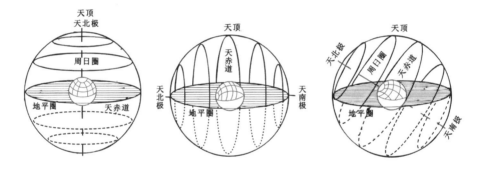

图2.7 不同纬度的天球周日视运动

将摄像机对准天北极，经长时间曝光，即可获得如图2.8所示照片。天体离天极愈近，其周日圈愈小；离极愈远，周日圈愈大。

在北纬中纬度θ度地区的观测者，可以看见北极星在正北地平线上空高θ度的位置。从正东方升起的星倾斜着移向南方，到上中天时(即到正南方时)，它距离地平线的高度是(90-θ)，之后它又倾斜着向西移动，由正西方落到地平线以下(图2.9)。

图2.8 北极所见恒星周日视运动

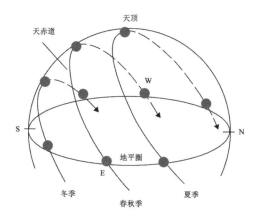

图2.9　北半球中纬度的天体周日视运动

在地球赤道上的观测者看起来,北极星在正北地平线上。

(四)太阳周日视运动

详见成语"夸父逐日"。

二、延伸阅读——2013年高考天津文综卷地理部分第8—9题

图2.10所示照片是摄影师在夜晚采用连续曝光技术拍摄的,照片中的弧线为恒星视运动轨迹。读图回答8—9题。

8.据图2.10判断,摄影师拍摄的地点位于

　　A.低纬地区　　B.中纬地区

　　C.北极附近　　D.南极附近

9.图2.10中a恒星视运动转过的角度约为50°,据此判断摄影师连续拍摄的时间为

　　A.1个多小时　　B.3个多小时

　　C.5个多小时　　D.7个多小时

图2.10　恒星视运动轨迹

第8题,根据前述分析,答案为A。

第9题,根据天体周日视运动角速度约为15°/小时,答案为B。

第三节　黄道吉日:二十四节气和黄道十二宫

旧时人们迷信星命之说,认为青龙、明堂、金匮、天德、玉堂、司命等六辰都是吉神,吉神值日的日子为黄道吉日,在这些日子里,诸事皆宜,不避凶忌。

黄道吉日泛指宜于办事的好日子。

如元·无名氏《桃花女破法嫁周公》第三折:"他拣定这黑道的凶辰,我将这净席呵,与他换过了黄道的吉日。"

又如元·无名氏《连环计》第四折:"今日是黄道吉日,满朝众公卿都在银台门,敦请太师入朝授禅。"复如明·王玉峰《焚香记·允谐》:"今日乃是黄道吉日,就成就了亲罢。"

还如清·文康《儿女英雄传》第十八回:"只今日便是个黄道吉日,请大人咐吩一个小僮把我那半肩行李搬了进来,便可开馆。"

再如清·李宝嘉《官场现形记》第二回:"取过历本一看,十月十五是个长行百事皆宜的黄道吉日,遂定在这天起身。"

和黄道吉日相类似的成语有吉日良辰等。

一、太阳周年视运动

黄道,是地球公转轨道平面的无限扩大同天球相割而成的天球大圆。

地球在自转的同时,还绕太阳公转。地球公转的方向与其自转方向相同,都是自西向东。这种运动同样是不能被感觉到的。在地球上的观测者看来,倒是像太阳在绕地球运动。

如图2.11所示,当地球在其轨道上从 E_1 公转到 E_2 时,从地球上看来,太阳在天球上的投影便从 S_1 移到 S_2。地球公转一周,太阳则以相同的方向(向东)和周期(一年)在众星间巡天一周,这叫太阳周年视运动,简称太阳周年运动,其视运动路线即为黄道[1]。

---

[1] 金祖孟. 地球概论[M]. 北京:高等教育出版社,1997:8.

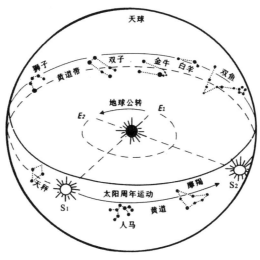

图2.11 太阳周年视运动

二、二十四节气

黄道与天赤道(地球赤道无限扩大同天球相割而成的天球大圆)相交于春秋二分点,以春分点为起点,沿黄道向东度量,自0°~360°(图2.12)。

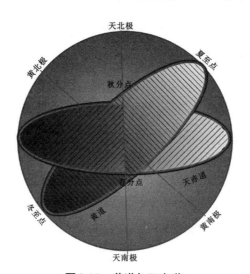

图2.12 黄道与天赤道

二十四节气按太阳黄经划分,自春分点起,每隔黄经15°为一气,依次叫作春分、清明、谷雨、立夏、小满、芒种、夏至、小暑、大暑、立秋、处暑、白露、秋分、寒露、霜降、立冬、小雪、大雪、冬至、小寒、大寒、立春、雨水、惊蛰。二十四节气又分为节气和中气两组。我国传统历法以十二节气把回归年分成十二个节月,每个节月各有一个节气和中气,节气是节月的起点,中气是节月的中点(表2.1)。

表2.1 二十四节气

节气	太阳黄经	阳历日期	中气	太阳黄经	阳历日期
立春	315°	2月4(5)日	雨水	330°	2月19日
惊蛰	345°	3月6(5)日	春分	0°	3月21(20)日
清明	15°	4月5(4)日	谷雨	30°	4月20(21)日
立夏	45°	5月5(6)日	小满	60°	5月21(22)日
芒种	75°	6月6(5)日	夏至	90°	6月21(22)日
小暑	105°	7月7(8)日	大暑	120°	7月23日
立秋	135°	8月8(7)日	处暑	150°	8月23(24)日
白露	165°	9月8(7)日	秋分	180°	9月23(24)日
寒露	195°	10月8(9)日	霜降	210°	10月23(24)日
立冬	225°	11月7(8)日	小雪	240°	11月22(23)日
大雪	255°	12月7(8)日	冬至	270°	12月22日
小寒	285°	1月6(5)日	大寒	300°	1月21(20)日

这是古人参照天文季节、气候物象及农事意义而拟定的。为了便于记忆,历法家从二十四气名称中各取一字,编成一首七律:春雨惊春清谷天,夏满芒夏暑相连。秋处露秋寒霜降,冬雪雪冬小大寒。每句句首一字是指四立(立春、立夏、立秋、立冬),每句中间一字为二分二至(春分、夏至、秋分、冬至)。

三、黄道十二宫

黄道十二宫是指西洋占星术中描述黄道带上人为划分的十二个随中气点移动(与实际星座位置不一致)的均等区域。这些区域分别充当实际的黄道星座。由象征一年开始的春分点,也就是白羊宫起头,以下依序为十二宫(表2.2)。

表2.2 黄道十二宫

星宫名称	中气起止	阳历起止时间(约)
白羊宫	春分—谷雨	3月21日—4月20日
金牛宫	谷雨—小满	4月20日—5月21日
双子宫	小满—夏至	5月21日—6月22日
巨蟹宫	夏至—大暑	6月22日—7月23日
狮子宫	大暑—处暑	7月23日—8月23日
室女宫	处暑—秋分	8月23日—9月23日
天秤宫	秋分—霜降	9月23日—10月24日
天蝎宫	霜降—小雪	10月24日—11月23日
人马宫	小雪—冬至	11月23日—12月22日
摩羯宫	冬至—大寒	12月22日—1月21日
宝瓶宫	大寒—雨水	1月21日—2月19日
双鱼宫	雨水—春分	2月19日—3月20日

四、黄道十三星座

国际天文学联合会用精确的边界把天空分为88个星座,这88个星座分成3个天区,北半球29个星座,南半球47个星座,天赤道与黄道附近12个星座(另外还包括蛇夫座的一小部分)。黄道十三星座包括白羊座、金牛座、双子座、巨蟹座、狮子座、室女座、天秤座、天蝎座、蛇夫座、人马座、摩羯座、宝瓶座和双鱼座(图2.13)。

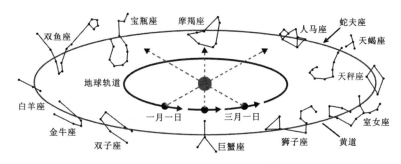

图2.13 黄道十三星座

与黄道十二宫人为近似等间距划分不同,黄道十三星座是黄道实际经过的区域,相邻两星座之间的间距并不等长,详见表2.3[1]。黄道星座的面积大小也各不相同,如最小的摩羯座面积只有最大的室女座的1/3左右。

表2.3 太阳每年在黄道十三星座的停留情况

星座名称	黄经范围(约)	停留时间(约)	太阳进入时间(约)
白羊座	25°16′	26天0小时	4月19日
金牛座	36°25′	38天0小时	5月15日
双子座	27°56′	29天7小时	6月22日
巨蟹座	20°24′	21天9小时	7月21日
狮子座	35°33′	36天18小时	8月11日
室女座	44°10′	44天17小时	9月17日
天秤座	22°08′	22天0小时	11月1日
天蝎座	7°24′	7天7小时	11月23日
蛇夫座	18°30′	18天5小时	11月30日
人马座	33°15′	32天10小时	12月18日
摩羯座	28°16′	27天21小时	1月20日
宝瓶座	24°34′	24天11小时	2月17日
双鱼座	36°09′	36天15小时	3月13日

[1] 苏宜.天文学新概论[M].4版.北京:科学出版社,2009:82.

第四节 夸父逐日:是日出而作还是日中而作

夸父,古代神话中的人物。逐:追。夸父逐日即夸父追赶太阳。

人们常用夸父逐日指征服自然的愿望和坚强决心。

如《山海经·海外北经》:"夸父与日逐走,入日;渴欲得饮,饮于河渭,河渭不足,北饮大泽,未至,道渴而死。弃其杖,化为邓林。"(夸父与太阳赛跑。赶上了太阳,口渴,想要得到喝的水。到黄河、渭水中去喝水,黄河和渭水的水不够喝。到北边去喝大湖里的水,还没赶到,就在半路上渴死了。丢下他的手杖,手杖立即化成了桃林。)

又如晋·陶潜《读山海经十三首》:"夸父诞宏志,乃与日竞走。……余迹寄邓林,功竟在身后。"

人们也用夸父逐日比喻人不自量力。

如宋·刘克庄《初秋感事三首》:"思放归田又数期,少犹迂阔况衰迟。日非夸父追能及,山岂愚公力可移。"

夸父逐日亦作"夸父追日"。

与夸父逐日相类似的成语有不自量力,相关的成语有旭日东升、如日中天、日落西山。

一、夸父逐日与太阳周日视运动

在地球上的观测者看起来,太阳像是在围绕着我们旋转。这种视运动是地球自转引起的。

由于地球以一日为周期自西向东自转,故在地球上看到的太阳周日视运动也以一日为周期,方向自东向西,其转动的角速度约为15°/小时。

由此可见,太阳同时参与两种相反的运动:由于地球自转而随同整个天球的运动,方向向西,日转一周;由于地球公转而相对于恒星的运动,方向向东,年巡天一周(图2.14)。

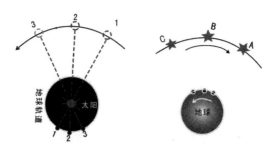

图2.14　太阳周年视运动(左)和周日视运动(右)

二、夸父逐日的可行性分析

(一)逐日方向及其影响

由于太阳周日视运动方向为自东向西,即太阳东升西落(有两个与此相关的成语:旭日东升、日落西山),故夸父若想追上太阳,就得保持和太阳视运动相同的方向——向西。

如果夸父没有追上太阳,那么在逐日的整个过程中,他看到太阳的时间会相对延长,昼夜交替周期会变长[1]。

如果夸父向相反的方法追,即向东跑,会出现什么情况呢?

如果他向相反的方向追,他看到太阳的时间就会相对缩短,昼夜交替周期也就会变短。

据此可以完成下题:

一艘由上海开往旧金山的海轮上,人们见到的昼夜交替周期(　　　)

　　A.大于24小时　　　B.小于24小时　　　C.等于24小时　　　D.无法确定

分析:坐在该海轮上的人们就相当于夸父,他们运动的方向是自西向东,与夸父追赶太阳的方向相反,所以他们看到太阳的时间就会减少,昼夜交替周期就小于24小时,答案为B[2]。

(二)逐日速度及其影响

1.地球自转速度

地球自转的速度分为角速度和线速度。

[1] 杜亚春.成语在地理教学中的巧用[J].地理教学,2012(8):51-52.
[2] 杜亚春.成语在地理教学中的巧用[J].地理教学,2012(8):51-52.

地球各部分(极点除外)都有相同的自转角速度,即约15°/小时。

地球自转的线速度因纬度和海拔高度不同而不同。

$$V = 2\pi\,(R+h)\times\cos\theta/T$$

式中:V为地球表面某点自转线速度,R为地球半径,h为海拔高度,θ为纬度,T为地球自转周期。

在同一高度,地球自转线速度随纬度增大而减小,赤道上自转线速度最大。经计算,赤道上线速度为1 670千米/小时,纬度30°处为1 447千米/小时,纬度60°处为837千米/小时(图2.15)。

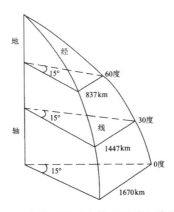

图2.15 北半球地球自转角速度和线速度[1]

在同一纬度,地球自转线速度随高度增大而增加。

2.逐日速度及其影响

夸父以什么样的速度才能追赶上太阳呢?

夸父要想追赶上太阳,他必须向西且以大于太阳的运动速度追赶才行[2]。该处的"太阳的运动速度"指的是太阳周日视运动的角速度。粗略估算,太阳周日视运动的线速度可达10 000千米/秒。

前文讲,如果夸父向西追赶太阳没有追上,他看到太阳的时间会相对延长,昼夜交替周期会变长。其实,夸父看到太阳的时间取决于追赶速度,在追赶速度小于太阳运动速度的情况下,追赶的速度越快,看到太阳的时间就越长,昼夜交替周期就越长;如果夸父和太阳的运动速度相同,他看到的太阳在天空中的位置始终不变。

[1] 金祖孟. 地球概论[M]. 北京:高等教育出版社,1997:5.

[2] 杜亚春. 成语在地理教学中的巧用[J]. 地理教学,2012(8):51-52.

如果夸父追赶速度超过太阳运动速度,又会出现什么情况呢?

(三)夸父逐日时间——"日出而作"还是"日中而作"

关于夸父逐日,有这么一种描述:太阳刚刚从海上升起,夸父告别族人,怀着雄心壮志,从东海边上向着太阳升起的方向,迈开大步追去,开始他逐日的征程。

夸父究竟是在一天中的什么时刻开始追赶太阳的呢?

1.理解一:日出而作

显然,不论夸父身处地表何处,一日中太阳升起时都在其东方。如果旭日刚一东升,夸父即开始追日,那方向应该是向东,即夸父与太阳相向(注意,是"相向"而非"同向")而行。当相向而行至某地正午时与太阳"相遇",然后转而西行继续追日。

但这种理解面临的最大问题是,夸父若在行至某地正午之前就开始与太阳相向而行的话,这不叫"追日",而叫"迎日",当然也可以在广义上理解成"追日",那夸父的追日即为"日出而作"。

2.理解二:日中而作

如果把"追"理解为二者必须同向运动的话,那上述理解一中的"夸父和太阳相向而行"就不叫"追"。

那么夸父逐日的时间起点应该是在夸父所在地正午,然后二者一路西行,即夸父每天追日为"日中而作"。

(四)夸父逐日路线

假定在某一时刻夸父看见太阳在哪就往哪追的话,追赶路线又会如何呢?

很显然,具体追赶路线取决于三个因素:一天中太阳方位角变化,从日出还是日中开始追赶,开始追赶时夸父相对于太阳的方位。其中,太阳方位角具体计算如下:

图2.16中:Z为天顶,P为天北极,s为太阳;δ为当时太阳赤纬,φ为当地地理纬度,t为当时太阳时角,h为当时太阳高度,A为太阳方位角。太阳赤纬δ和地理纬度φ北纬为正,南纬为负;太阳时角t在天赤道上自上点Q开始向西度量,正午为0,上午为负,下午为正,每小时对应$15°$;太阳方位角A以南点S为起点,沿地平圈向西度量,自$0°\sim360°$。

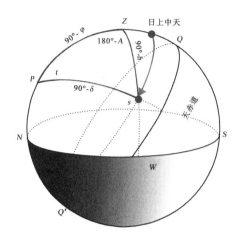

图2.16　利用球面三角形计算太阳方位角[1]

在球面ΔZPS中，$ZP = 90° - \varphi$，$Zs = 90° - h$，$Ps = 90° - \delta$

根据球面三角余弦定理有：

$$\cos(90° - h) = \cos(90° - \delta) \times \cos(90° - \varphi) + \sin(90° - \delta) \times \sin(90° - \varphi) \times \cos t$$

化简得到：

$$\sin h = \sin\delta \times \sin\varphi + \cos\delta \times \cos\varphi \times \cos t$$

同理可得：

$$\cos(90° - \delta) = \cos(90° - h) \times \cos(90° - \varphi) + \sin(90° - h) \times \sin(90° - \varphi) \times \cos(180° - A)$$

化简得到：

$$\cos A = (\sin h \times \sin\varphi - \sin\delta) \div (\cos h \times \cos\varphi) \qquad （1）$$

根据公式（1）即可计算具体时间、地点的太阳方位角。

这里仅以日出日落方位为例简要举例说明：

日出日落时，太阳高度$h=0$，$\sin h=0$，$\cos h=1$，故公式（1）可简化为：

$$\cos A = -\sin\delta \div \cos\varphi \qquad （2）$$

据式（2）有：

二分日，太阳直射赤道时，太阳赤纬$\delta=0$，$\sin\delta=0$，故$\cos A=0$。

得$A=90°$或$180°$，即有：二分日，全球所有地点均为太阳正东升起，正西落下。

当$\delta>0$时，有$\cos A<0$，有$90°<A<180°$，即有北半球夏半年，全球日出东北，日

———————
［1］金祖孟．地球概论[M]．北京：高等教育出版社，1997：202.

落西北。

当 $\delta<0$ 时,有 $\cos A>0$,有 $0°<A<90°$ 或 $180°<A<360°$,即有北半球冬半年,全球日出东南,日落西南。

故对于北半球夏半年来讲,日出东北后过一段时间方位于正东,日落西北前一段时间方位于正西。

第五节　立竿见影:立竿未必见影

立竿见影是说拿根竹竿竖在太阳光下,马上就现出竿的影子,比喻见效极快。如汉·魏伯阳《参同契·下·如审遭逢章》:"立竿见影,呼谷传响,岂不灵哉!"又如明·许仲琳《封神演义》第七十八回:"其如五行变化,立竿见影。"再如老舍《骆驼祥子》:"关于战争的,正因为根本没有正确的消息,谣言反倒能立竿见影。"

类似成语有行之有效等。

一、立竿见影的条件分析

(一)时间条件

显然,立竿见影的首要条件是有光线存在(本文只讨论因太阳光线产生的阴影)。夜晚因为没有太阳光照,故立竿不可见影。白天,如果不是晴朗天气,即没有太阳直接辐射,立竿也不可见影。

故立竿见影在时间方面的条件是有太阳直接辐射存在。当然,有时候时间尺度和空间尺度在描述方面是可以转化的,故立竿见影的时间条件也可以在一定程度上描述成有太阳直接辐射的地方。如出现极夜的地方即无影。

(二)空间条件

一个地方有太阳直接辐射存在,并不意味着立竿一定见影,"立竿见影"在有的时候有的地点是不成立的,如太阳直射时立竿无影。

太阳直射点在南北回归线之间来回移动,春分时刻(3月21日前后某时刻),太阳直射点在赤道;此后北移,直至夏至时刻(6月22日前后某时刻)到达北回归线,太阳直射点在北回归线上;此后南移,直至秋分时刻(9月23日前后某时刻)到赤道,太阳直射点在赤道;此后继续南移,直至冬至时刻(12月22日前后某时刻)到南回归线,太阳直射点在南回归线上;此后北移,又在春分时刻(3月21日前后某时刻)回到赤道(图2.17)。如此周而复始回归运动,周期为一个回归年(365.242 2天)。

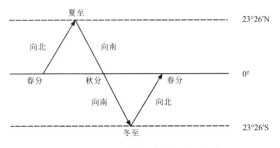

图2.17　太阳直射点的周年移动

我们经常听到如下"经典规律":在回归线上某点,一年有一次太阳直射现象,回归线之间(不含回归线)每点一年有两次太阳直射现象,回归线以外更高纬度区每点一年中没有太阳直射现象。其实,"经典规律"中有谬误。

二、两个容易被忽略的细节

(一)二分二至是瞬间,而非一日

二分二至是太阳直射某些纬度值时的瞬间,二分二至日则分别为一日,二者是截然不同的时间概念。

"夏至日,太阳直射北回归线",这句话是不正确的。实际上,夏至日中只有夏至这一瞬间太阳直射北回归线,夏至这一瞬间太阳也只直射北回归线上某一点,其他各点均不被直射。说"北回归线上,夏至日正午太阳高度为90°",只有在"夏至这一瞬间正好为夏至日正午"时才成立。

(二)每年夏至(或冬至等)瞬间出现的具体时刻也在发生变化

先看一道经典的非高考题:

下列地点中,一年中有两次太阳直射现象的是(　　　　)

A.23.5°N,120°E　　　B.60°S,80°W　　　C.15°N,90°W　　　D.30°S,30°E

按照一般理解,答案为C。

可C真的正确吗? 换句话讲,回归线之间某地一年有几次直射现象?

一个很容易被忽略的细节是:每年夏至瞬间出现的具体时刻也在发生变化。如经查询,2000—2050年夏至具体时刻均不为北京时间同一时刻,即在不同年份,夏至瞬间太阳直射点在北回归线上的位置也在发生变化。

把上述描述中的夏至换作其他瞬间,结论也是成立的。

基于此,对于回归线之间某点A在某年瞬间T_1接收太阳直射后,当太阳直射点再次"回归"直射瞬间T_2所在纬度时的直射点已经发生了移位,不再是某点A了。

故准确的说法是:一年中,回归线(不含回归线)之间某纬线有两次太阳直射现象,并且太阳直射点是同一纬线上两个不同的点。

具体到某点,一年中接收不到两次太阳直射,甚至连一次都没有。

故上题应该修改:

修改方案一:

下列地点中,一年中有两次太阳直射机会的是(　　　　)

　　A.23.5°N,120°E　　　B.60°S,80°W　　　C.15°N,90°W　　　D.30°S,30°E

即把原题干中的"现象"一词改为"机会",答案为C。

修改方案二:

下列地点所在纬线地区,一年中有两次太阳直射现象的是(　　　　)

　　A.23.5°N,120°E　　　B.60°S,80°W　　　C.15°N,90°W　　　D.30°S,30°E

即把原题干中的"地点中"一词改为"地点所在纬线地区",答案为C。

三、延伸阅读——四组高考地理试题

(一)2014年高考全国文综卷(新课标I)第1—3题

2014年高考全国文综卷(新课标Ⅰ)地理部分第1—3题为一题组:

太阳能光热电站(图2.18)通过数以十万计的反光板聚焦太阳能,给高塔顶端的锅炉加热,产生蒸汽,驱动发电机发电。据此完成1—3题。

1.我国下列地区中,资源条件最适宜建太阳能光热电站的是

　　A.柴达木盆地　　　B.黄土高原　　　C.山东半岛　　　D.东南丘陵

图2.18 太阳能光热电站

2.太阳能光热电站可能会

    A.提升地表温度   B.干扰飞机电子导航

    C.误伤途经飞鸟   D.提高作物产量

3.若在北回归线上建一太阳能光热电站,其高塔正午影长与塔高的比值为P,则

    A.春、秋分日P=0   B.夏至日P>0

    C.全年日P<1   D.冬至日P>1

【答案】1.A   2.C   3.D

高考试题在实现为高校选拔人才这一功能后,必将成为之后教师的教学素材和学生的学习资源,也必将对中学教学产生重大影响。因此,高考试题及其答案必须具有高度的科学性和严谨性。遗憾的是,本题组从情境、立意、设问到答案,都存在一定不足,具体阐述如下(此处仅针对第3小题)。

1.第3小题可能存在的问题

(1)图题伪联系。中学地理高考考核目标第一条就是要求学生具备获取和解读地理信息的能力,包括能够从题目的文字表述中获取地理信息,能够快速、全面、准确地获取图形语言中的地理信息。近些年来,地理高考试题基本上呈现"无图不成题"的态势,可见图在地理高考试题中的地位。试题要求图文都要提供有效信息且相互补充,但本题组中的图即使不呈现,也并不影响解题,即图与题之间为伪联系。显然此题在这一点上不到位,在不改变题目的情况下,本题组的图完全可以删除。

(2)此题考的是地球运动的规律,而非地理意义,与课程标准和考试大纲要求不符。课标标准和考试大纲是高考命题的依据。中华人民共和国教育部2003年颁布的《普通高中地理课程标准(实验)》中地球运动的内容标准是"分析地球运动的地理意义",2014年普通高等学校招生全国统一考试大纲的说明(文科·课程标准实验版)对地球运动的考试范围界定为"地球运动的地理意义"。因此,对地球运动的考查,应淡化地球运动的规律,突出地球运动的地理意义,尤其是在地球运动只设置一个小题的情况下更应如此。

(3)二分二至是瞬间,不同于二分二至日,选项B正确的概率接近100%。二分二至是太阳直射某些纬度时的瞬间,二分二至日则分别为一日,二者是截然不同的时间概念。

正是混淆了两者之间的区别,误将二者等同,才会得出"北回归线上,夏至日正午太阳高度为90°,影长为0,P=0,故B错"的判断。"北回归线上,夏至日正午太阳高度为90°",源于中学地理教材。遗憾的是,"夏至日,太阳直射北回归线"(见人教版地理必修一2008年第三版第16页)这句描述也不正确。

实际上,夏至日中只有夏至这一瞬间太阳直射北回归线;夏至这一瞬间太阳也只直射北回归线上一点,其他各点均不被直射。"夏至日P=0"只有在"夏至这一瞬间正好为夏至日正午"时才成立。

因此,夏至日仅夏至这一瞬间北回归线上某一特殊点(太阳直射点)才有P=0,夏至瞬间北回归线上其他所有点均为P>0;夏至日除夏至瞬间之外的所有时段,太阳直射点均不在北回归线上,北回归线上所有点均为P>0。

另外,每年夏至瞬间出现的具体时刻也在发生变化,如经查询,2000—2050年夏至具体时刻均不为同一时刻(北京时间),意即在不同年份,夏至瞬间太阳直射点在北回归线上的位置在发生变化。

如上所述,若在北回归线上建一太阳能光热电站,只有当电站高塔所在点位在"某年"夏至瞬间正好为夏至日正午时,才会出现"P=0"的情形;即使如此,"某年"以外的电站高塔存在的所有年份,均为P>0(除非电站高塔逐年沿北回归线移动至夏至瞬间太阳直射点位)。

故,若在北回归线上建一太阳能光热电站,夏至日P>0出现的概率接近100%。

(4)黄赤交角在变化,冬至日P>1、P=1和P<1三种情形都存在,即选项D是错误的。

黄赤交角 θ 目前约为23°26′,大约以4.1万年为周期在22.1°~24.5°变化(当然,有关 θ 变化的周期和范围,不止一种观点)。显然,当 θ<22.5°时,有P<1(若假定黄赤交角均速变化,则P<1出现的频率为16.67%左右);当 θ=22.5°时,有P=1;当 θ>22.5°时,有P>1。

故选项 D 错误。

不过当 θ=22.5° 时,是约 8 000 年以后的事了(目前,黄赤交角每 100 年减小约 47″)。

(5)题目隐含且只隐含"二分二至日正午高塔受到太阳直接辐射"这一前提条件。有必要思考如下几个问题:

问题一:如果某日正午高塔没有影子,能否说"P=0"?

问题二:如何区分"因太阳直射而没有影子"和"因没有太阳直接辐射而没有影子"?

问题三:题干中"其高塔正午影长与塔高的比值为 P"这一信息,是否意味着题目已经要求必须存在影子(进而正午高塔受到太阳直接辐射)?

对于问题一,有两种理解:

一种理解是:某日正午高塔没有影子,比值 P 就不存在了,就不应该出现"P=0"的描述,可进一步引申为"出现有 P=0 这一描述的选项直接判定为错误"。如果这种理解是正确的,那选项 A 不用做任何推理即可直接排除。很显然,这种理解值得商榷。

另一种理解是:某日正午高塔没有影子,即有 P=0。原有试题解析,即是据此种理解判定 B 选项为错。

对于问题二,如果"因太阳直射而没有影子,P=0"这种描述是正确的话,那么"因没有太阳直接辐射而没有影子,P=0"也应该正确。因为,如果认为"因没有太阳直接辐射而没有影子,就不应该有比值 P"的话,选项 C 很容易就被排除,因为全年几乎不可能每天正午都有太阳直接辐射。即有"因没有太阳直接辐射而没有影子"这种情况出现,当这种情况出现时,就不能出现 P 值。

对于问题三,答案应该为否。因为显而易见,选项 C 所涉及的"全年日"中,正午无影子的情况肯定存在,并且可能存在的天数还不少。如果假定"全年日"正午都存在影子,显然与实际情况相差太远。

综上所述,如果某日正午高塔没有影子,不管是因为太阳直接辐射所致,还是没有太阳直接辐射所致,均应描述为"P=0",且题干"其高塔正午影长与塔高的比值为 P"这一信息并不能意味着题目要求四个选项所涉及日子正午必须存在影子。

这样就面临一个问题,如果高塔在二分二至日中的某天正午真的没有太阳直接辐射呢? 显然这种情况出现的概率极有可能远高于"高塔夏至瞬间即为夏至日正午"出现的概率。

于是就出现这么一种情况:题目隐含且只隐含了"二分二至日正午高塔受到太阳直接辐射"这一前提条件。

2.第3小题的修改建议

综上所述,若要修改此题,必须注意以下三点:二分二至均为瞬间,某一瞬间太阳只直射某纬线上一点,不同年份同一节气瞬间(如夏至)出现的时刻不同。

据此,有多种修改方案:

(1)修改方案一。改B选项P>0为P≥0,即:

3.若在北回归线上建一太阳能光热电站,其高塔正午影长与塔高的比值为P,则

　　A.春、秋分日P=0　B.夏至日P≥0　C.全年日P<1　D.冬至日P>1

正确答案为B。

这种修改方案的好处在于充分考虑到"夏至日中只有夏至这一瞬间太阳直射北回归线,且只直射北回归线上一点,其他各点均不被直射"。

这样修改避免了科学性错误,但因为教材和教师都在讲"夏至日太阳直射北回归线",学生很容易错误地判定B为错误答案,除非学生知道二分二至只是瞬间。学生也很可能排除选项D,除非学生知道黄赤交角在变化,且知道黄赤交角大概变化范围(足以变化到可致P≤1)(错误选项A、C不再分析,后同)。

方案一还有一个好处在于,通观文综全卷地理11道选择题答案分布由之前的"三个A、二个B、二个C、四个D"变为按方案二修改试题后的"三个A、三个B、二个C、三个D",这样选择题的答案选项分布更趋于合理。

(2)修改方案二。修改B选项P>0为P=0,并且给题干限定一个时间段,以确保这个时间段内冬至日P>1,即:

3.未来几十年内若在北回归线上建一太阳能光热电站,其高塔正午影长与塔高的比值为P,则

　　A.春、秋分日P=0　　B.夏至日P=0　　C.全年日P<1　　D.冬至日P>1

正确答案为D。

这种修改方案的好处在于避免了科学性错误,但如果学生不知道二分二至只是瞬间的情况下,很容易调动和运用教材和教师所讲"夏至日太阳直射北回归线"这一地理知识,认定选项B正确。同时,学生可能基于以下几种情况判定D正确:一是误以为黄赤交角不变;二是知道黄赤交角变化很缓慢(即使不知道

目前黄赤交角是在变大还是在变小);三是在短暂如"未来几十年内"的时间尺度上,黄赤交角不足以小到22.5°。

(3)修改方案三。用副词对部分选项进行界定,即:

3.若在北回归线上建一太阳能光热电站,其高塔正午影长与塔高的比值为P,则

    A.春、秋分日 P = 0   B.夏至日总体上 P > 0

    C.全年日均有 P < 1   D.冬至日一定有 P > 1

正确答案为B。分析同上。

(4)修改方案四。改为考查地球运动的地理意义,具体题目从略。

以上几种修改方案中,方案二最佳。

3.对地理教学的启示

(1)确保知识的科学性。地理教师在给学生讲课时一定要确保知识的科学性。地理教师偶尔的错误讲解会使学生理解发生偏差,解题时出问题。如有的教师在讲太阳直射点移动变化如何受黄赤交角变化的影响时,常出下一试题:

若黄赤交角缩小为0°,则地球上:

    A.北极点永远极昼   B.没有昼夜交替

    C.没有四季变化   D.不存在地方时

甚至讲,如果黄赤交角为0°或30°,太阳直射点的移动范围有什么变化?

这种讲解容易给学生留下黄赤交角真的可以变为0°。

甚至还有此类事实上不能成立的高考题:

21.(2005年高考广东地理卷)如果地球的黄道面与赤道面夹角为0°,则下列说法正确的是

    A.北京与纽约的昼夜长短一样   B.广东地区的四季更加分明

    C.大气环境将改变,两极变暖   D.北半球中纬度7月份气温将变低

【答案】AD

39.(2003年高考上海地理卷)为了研究黄赤交角对地球自然环境的影响,假设黄赤交角变为0°,这时,在地球上将可能会出现的自然现象有(多项选择)

    A.太阳终年直射赤道   B.各地全年都昼夜平分

    C.各地气温都无日变化   D.各地都无四季变化

    E.无大气环流现象   F.自然地理环境无区域差异

40.假设黄赤交角变为35°,这时,地球上北半球夏至日正午太阳高度将自_____(纬度)纬线向南、北降低;在地球上"五带"的划分中,与现在相比,范围将扩大的是_____。

【答案】39.ABD　　40.北纬35度　　热带、寒带(或北寒带、南寒带)

这种题还是少出为好。

基于上述假定,学生可能会认为黄赤交角真的可以在此范围内变化,也有可能认为交角其实是不变的。如果学生既有知识正确且牢固,倒也无妨,有两个案例为证:一是"如果地球停止转动,或自转方向相反……",学生不会因这种假定认为地球真的就不转动或反向自转了;二是教师为讲解三圈环流而引入单圈环流,但学生不会认为单圈环流真的存在。

教师的"错误讲解"反而导致学生正确解题,即学生以为黄赤交角会变为0°,进而推导出"北回归线上冬至日P可能小于1"这一正确结论。

当然也有在这方面设计得比较好的高考题,如2002年高考广东地理卷第35题:

35.(8分)地轴与黄道面的夹角会发生微弱的变动,据此讨论下列问题。

(1)若此角度变大,北京的正午太阳高度和昼夜长短会怎样变化?

(2)若此角度变小,则地球上太阳直射的范围及北半球副热带高压的位置将如何变化?

如果能给出黄赤交角具体变化范围,这题就更好了。

(2)教学要基于课程标准,但不能完全限于课程标准。如黄赤交角大概变化范围,二分二至为瞬间等,还是讲几句为好。

(二)2013年高考福建文综卷第11—12题

2013年高考福建文综卷地理第11—12题为一题组:

福建某中学研究性学习小组,设计了可调节窗户遮阳板,实现教室良好的遮阳与采光。图2.19示意遮阳板设计原理,据此回答11—12题。

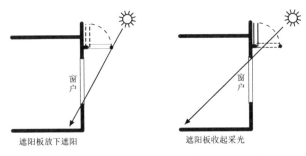

遮阳板放下遮阳　　　　　　　　　遮阳板收起采光

图2.19　利用可调节窗户遮阳板遮阳或采光

11.遮阳板收起,室内正午太阳光照面积达一年最大值时

　　A.全球昼夜平分　　　　　　B.北半球为夏季

　　C.太阳直射20°S　　　　　　D.南极圈以南地区极昼

12.济南某中学生借鉴这一设计,若两地窗户大小形状相同,则应做的调整是

①安装高度不变,加长遮阳板　②安装高度不变,缩短遮阳板　③遮阳板长度不变,降低安装高度　④遮阳板长度不变,升高安装高度

　　A.①③　　　　　B.①④　　　　　C.②③　　　　　D.②④

【答案】11.D　　12.A

1.对于第11题的商榷

其一,"室内正午太阳光照面积达一年最大值"和"太阳直射南回归线"是两个不完全相同的描述。"太阳直射南回归线"发生在冬至这一瞬间,而冬至这一瞬间时刻逐年变化,与冬至日正午12:00在绝大多数年份并不吻合。只有当冬至正好为冬至日正午时,答案D才正确。

换言之,当冬至并非冬至日正午时(这是常见现象,尤其是针对某固定区域来讲,如"福建某中学"),"遮阳板收起,室内正午太阳光照面积达一年最大值时",太阳直射点可能已离开南回归线北移一定距离(当冬至早于冬至日正午时,尽管距离很小),太阳直射点也可能尚未南移至南回归线(当冬至晚于冬至日正午时),不管是哪一种情况,太阳均不直射南回归线,答案D均不正确。

其二,当冬至并不为冬至日正午时,不管冬至这一瞬间和冬至日正午相差多长时间(即便十分接近冬至日零点或24点),图示地区室内正午太阳光照面积达一年最大值时的日期仍为冬至日。但此时的冬至日正午太阳并不直射南回归线,而是位于南回归线以北。显然,答案D不正确。

很显然,错误的根本原因在于,命题者将冬至等同于冬至日正午。

其三,该题还隐含另一前提条件,即冬至日正午是有太阳直接辐射的,是晴天,而非其他天气状况,如多云或雨。如果题目所示地区某年冬至日正午没有太阳直接辐射,那么室内正午太阳光照面积达一年最大值时并非冬至日正午,而在冬至日前后某一天正午,这样一来,答案D显然错误。一种极端情况是,如果该地在某年冬至日向前或向后持续一个月左右正午均无太阳直接辐射的话,答案C也是正确的(大致在11月下旬某日或1月下旬某日左右太阳直射20°S)。

结合以上分析,该题可以做如下修改:

11.遮阳板收起,室内正午太阳光照面积达一年最大值时,以下现象最有可能出现的是

　　　A.全球昼夜平分　　　B.北半球为夏季

　　　C.太阳直射20°S　　　D.南极圈以南地区极昼

另外,原题中D选项"南极圈以南地区极昼"这种说法是否科学,是否应改为"南极圈以南地区出现极昼现象"? 是否是为了不让选项D过长,才如此这般?

2.对于第12题的商榷

题干中的"则应做的调整是"有两种理解:一是选项中的①③必须同时做到,显然①③只需做其中之一即可,并且在实际操作时,往往可能是统一地选择其一;二是应做的调整只有选项中的①③两项显然也不正确,完全可以在安装高度和遮阳板长度两方面同时做调整。

可以将"则应做的调整是"改为"则应做的调整可以是",即可消除上述问题。

(三)2007年高考江苏地理卷第1—2题

2007年高考江苏地理卷第1—2题为一题组:

某地是我国重要的人工多层经济林区。图2.20为该地"某日太阳处在最高位置时的示意图",此时北京时间为12:40,树影遮挡地被植物的面积在一年中达到正午时的最大。读图,回答1—2题。

　　1.该地位于

　　　A.45°N,110°E　　　　　　B.21°34′N,110°E

　　　C.45°N,130°E　　　　　　D.21°34′N,130°E

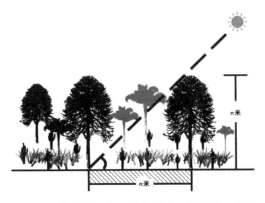

图2.20 某地某日太阳处在最高位置时的示意图

2.这一天

　　A.太阳距离地球最远　　　B.江苏省各地昼长夜短

　　C.晨昏线与极圈相切　　　D.正午太阳高度由赤道向南北两侧递减

【答案】1.B　　2.C

　　第1题,显然是根据该地冬至日正午太阳高度为45度和目前黄赤交角为23°26′,进而得出该地纬度为21°34′N。

　　很显然这种推理隐含"冬至日正午太阳直射南回归线"这一信息,如前面诸题讨论一样,冬至太阳直射南回归线并不等同于"冬至日正午太阳直射南回归线"。

　　"树影遮挡地被植物的面积在一年中达到正午时的最大"这句描述,依然隐含着一前提条件,即冬至日正午是有太阳直接辐射的,是晴天,而非其他天气状况,如多云或雨。如果题目所示地区某年冬至日正午没有太阳直接辐射,那么树影遮挡地被植物的面积在一年中达到正午时的最大时并非冬至日正午,而在冬至日前后某一天正午,这样一来,答案B显然错误。

　　可以将题干修改为:

　　1.该地极有可能位于

　　A.45°N,110°E　　　　　B.21°34′N,110°E

　　C.45°N,130°E　　　　　D.21°34′N,130°E

　　(四)2002年高考文理大综合(江苏卷)第4、第6题

　　2002年普通高等学校招生全国统一考试文理大综合(江苏卷)4—7题为一

题组,其中的4、6两题考查的是地球运动的地理意义:

近年来,我国房地产业发展迅速,越来越多的居民乔迁新居,居住条件和环境显著改善。请读图2.21,运用以下公式及相关知识回答4—7题。

①地正午太阳高度的大小: $H=90°-|\varphi-\delta|$

式中 H 为正午太阳高度;

φ 为当地纬度,取正值;

δ 为太阳直射点的纬度,当地夏半年取正值,冬半年取负值。

②tg35°≈0.7　　tg45°＝1　　tg60°≈1.732

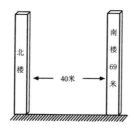

图2.21　北纬30度两幢商品住宅楼

4.房地产开发商在某城市(北纬30度)建造了两幢商品住宅楼(图2.21),某户居民买到了北楼一层的一套房子,于春节前住进后发现正午前后太阳光线被南楼挡住。请问,该房子一年中正午太阳光线被南楼挡住的时间大约是

　　　A.1个月　　　　B.3个月　　　　C.6个月　　　　D.9个月

6.为避免这种纠纷,房地产开发商在建楼时,应该使北楼所有朝南房屋在正午时终年都能被太阳照射。那么在两幢楼间距不变的情况下,南楼的高度最高约为

　　　A.20米　　　　B.30米　　　　C.40米　　　　D.50米

【答案】4.C　　6.B

据图中给出的南楼楼高与南北楼楼距之比为69/40=1.725<tg60°≈1.732。

故正午太阳高度必须大于60°,北楼一楼才能全年正午晒到太阳。

显然,当太阳直射南半球时,正午太阳高度都小于60°,故选C。

冬至时正午太阳高度为90°-23.5°-30°=36.5°,假设南楼高度为 h,则有:

tg36.5°=h/40,故 h 大约等于28米。

按照《建筑气候区划标准》(GB 50178－93),根据不同气候条件将全国分为

7个一级建筑气候区、20个二级区(图2.22)。

第Ⅰ建筑气候区(哈尔滨、长春、沈阳、呼和浩特等):该区冬季漫长严寒,夏季短促凉爽;西部偏于干燥,东部偏于湿润;气温年较差很大;冰冻期长,冻土深,积雪厚;太阳辐射量大,日照丰富;冬半年多大风。

图2.22 中国建筑气候区划

第Ⅱ建筑气候区(北京、天津、石家庄、济南、太原、郑州、西安、兰州等):该区冬季较长且寒冷干燥,平原地区夏季较炎热湿润,高原地区夏季较凉爽,降水量相对集中;气温年较差较大,日照较丰富;春、秋季短促,气温变化剧烈;春季雨雪稀少,多大风和风沙天气,夏秋多冰雹和雷暴。

第Ⅲ建筑气候区(上海、南京、杭州、合肥、武汉、南昌、福州、长沙、成都、重庆等):该区大部分地区夏季闷热,冬季湿冷,气温日较差小;年降水量大;日照偏少;春末夏初为长江中下游地区的梅雨期,多阴雨天气,常有大雨和暴雨出现;沿海及长江中下游地区夏秋常受热带风暴和台风袭击,易有暴雨和大风天气。

第Ⅳ建筑气候区(广州、香港、南宁、海口等):该区长夏无冬,温高湿重,气温年较差和日较差均小;雨量丰沛,多热带风暴和台风袭击,易有大风和暴雨天气;太阳高度角大,日照较少,太阳辐射强烈。

第Ⅴ建筑气候区(贵阳、昆明):该区立体气候特征明显,大部分地区冬温夏凉,干湿季分明;常年有雷暴、多雾,气温的年较差偏小,日较差偏大,日照较少,太阳辐射强烈,部分地区冬季气温偏低。

第Ⅵ建筑气候区(拉萨、西宁):该区长冬无夏,气候寒冷干燥,南部气温较高,降水较多,比较湿润;气温年较差小而日较差大;气压偏低,空气稀薄,透明度高;日照丰富,太阳辐射强烈;冬季多西南大风;冻土深,积雪较厚,气候垂直变化明显。

第Ⅶ建筑气候区(银川、乌鲁木齐):该区大部分地区冬季漫长严寒,南疆盆地冬季寒冷;大部分地区夏季干热,吐鲁番盆地酷热,山地较凉;气温年较差和日较差均大;大部分地区雨量稀少,气候干燥,风沙大;部分地区冻土较深,山地积雪较厚;日照丰富,太阳辐射强烈。

按照《城市居住区规划设计规范》(GB 50180—93),在不同气候区中,中小城市有对应的日照标准的规定。其中,日照时间计算起点为建筑底层窗台面,日照标准日有大寒日和冬至日两种。

在Ⅰ、Ⅱ、Ⅲ、Ⅶ气候区:大城市要求大寒日日照时数不少于2小时,中小城市要求大寒日日照时数不少于3小时。

在Ⅳ气候区:大城市要求大寒日日照时数不少于3小时,中小城市要求冬至日日照时数不少于1小时。

在Ⅴ、Ⅵ气候区:要求冬至日日照时数不少于1小时。

从上述描述可知,我国不同地区建筑日照标准是不同的,且差异较大。

第六节　来日方长:为何一日会变长

来日:未来的日子。方:正。来日方长是说未来的日子还很长,表示以后的机会还很多或前途大有希望。如宋·文天祥《与洪端明云岩书》:"某到郡后,颇与郡人相安,日来四境无虞,早收中熟,觉风雪如期,晚稻亦可望,惟是力绵求牧,来日方长。"又如清·汪由敦《瓯北初集序》:"君以数年,即足胜人数十年功力,英年苕发,来日方长,勿辍其勤,勿满其志,吾安能测其所至哉!"

再如鲁迅《两地书》第二十三篇:"来日方长,诚恐热心的师长,又多一件麻烦,思之一喜一惧。"[1]

来日方长亦作"来日正长""来日应长"。

一、一日有多长

一日,可以简单理解为地球自转的周期。地球自转周期的度量,需要在地外的天空找一个超然于地球自转的参考点。天球周日运动是地球自转的反映,因此,地球自转周期可以从天体周日运动的周期来测定。按参考点的不同,天文上的日的长度有三种——恒星日、太阳日和太阴日,分别以春分点、太阳和月

[1] 鲁迅.两地书·原信二十三二十四[EB/OL].(2013-11-06)[2014-12-16]. http://page.renren.com/600872130/channel-noteshow-939111293?mid=&channelId=214563.

球为参考点[1]。

恒星日是指同一恒星连续两次在同地中天的周期。应当指出,天文上用来定义恒星日的不是具体的某个恒星,而是春分点。这是由于恒星日是同恒星时相联系的,而恒星时就是春分点的时角。为了与这些情况相适应,用来定义恒星日的只能是春分点。如考虑到地轴进动或春分点西退,那么恒星日与地球自转周期也还存在细微的差别[2]。

太阳日是太阳连续两次在同地中天所需的时间,太阴日则是月球连续两次在同地中天所经历的时间。同恒星相比较,太阳和月球都不是天球上的"定"点,它们除了参与天球周日运动(向西)外,还有各自的巡天运动(向东),因而太阳日和太阴日都不是地球自转的真正周期。太阳和月球在天球上向东运行,中天时刻就推迟到来,使连续两次中天的时间间隔增长。因此,太阳日和太阴日都要长于恒星日[3]。

太阳日和太阴日互不相同,是因为二者具有不同的速度。太阳周年运动是地球公转的反映,其速度是每太阳日约59′;月球的巡天运动是它本身绕地球转,其速度是每太阴日13°38′(或每太阳日13°10′)[4]。

在一个恒星日、太阳日、太阴日内,地球自转角度、持续时间长度等详见表2.4。

表2.4　恒星日、太阳日、太阴日比较

	恒星日	太阳日	太阴日
地球自转角度	360°	360°59′	373°38′
时间长度(恒星小时)	24时	24时04分	24时54分
时间长度	23时56分	24时	24时50分
备　　注	地球自转的真正周期	日常生活中所说的一日	

二、为何来日会变长

地球自转速度是变化的,可分长期变化、季节变化和不规则变化[5]。

1.长期变化

地球自转速度长期变化的主要原因是月球和太阳对地球的潮汐作用。

[1] 金祖孟.地球概论[M].北京:高等教育出版社,1997:70.
[2] 金祖孟.地球概论[M].北京:高等教育出版社,1997:70.
[3] 金祖孟.地球概论[M].北京:高等教育出版社,1997:70.
[4] 金祖孟.地球概论[M].北京:高等教育出版社,1997:70.
[5] 金祖孟.地球概论[M].北京:高等教育出版社,1997:74.

潮流对海底具有摩擦作用,叫作潮汐摩擦。如果把月球对于地球的引力看作集中于一点,那么这个引力中心(Q)不在地心,而是偏向近月半球和偏东半球(图2.23)。近月半球与远月半球是按照月地的距离划分的。引力中心偏向近月半球,这是因为引力大小与距离平方成反比,近月半球所受的月球引力总是大于远月半球。偏东半球和偏西半球是按照月球绕转的方向划分的。由于海水的黏性及海底摩擦,潮汐隆起在向西运行中总是落后于月垂点,即位于垂点以东。

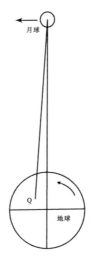

图2.23 地球所受引力中心(Q)偏离地球几何中心示意[1]

既然月地间的引力作用偏离地球中心,它就产生力矩,从而影响地球和月球的运动。具体地说,月球对地球的引力有一个向西的分量。这个分力对于地球的向东自转起着减速作用,即类似刹车的作用,使它的速度不断减慢。通常提到潮汐摩擦,总是强调这个作用。其实,同时地球对月球的引力有一个向东的分量,这个分力对于月球公转起着加速作用。

2.季节变化

地球自转速度的季节变化又分周年变化和半周年变化。前者主要是季风的变化引起的,其振幅为20~25毫秒;后者是大气潮汐引起的,其振幅为9毫秒。

3.不规则变化

不规则变化是由地球内部和外部的物质移动和能量交换所致[2]。

由于地球自转速度趋缓,作为地球自转周期的一日的长度也相应变长。

---

[1]金祖孟.地球概论[M].北京:高等教育出版社,1997:160.

[2]金祖孟.地球概论[M].北京:高等教育出版社,1997:74.

根据对远古时代的日、月食的研究,因潮汐摩擦,日的长度每100年增长0.001 6秒。同时,根据对珊瑚化石的日纹的研究,距今3.7亿年前(泥盆纪中期),该珊瑚化石显示一年留下385~410条生长线,说明当时一年有385~410天,地球自转速度比现在快多了。同理,地球对月球的潮汐作用(其效应更为强烈),使月球的自转成为同步自转。在遥远的将来,地球(和月球)的转速还会进一步减慢,直到逼近48天为周期的极限自转状态[1]。

值得指出的是,月球绕转的速度是同月地距离相适应的。月球绕转速度加快的结果,必然是月地距离的增大,而月地距离增大,必然是月球绕转速度的减慢。这样看来,潮汐摩擦作用的结果,是使地球自转和月球公转的速度减慢,即周期变长。比较起来,地球自转周期变长较为明显,而月球绕转周期变长较为缓慢。目前,恒星月长度(月球绕转周期)是恒星日(地球自转周期)的27倍多。随着潮汐摩擦的持续作用,在遥远的未来,这两个周期将渐趋一致,月球与地球保持相对静止。那时候,地球上的1日就是1月。但是,这种情况不会永久维持,因为地球与太阳并不是相对静止的。

三、延伸阅读——1998年高考全国保送生综合能力测试卷第五题

1998年全国普通高等学校招生考试保送生综合能力测试卷第五题:

五、若近似认为月球绕地球公转与地球绕日公转的轨道在同一平面内,且均为正圆,又知这两种转动同向,如图2.24所示。月相变化的周期为29.5天(下图是相继两次满月时,月、地、日相对位置的示意图)。

求:月球绕地球转一周所用的时间T(因月球总是一面朝向地球,故T恰是月球自转周期)。(提示:可借鉴恒星日、太阳日的解释方法)

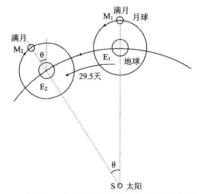

图2.24 相继两次满月时,月、地、日相对位置示意

[1] 黄定华. 普通地质学[M]. 北京:高等教育出版社,2004:31.

借鉴表2.4所示恒星日和太阳日的对比,可类似列表显示月相变化和月球绕地球公转的周期和转动的角度,详见表2.5。

表2.5　月相变化、月球绕地球公转比较

比较项目	周期	月球转动角度
月相变化	29.5天	$360°+\theta$
月球绕地球公转	T	$360°$

其中θ大致估算为:$\theta = (360 \times 29.5/365.256\ 4)° = 29.075\ 5°$。

进而可以很容易地求得月球绕地球转一周所用的时间T:

$T = 29.5 \times 360/389.075\ 5 = 27.295\ 5$ 天

第七节　寥若晨星:哪些晨星可见

寥若晨星是说稀疏得像早晨的星星一样,形容为数很少或非常罕见。如南朝·齐·谢朓《京路夜发》:"扰扰整夜装,肃肃戒徂两。晓星正寥落,晨光复泱漭。"又如唐·韩愈《华山女》:"黄衣道士亦讲说,座下寥落如明星。"再如鲁迅《书信集·致山本初枝》:"内山书店经常去,但不是每天,漫谈的人材也寥若晨星,令人感到寂寞。"

与寥若晨星相类似的成语很多,如屈指可数、寥寥可数、寥若辰星、绝难一见、凤毛麟角、寥寥无几。

一、何为星星

广义上讲,星星即宇宙间的各类聚焦态星体,包括恒星、行星、卫星、彗星和流星等。

狭义上讲,星星指宇宙中的恒星——由炽热气体组成的,能够自身发光的球形或类似球形的天体。

太阳就是恒星的一个典型代表。恒星都极其遥远,因而成为天空中的光点。离我们最近的恒星是半人马座α(中文名南门二),其距离是4.22光年。当我们向太空极目远眺时,在时间上说,我们是在看过去,我们现在所看到的都是恒星"过去"的形象。这是严格意义上的"穿越"。

"恒星"的本意是"固定的星",以区别于行星。所谓"固定",并非指没有随天穹东升西落的周日运动,而是指它们在天球上的相对位置保持不变。例如,为人们所熟悉的北斗七星,尽管不停地"斗转星移",却始终保持"斗"的形状基本不变。但是,恒星彼此间相对位置的不变性只是近似的。事实上,恒星在空间不停地运动,而且其速度可高达每秒数百千米,只是由于它们距离我们太遥远,短期内不易被察觉而已!

恒星要自行发光(指可见光),其温度必然很高。为什么恒星能有很高的温度?这里有两个方面的问题:一是质量大小问题,恒星有巨大的质量,因此,它有很高的中心温度,才能引起热核反应而释放大量能量;二是发展阶段问题,恒星并不是一开始就发光,也不会永远发光,只是在它生命史上的某个阶段才有发光现象,而且在不同的演化阶段会发出不同的光。

究竟要多大质量的天体才能发光,才算是恒星?根据对恒星质量的统计,大多数恒星的质量不小于太阳质量的10%,也不大于太阳质量的10倍。有些恒星的质量仅为太阳质量的百分之几,也有些恒星的质量超过太阳质量的一百倍。如此看来,能自行发光的天体,其质量至少要达到太阳质量的百分之几到百分之十。

二、恒星的光度和亮度

恒星的光度表示恒星本身的发光强度;恒星的亮度是指地球上受光强度,即恒星的明暗程度。恒星看起来有明有暗,但是亮星未必一定比暗星的发光本领强,因为这里还包含着距离的因素,光源的视亮度与其距离的平方成反比。

在天文学上,天体的亮度和光度都用星等表示:表示天体亮度等级的叫视星等,记作m;表示天体光度等级的叫绝对星等,记作M。通常所说的星等是指视星等。星等越大,恒星亮度越暗。两千多年前,希腊天文学家把肉眼可见的恒星分成六等,后人沿袭了这套方法,同时经过光学仪器的检测,使之更加精确。人们发现,一等星与六等星,星等相差5等,它们的亮度相差100倍。星等按等差级数增大,亮度便成等比级数(2.512)递减。

望远镜和照相术问世后,星等扩展到更暗的恒星。一方面,现代最强大的望远镜能够观测到25等的暗星。另一方面,星等还向零值和负值扩展。例如,天狼星(全天最亮的恒星)的亮度为-1.45等,金星最明亮时亮度为-4.22等,满月的亮度为-12.73等,太阳的亮度达-26.74等。这就是说,太阳的亮度是一等星亮度的$2.512^{27.74}=1\,300$亿倍。

三、为何早晨星星少

根据上述分析可知,只有无月晴夜,方可繁星满天。星星绝大部分是自身能发光的恒星,由于距离地球远近不同,亮度也就不同。到了早晨,旭日东升,由于太阳的亮度"高"达-26.74等,将天空中其他星星的光芒掩盖了,因此早晨的星星看起来少了!其实星星本身数量没有少,只是光芒被耀眼的太阳光掩盖了!

同时需要指出的是,由于满月的亮度"高"达-12.73等,故在晴朗的满月夜,"星星"光芒也极易为月亮所遮掩,故有成语"月朗星稀"或"月明星稀"之说。

所以,成语"寥若晨星"中的"晨"时刻可以换作白天中的其他时刻,如寥若"午"星,寥若"昏"星……为什么独有"寥若晨星"而无"寥若'午'星"或"寥若'昏'星"之说,会不会有这么一种可能:因为刚从无月晴夜的"繁星满天"过渡到晨曦来临的"星踪全无",这种"落差"对比过于明显。

四、早晨能看到的星星有哪些

根据上述分析可知,从理论上讲,如果只考虑亮度的话,星星的亮度越"高",即与太阳亮度差距越小,越容易在早晨可见。

太阳的亮度达-26.74等,满月的亮度为-12.73等,所以我们有时会在早晨看到"日月同辉"的情形。

金星最明亮时亮度为-4.22等,古有"太白"之称。它是地内行星,所以总是以晨星(启明星)和昏星(长庚星)的姿态出现。

作为冬季夜空里最亮的恒星,天狼星的亮度为-1.45等,只能在适当环境条件下才有可能在太阳出现的时候被肉眼观测到——天空非常清澈,观测地点海拔足够高,太阳低低地挂在地平线上,天狼星在头顶上[1]。

也有研究表明,在距地表10 000英尺(约30 480米)的高空,金星、火星、木星和天狼星肉眼可见,土星、老人星(亮度为-0.72等,仅次于天狼星)在特殊条件下可见[2]。

---

[1] HENSHAW C. On the visibility of sSirius in daylight[J]. Journal of the British Astronomical Association. 1984,94(5):221-222.

[2] KOOMEN M J. Visibility of stars at high altitude in daylight[J]. The Journal of the Optical Society of America,1959,49(6):626-628.

五、全天星座分布

寥若晨星,虽不可见,但"见或不见,它都在那里"。夜晚可见的,称为星空;白天不见时,星星依然"高悬"头顶。全天88个星座,我们可以将星空化整为零,化繁为简。

(1)划分星区。按一年分为四季的传统,把球形天空(天球)按其赤经分成四个枣核形的星区。每一星区北起天北极,南至天南极,各跨赤经6^h(90°);每区的中央赤经线分别是0^h、6^h、12^{h}和18^{h}的时圈,即春分圈、夏至圈、秋分圈和冬至圈。每个星区以其主要的拱极星座命名,由西向东依次为仙后星区、御夫星区、大熊星区和天琴星区,简称为后、御、熊、琴[1]。

(2)删简星座。全天共有88星座,平均每一星区占有22个星座。经过删简,只选其中的20个,平均每一星区只选5个星座。

(3)简化被选定的星座。全天肉眼可见的恒星约有6 000颗,平均每一星座拥有68颗恒星。我们只选其中比较明亮的1/10,平均每一星座只含6颗恒星,全部共约120颗恒星,包括赤纬-45°以北全部15颗一等星,大多数二等星和部分三、四等星[2]。

经过这番分区和简化以后,全天星座可用四瓣简明星图表示(图2.25)。

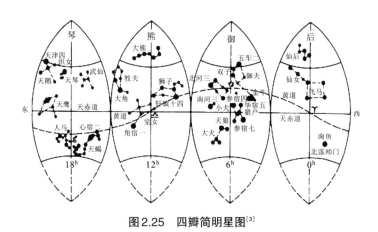

图2.25 四瓣简明星图[3]

天球按赤经划分为后、御、熊、琴四大星区,各个星区精选的星座和一等

[1] 金祖孟. 地球概论[M]. 北京:高等教育出版社,1997:193.
[2] 金祖孟. 地球概论[M]. 北京:高等教育出版社,1997:193.
[3] 金祖孟. 地球概论[M]. 北京:高等教育出版社,1997:193.

星是:

仙后星区:仙后座、仙女座、飞马座、南鱼座和北落师门。

御夫星区:御夫座和五车二,金牛座和毕宿五,猎户座和参宿四、参宿七,大犬座和天狼,小犬座和南河三,双子座和北河三。

大熊星区:大熊座,牧夫座和大角,狮子座和轩辕十四,室女座和角宿一。

天琴星区:天琴座和织女,天鹰座和牛郎,天鹅座和天津四,天蝎座和心宿二,人马座。

第三章　成语中的地质知识

　　一级学科"地理"所属二级学科"自然地理"包括部门自然地理、综合自然地理和区域自然地理,其中部门自然地理包括地质、地貌、水文、气候、土壤地理和生物地理等。

　　本章以南辕北辙、沧海桑田、地动山摇、飞沙走石和愚公移山为例,阐述蕴含其中的地质知识。"南辕北辙"一节分析了南辕北辙的可行性,介绍了新的竖版世界地图。"沧海桑田"一节先后解读了海平面升降,海洋演化的威尔逊旋回,古特提斯海向青藏高原演化的过程。"地动山摇"一节详细介绍了地震的概念、成因、分布、影响和应对措施。"飞沙走石"一节解读了黄土和黄土高原。"愚公移山"一节重点说明了"人类已成为重要的地质营力"这一事实。

第一节　南辕北辙:距目的地是否一定越来越远

　　南辕北辙出自《战国策·魏策》:"今日臣来,见人于大行,方北面而持其驾,告臣曰:'我欲之楚。'臣曰:'君之楚,将奚为北面?'曰:'吾马良!'臣曰:'马虽良,此非楚之路也。'曰:'吾用多!'臣曰:'用虽多,此非楚之路也。'曰:'吾御者善!'此数者愈善,而离楚愈远耳!"(今天我来时,在大路上碰见一个人,脸朝北方手里拿着缰绳,驾着车,告诉我说:"我想到楚国去。"我说:"您往楚国去,为什么要朝北走呢?"他说:"我的马好!"我说:"马虽然好,这不是通向楚国的路啊。"他说:"我的路费多!"我说:"路费虽然多,这不是通向楚国的路啊。"他说:"我的车夫能干!"这些条件越好,离楚国就越远了。)

　　唐·白居易《立部伎》:"雅音替坏一至此,长令尔辈调宫征。圆丘后土郊祀时,言将此乐感神祇。欲望凤来百兽舞,何异北辕将适楚?"

　　宋·程颐《为家君应诏上英宗皇帝书》:"以今选举之科,用今进任之法,而欲得天下之贤,兴天下之治,其犹北辕适越,不亦远乎?"

清·李颙《二曲全集·两庠汇语》:"若启程就途,不详讲路程,而曰:'贵行不贵讲。'未有不北辕南辙,入海而上太行者也。"

辕,车前驾牲口的长木;辙,车轮碾过的痕迹。本来要往南,车子却往北行,比喻行动和想要达到的目的相反,所得结果也只能是背道而驰。

南辕北辙也可指相反方向的路或分别处在不同的地方。

如宋·刘克庄《后村全集·方元吉诗》:"又周游天下,南辕湘粤,北辙汴燕。"

又如宋·刘克庄《后村全集·蛋阿驹七首》:"北辙南辕有返期,吾儿挈手去何之?"

再如清·杨潮观《吟风阁杂剧·华表柱延陵挂剑》:"所恨南辕北辙,天各一方;从此回首中原,端的离多会少。"

南辕北辙亦作"北辕南辙""北辕适楚""北辕适越"。

类似成语如背道而驰、大相径庭。

一、"南辕北辙"的可行性

人类对于地球形状的认识是逐渐深入的,由于科学技术条件的限制,古人对地球的认识比较肤浅。

古人从北斗七星常年绕北极星旋转的现象和一望无际的大地,得出了"天圆地方"的概念。古希腊哲学家泰勒斯在公元前600年左右曾提出地球为一圆盘的设想。550年左右,毕达哥拉斯提出地球是圆球形的概念。到了17、18世纪,人们开始使用较为精确的三角测量法,终于认识到地球并不是一个理想的球体。由于地球存在自转,且自转速度较大,旋转离心力的作用使地球的物质发生从两极向赤道方向的运动,使地球近似于椭球体,赤道半径(平均6 378.245千米)比两极半径(平均6 356.863千米)略大[1]。

地球的形状是椭球体的概念只是初步接近地球形状的事实,由于地球在自转和公转中还会受到各种力的影响,地球的表面形态是非常复杂的。地球体是最接近于现代地球形状的一个概念,其表面即为大地水准面。假设在风平浪静的大洋水域,大洋水体在重力的作用下会形成一个稳定的表面,这个表面与重力的指向垂直,且重力处处相等,即重力位表面。如果把这一假想的表面延伸

[1] 吴泰然.普通地质学[M].2版.北京:北京大学出版社,2012:23.

到大陆下面,则构成了一个全球封闭的近似球面,即大地水准面。大地水准面这一概念最早在1873年由德国数学家利斯廷提出。根据人造卫星资料分析,地球南极与标准旋转椭球体相比约缩进30米,北极则凸出约10米(图3.1)。地球体的形态和地球固体表面的形态有比较大的差别,二者不能混为一谈[1]。

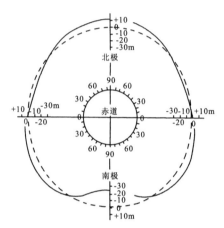

图3.1 地球的形状(虚线代表参考椭球体,实线代表大地水准面)

在古代"天圆地方"认识论的背景下,"南辕北辙"因是朝相反的方向而去,故绝无可能到达目的地。

在现代地球是"球体"的认识下,显然有:"南辕北辙"的结果应该是离目的地先越来越远,但过了一定限度后又逐渐靠近,最终能到达目的地。

二、相关案例分析

(一)麦哲伦环球航行

麦哲伦环球航行是世界航海史上的一大成就,是葡萄牙航海探险家麦哲伦率领的探险船队在1519年9月至1522年9月实现的。

麦哲伦环球航行成功不仅开辟了新航线,还证明了地球是圆的(图3.2)。

---

[1] 吴泰然.普通地质学[M].2版.北京:北京大学出版社,2012:24.

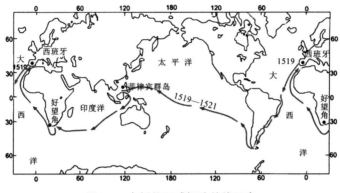

图3.2 麦哲伦环球探险航线示意

（二）新的竖版世界地图

常见的世界地图是把太平洋放在中心看世界。在这种世界地图上，太平洋周边的世界表达得准确，其他地方则有变形，尤其是环南北极地区，变形巨大。郝晓光的新竖版世界地图就是要改变这种状况。他的世界地图有4张：一张是东半球版，一张是西半球版，一张是北半球版，一张是南半球版。如果说传统的世界地图是沿着经线把一个地球仪切开，再把切开的东西半球表现在一张地图上，那么郝晓光的新竖版世界地图的南、北半球版，就是沿着纬线把一个地球仪切开，再把全球分别表现在两张地图上[1]。

在北半球版的世界地图上，全球整个陆地的面积和形状没有太大的变形。这张图特别适合表现飞经北极上空的国际航线。比如北京飞纽约、芝加哥、多伦多的航线，是经过北极上空的，因为这样飞行距离最近。但是这些航线在传统的世界地图上无法正确画出，勉强画出也是错误的，而这些航线在郝晓光的北半球版世界地图上可以正确、直观地用直线标出。

到目前为止，中国在南极大陆建有四个科学考察站，中国的科学考察船在南极地区进行了许多科学考察活动，但是在传统的世界地图上，这些考察的位置和航线都无法清晰地表示出来，郝晓光的南半球版世界地图却可以清晰表示，因为在这张图上，南半球的南极大陆及周边地区变形最小。

---

[1] 单之蔷. 新版世界地图有哪些重要用途[EB/OL].（2013-11-06）[2014-1216]. http://blog.sina.com.cn/s/blog_48bb0d010102e9ki.html.

(三)美国究竟在中国的什么方向

基于郝晓光的新竖版世界地图,网上流行一种说法:

问:美国在中国的什么方向? 东边?

答:错,是北边。

问:中国和美国之间隔着什么洋? 太平洋?

答:错,是北冰洋。

其实,这两个答案都不够全面。

中国开发北斗卫星系统时,采用的就是这种竖版世界地图。在郝晓光看来,北斗二代覆盖范围的决策主要依据传统横版世界地图展现的中美地理位置。在横版地图上,中美两国位于太平洋两岸,连接两国的最短线路是跨越太平洋。事实上,两国之间的最短线路是穿越北极。

对于这段对话,有两个问题需要考虑:

一是美国究竟在中国的什么方向? 东边? 北边?

二是中美之间隔着太平洋究竟错没错?

在郝晓光的竖版世界地图上,相当于在局部区域以北极为中心来展开地球表面。这时,当然显示美国在中国的"北方",但实际上这只是在这张新图的长方形图幅内套用"上北下南"的直观错觉。地球所有经线在北极点汇聚,在北极点上每个方向都朝南。

在这个坐标系中,说美国在中国的"北方"也是错的。如果沿直线向美国去,你会先朝北,过北极点后其实是在朝南。因为在郝晓光的竖版世界地图上,依然保留了汇聚于南、北极点的原有经纬线网格,北极点仍是地球上的最北点也不会变。

在这个坐标系中,即使"美国在中国北方"是正确的,也不能说美国在中国"东方"就错了,更何况东西方向为相对方向;只能说从中国到美国,往北面走是最近的。

同时,中国和美国之间隔着北冰洋,并不排除中美之间也隔着太平洋这一事实。

第二节　沧海桑田:沧海岂止变桑田

沧海桑田是说大海变成桑田,桑田变成大海;比喻社会、世事发生巨大变化。

如晋·葛洪《神仙传·麻姑》:"麻姑自说云:'自接侍以来,已见东海三为桑田'。"

又如唐·李程《赠毛仙翁》:"他日更来人世看,又应东海变桑田。"

复如宋·戴复古《贺新郎·兄弟争涂田而讼,歌此词主和议》:"一片泥涂荒草地,尽是鱼龙故道。新堤上、风涛难保。沧海桑田何时变,怕桑田、未变人先老。"[1]

再如宋·张耒《柯山集·连昌宫》:"欲问兴亡已惨颜,桑田沧海变人间。无情野水青春在,不动南山白日闲。伐木清溪寒剥啄,鸣禽高柳晓缗蛮。蛾眉皓齿终黄土,谁道仙宫有使还?"[2]

还如明·田汝成《西湖游览志余·版荡凄凉》:"仙人一去无消息,沧海桑田空白发。"[3]

沧海桑田亦作"桑田沧海""东海桑田""沧桑之变"。

类似成语如沧桑巨变、日新月异。

一、沧海桑田与海平面升降

(一)海平面升降

1.海平面升降的过程

联合国政府间气候变化专门委员会(Intergovernmental Panel on Climate Change,IPCC)第5次评估报告第一工作组报告显示:1901—2010年,全球平均海平面上升0.19米,平均每年上升1.7毫米;1971—2010年平均速度达每年2.0毫米;1993—2010年平均速度则达到每年3.2毫米;海平面上升的速度在加快(图3.3)。

[1]戴复古.贺新郎·兄弟争涂田而讼,歌此词主和议[EB/OL]. [2015-02-23]. http://www.gushiwen.org/wen_2684.aspx.

[2]张耒.柯山集·连昌宫[EB/OL]. [2015-02-23]. http://www.ziyexing.cn/shici/zhanglei/zhanglei_16.htm.

[3]田汝成.西湖游览志余[EB/OL]. [2015-02-23]. http://wenxian.fanren8.com/06/05/252/5.htm.

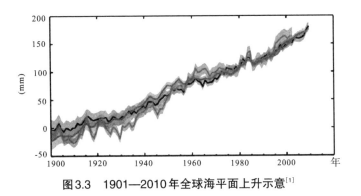

图3.3 1901—2010年全球海平面上升示意[1]

海平面不只是现在在变化,在海洋存在的地质时期也一直都在变化。全球海平面的变化主要发生在显生宙,绝大多数的重建都表明,古生代的水动型海面下降,中生代上升,白垩纪后期上升至最高,随后整个第三纪海平面下降[2]。图3.4显示了中生代以来水动型海平面升降过程。

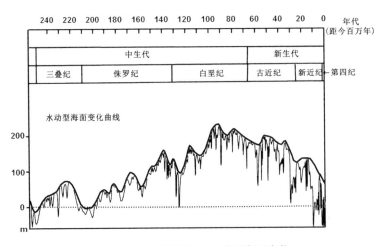

图3.4 中生代以来的水动型海面变化

世界上许多地区都有大量关于海平面变化的地质证据,包括矗立在现代海平面上的古海岸地貌[3]。尤其是第四纪以来,全球海平面有多次升降,导致全球性或局部区域海陆变迁。

[1] IPCC. Climate change 2013:the physical scientific basis(SPM)[M]. London:Cambridge Press,2013:29.

[2] LOWE J J,WALKER M J C. 第四纪环境演变[M]. 沈吉,于革,吴敬禄,等译. 北京:科学出版社,2010:57-73.

[3] LOWE J J,WALKER M J C. 第四纪环境演变[M]. 沈吉,于革,吴敬禄,等译. 北京:科学出版社,2010:57-73.

2.海平面升降的原因

相对陆地来说,海平面会随着海面和陆面之一或者这两者的变化而发生变化。陆面下沉而海面保持不变,海平面就会局部上升;相反,陆面抬升就会导致紧挨海岸线海面和潮间带的下降。陆面和海面的运动都会导致海平面发生变化,这就是相对海平面变化,即海面和陆面的位置发生了相对的变化。这种变化本质上说是一种局部的效应。

导致全球海平面长期变化趋势的原因非常复杂,它是各种力量复合的效应。全球海平面的变化可以是由海盆里海水体积的变动引起的,即水动型海面升降;也可以是由海盆容积的变动引起的,即地动型海面升降。这两种因素对海面变迁的影响往往同时进行。

(1)水动型海平面变化。水圈包括原生水的物质及容积变化会导致海平面长期变化,海水温度和密度引起的海水体积的变化(海洋热胀冷缩)也会导致海平面的"空间效应"变化。据推算,海水温度如变化1℃,将引起海面变化1~2米。

第四纪海平面变化主要是由第四纪冰盖的扩张和收缩引起的。在冰期大洋里的水被"抽取"以冰川的形式保留在陆地上,不能随正常的大气循环及地表径流回到海洋,因此海洋水体减少,水层减薄,导致海面下降。间冰期,气候转暖,冰川消融,大量融水回到海洋,海水体积增加,水层加厚,导致海面上升。这种海面升降变化是全球性的,而非局部性的,而且具有同时性的特点,海面升降的幅度近似。据估计,在末次冰盖增长时期,大洋里大量的海水被"抽取",从而导致全球水动型海平面下降130米;现在格陵兰和南极冰川全部融化所释放的冰融水可以使全球海平面上升70多米。受冰川的扩张和收缩所控制的海平面变化称为冰川型海面升降[1]。

IPCC第5次评估报告第一工作组报告指出:冰川融化和海水温度升高引发的热膨胀导致海平面的上升,即是水动型海面升降。

曾有人撰文指出,沧海桑田的变化主要是气候的变化:气温降低,由于海洋蒸发出来的水在陆地上结成冰川,不能回到海洋中去,因而海水减少,浅海变成陆地;相反,气温升高,大陆上的冰川融化成水,注入海洋,又会使海面升高,因而能使近海的陆地或低洼地区变成海洋。据科学家推算,如果大陆上的冰川全

[1] LOWE J J, WALKER M J C. 第四纪环境演变[M]. 沈吉,于革,吴敬禄,等译. 北京:科学出版社,2010:57-73.

部融化,流入海洋的水可以使海面平均升高七八十米,那样将会有许多陆地变成汪洋泽国。由此可见,沧海桑田的变化,在地球上是普遍进行着的一种自然过程而已[1]。

(2)地动型海平面变化。这类变化包括地质运动、地球的形状和物质分布变化以及地球自转和公转速度的变化等引起的海平面变化。海水的物质和体积的变化会引起海床地下的水均衡负载发生变化。然而,主要的影响来自海盆外形的变化,海盆外形的变化部分是由外部填充进来的沉积物和海水不断地相互替换所引起的,但主要还是由于岩石圈的运动及与其相关的海床扩张。海床加速扩张会导致海洋中脊体积减小从而导致海平面下降[2],即构造运动引起海盆容量的变化。

3.海平面升降的影响

冰期和间冰期的更替,导致海平面变化。生物的迁移因海域变迁发生连锁效应。因为在冰期内,许多浅海滩露出海面,甚至使原来为海水所隔绝的大陆或岛屿有部分相连,为生物迁徙提供了条件。

更为显著的是,发生于阿拉斯加西部海岸和西伯利亚东部的相对海平面变化,导致了第四纪晚期白令海峡上多次出现陆桥[3]。在这个过程中,不仅动植物的迁徙受到影响,而且新大陆(广泛地认为是末次冰川型均衡造成低海面发生的地方)的人类发展也主要受到陆面和海面变化的控制[4]。

(二)海侵—海退旋回

当地壳下降或海平面上升时,陆地面积缩小,海洋面积扩大,也就是海水逐渐侵入大陆。这时所形成的地层,从垂直剖面来看,自下而上沉积物的颗粒由粗变细;同时,新岩层分布面积大于老岩层,形成所谓"超覆"现象。通常把具有这种特征的地层称为"海侵层位"。

当地壳上升或海平面下降时,陆地面积扩大,海洋面积缩小,也就是海水逐渐退出大陆。这时所形成的地层,从垂直剖面上看,自下而上沉积物的颗粒由

　[1]蔡德平.成语和地理趣谈[J].今日科苑,2010(18):193.
　[2]LOWE J J,WALKER M J C.第四纪环境演变[M].沈吉,于革,吴敬禄,等译.北京:科学出版社,2010:57-73.
　[3]FAGAN B M. Ancient north America[M]. London :Thames and Hudson Press,1991.
　[4]LOWE J J,WALKER M J C.第四纪环境演变[M].沈吉,于革,吴敬禄,等译.北京:科学出版社,2010:57-73.

细变粗;同时,新岩层分布面积小于老岩层,形成所谓"退覆"现象。通常把具有这种特征的地层称为"海退层位"。

在同一地层剖面上有时可以看到海侵层位和海退层位交替变化,即沉积物颗粒由粗变细又由细变粗,呈现有节奏、有韵律的变化,表明该区地壳经历了由下降到上升的过程,称为一个沉积旋回。

大多数情况下,海侵层位厚度较大,保存较好,海退层位则相反,厚度较小,不易完全保存,有时甚至缺失,出现沉积间断。

海侵、海退也可以由地球自转速度的变化引起。当自转速度变快时,海水即从两极向赤道集中,也就是在高纬度地区普遍发生海退,在低纬度地区普遍发生海侵。当自转速度变慢,海水即从赤道向两极方向移动,也就是在低纬度地区发生海退,在高纬度地区发生海侵。

研究地质历史中的海进,分析地质发展史,预测现代和未来的海进、海退,这与人类社会生活密切相关。如果冰融,海平面上升几十米,现在海拔几十米以下的城市均可能被淹没。人类与地质环境的关系是极其密切的。

(三)海岸类型

海岸,根据其形态和成因,大体可分为基岩海岸、砂(砾)质海岸、淤泥质海岸和生物海岸。

基岩海岸,主要由地质构造活动及波浪作用所形成。其特征为地势陡峭,岸线曲折,水深流急。

砂(砾)质海岸,堆积物质被搬运到海岸边,又经波浪或风改造堆积而成。其特征为组成物质以松散的砂(砾)为主,岸滩较窄而坡度较陡。

淤泥质海岸,主要由河流携带入海的大量细颗粒泥沙在潮流与波浪作用下输送、沉积而成。其特征为岸滩物质组成多属黏土、粉砂等,岸线平直,地势平坦。

生物海岸包括珊瑚礁海岸和红树林海岸。前者由热带造礁珊瑚虫遗骸聚积而成,后者由红树科植物与淤泥质潮滩组合而成。生物海岸一般只出现在热带与亚热带地区。

(四)延伸阅读

人教版高中地理必修一(2008年第三版)第70页有如下内容,对我们认识

海平面升降具有积极意义:

地壳运动总会在地表或地下岩层中留下一定的痕迹。图3.5是意大利那不勒斯湾海岸的大理石柱,请根据该石柱上地壳运动的痕迹,回答下列问题。

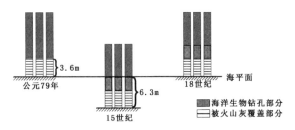

图3.5　意大利那不勒斯湾海岸的大理石柱

(1)公元79年—15世纪,那不勒斯海湾海岸处于哪种运动状态中,你的判断依据是什么?

(2)公元15—18世纪,那不勒斯海岸处于哪种运动状态中,你的判断依据又是什么?

(3)那不勒斯海岸地壳运动的历史说明了地壳运动具有哪些特征?

显然,公元79年至15世纪,那不勒斯海湾海岸处于下沉运动状态中,原因是三根大理石柱底部被火山灰覆盖部分看不到了。15至18世纪,那不勒斯海岸处于上升运动状态中,原因是大理石柱上留下了被海洋生物钻孔的痕迹。那不勒斯海岸地壳运动的历史说明地壳运动有垂直方向的运动,具有周期性特征。

这是典型的地动型局部海平面升降。

二、沧海岂止变桑田:海洋演化的威尔逊旋回

海洋从开始形成到封闭,可以归纳为下列过程:大陆裂谷(胚胎期)→红海型海洋(幼年期)→大西洋型海洋(成年期)→太平洋型海洋(衰退期)→地中海型海洋(终了期)→地缝合线(消亡期)。这一过程被称为大洋发展旋回或威尔逊旋回。

按照板块构造理论,不仅在海洋中有洋壳分裂、地幔物质涌出、新洋壳的生长,而且在大陆上也有同样的现象,大陆裂谷就是这样的地带。东非大裂谷陆

壳开始张裂,即是大洋发展的胚胎期。

若裂谷继续发展,海水侵入其间,好像红海和亚丁湾一样,被认为是大洋发展的幼年期。

如果再继续扩张,基性岩浆不断侵入和喷出,新洋壳把老洋壳向两侧推移,扩张速率以每年5厘米计,大约经过1亿年,就会形成一个新的"大西洋"。板块学说认为,大西洋正处于大洋发展的成年期。

太平洋的年龄比大西洋要老,它正处于大洋发展的衰退期。

印巴次大陆长期北移,最后和欧亚板块相撞,合二为一,形成巍峨的喜马拉雅山脉以及地缝合线的形迹,地缝合线代表大洋发展的遗痕。

三、沧海岂止变桑田:古特提斯海向青藏高原的演化

青藏高原隆起过程及其环境效应是地球科学研究的重大课题之一,青藏高原的隆升对高原本身、周边地区以至全球的自然环境和人类活动都有重大影响。其隆升机制和过程的探讨,对于理解地球科学的一些重大理论问题(如大陆动力学理论、东亚季风的起源及其演化等)具有重要的理论和现实意义。同时,青藏高原也成为探讨地球岩石圈、水圈、生物圈和大气圈等相互作用的理想场所,在全球变化研究中占有十分重要的地位[1]。

(一)从古特提斯海到青藏高原

青藏高原是世界上最年轻的高原,在地质历史时期,青藏地区曾是一片汪洋大海——古特提斯海。

1.特提斯海的兴衰

青藏地区有确切证据的地质历史可以追溯到距今四五亿年前的奥陶纪,其后青藏地区各部分曾有过不同次数的地壳升降,或为海水淹没,或为陆地。到2.8亿年前的早二叠纪,除阿尔金山地以外,青藏绝大部分地区是波涛汹涌的辽阔海洋,与北非、南欧、西亚和东南亚的海域相通,称为"特提斯海",或者叫"古地中海"。特提斯海的南北两侧分别盘踞着地球上两个巨大的古陆。位于南面的叫冈瓦纳古陆,又称南方大陆,包括南亚次大陆、非洲、南美洲、澳大利亚和南极洲等,它以超大陆的整体形式漂移和旋转。在北面的称为劳亚古陆,也叫北

[1] 曾承. 青海湖及邻近地区碳酸盐同位素环境记录与季风–干旱环境变迁[D]. 北京:中国科学院地球环境研究所,2008.

方大陆,主要包括北美和欧亚大陆中北部地区[1]。

从早二叠纪晚期开始,青藏地区的地壳运动变得逐渐频繁而强烈,陆地范围日益扩大,特提斯海面积逐渐缩小。青藏地区陆地扩大是从北面开始逐渐向南发展的。大概从晚二叠纪开始,青藏地区已有一部分地方随着海洋的退缩而变为陆地。经过晚古生代的海西运动,高原北部的昆仑山和祁连山发生褶皱,露出海面成陆,海侵的范围南撤。直到距今4 000万年前的早第三纪末,藏南及喜马拉雅有部分狭长地带仍然为海洋所占,为特提斯海残留,已属残余海性质。直到距今约3 000万年的始新世中期,特提斯海宣告消亡,青藏地区全部露出海面,成为完整的陆地并开始了共同的地貌发育过程。

2.板块碰撞与青藏高原的崛起

按照板块学说的观点,青藏高原的形成是印度板块向北漂移并与欧亚板块碰撞的结果。大约在2亿多年前,南方的冈瓦纳古陆破裂成了许多块体,各个块体向不同的方向漂移,裂口被拉开、扩大,随后逐渐形成海洋,印度洋就是这样形成的。其中的一块叫作印度板块,它浮在洋底之上向北漂移。大约从1亿年前后的白垩纪中期开始,由于印度洋洋底的扩张速度加快,印度板块迅速往北推移,并且在现今的雅鲁藏布江一带向下俯冲,插入欧亚大陆前缘的下面。正是印度板块的继续向北漂移,导致了特提斯海的消失,大海变成了陆地,两个板块碰撞到了一起。地球上这次剧烈的沧海桑田式的地壳大变动叫作喜马拉雅运动。

从始新世到中新世,两个板块的陆壳相接并发生碰撞后,印度板块继续向北移动,导致地壳的大规模缩短和加厚,南北两个板块的接触地带岩层发生弯曲、破裂和隆起,形成了喜马拉雅山的雏形。在印度板块向北挤压的同时,青藏高原北部的塔里木刚性地块也相对向南挤压,并俯冲插入昆仑山之下。这样,青藏地区被南北两个陆块所夹持,在其边缘出现了一系列巨大的断裂带,形成了被断裂带所围限的巨大菱形断块的地质实体,从而确立了青藏高原这一完整大地貌单元的轮廓。

青藏地区由海而陆,从低到高,经历了漫长的历史过程。每次地壳运动的结果,都使青藏地区的面貌发生巨大的变化。

构造地质学家Mattauer曾绘有印度—亚洲板块碰撞卡通图(图3.6)。

---

[1] 郑度. 中国的青藏高原[M]. 北京:科学出版社,1985:6.

图3.6 印度—亚洲板块碰撞卡通(构造地质学家M. Mattauer遗作)[1]

综上所述,青藏高原的形成过程可以概括地分为两个主要时期,一个是成陆期,另一个是上升期。成陆的时间是由北到南分阶段变化的,地层则是自北向南从老至新。上升的高度也是分阶段变化的,并有不断加速的特点。每次剧烈的地壳运动,不仅使一部分陆地增生,后期的地壳运动往往对前期地壳运动的结果产生叠加作用,使地质构造变得更为复杂,最后奠定了青藏高原的基本地貌格局。

3.青藏高原抬升尚未终止

青藏高原的科学考察研究表明,高原主体的地壳厚度为50~70千米,是全球平均地壳厚度的两倍。然而地势高耸的喜马拉雅山脉地区的地壳厚度却只有50千米左右,说明这一地区尚未达到地壳重力补偿的均衡状态,高原仍然受到南北向到北东—南西向水平压应力场的控制,两个板块碰撞后印度板块向北的运动并没有停止,高原上升的趋势仍在继续。

据研究,自晚白垩纪以来大约1 200万年间,印度板块大约以每年小于5.5厘米的平均速度向北漂移了5个纬度的距离;现在它仍以每年大约5厘米的速度向北移动,喜马拉雅山也以每年5~10毫米的速度在上升,比欧洲同一类型的高山——阿尔卑斯山目前的抬升速度高4~5倍;青藏高原现在还处在强烈隆升的阶段。

---

[1]许志琴,杨经绥,李海兵,等.印度—亚洲碰撞大地构造[J].地质学报,2011,85(1):1-33.

(二)青藏高原隆起的时代、幅度和形式

1.已有研究涉及的区域

青藏高原隆升的研究已经有百年历史,人们通过采用不同的方法从不同的角度和不同的地点做了大量的研究,仅以研究区域为线就有(但不限于):

(1)喜马拉雅山脉的研究。盆地分析是本区开展最早的研究手段之一,研究涉及喜马拉雅山脉南北山坡、山麓和山脉内部的大大小小十几个盆地。如堆积于喜马拉雅山南麓的Siwalik群陆相沉积、Karewa组Kashmir盆地研究最为详细,还有古印度河中沉积的Indus磨拉石、古恒河中沉积的Murree磨拉石、阿拉伯海北部的孟加拉扇和印度河扇、吉隆盆地的研究。

(2)青藏高原东北缘临夏盆地的研究。临夏盆地是一个山前凹陷性质的盆地,盆地由雷积山大断裂、秦岭北深大断裂和祁连山马御山东延余脉围成,属第三纪大型陇中盆地的西南隅。盆地沉积了自渐新世晚期(30.18Ma,按新的古地磁极性年代表为29Ma)至今的连续沉积,尤其是有第四纪黄土沉积作补充,拥有完整的新生代的地层。此外,黄河从高原内循化盆地切穿积石峡由西向东流入临夏盆地在盆地中形成七级阶地,盆地还保存有古老的地貌面(夷平面)。所有这些为研究青藏高原东北缘的隆升过程提供了重要的地质地貌记录。

(3)青藏高原北缘祁连山脉和阿尔金山脉的研究。祁连山脉是青藏高原的北界,是印度板块与青藏高原推挤受压的中央区域,其隆升比较敏感地记录了青藏高原的隆升历史,在青藏高原的隆升研究中具有不可替代的作用。本区的研究主要集中在山脉北面的酒泉盆地(包括酒东盆地和酒西盆地)和南部的柴达木盆地的构造演化、沉积演化,以及山麓发育的一系列山前洪积台地和河流阶地为代表的层状地貌的研究。

(4)青藏高原西北缘西昆仑山的研究。在塔里木盆地的南缘,由于西昆仑山的隆起和剥蚀,在新生代山前盆地沉积了一套巨厚的磨拉石建造。这套磨拉石建造在岩性和岩相变化上可与喜马拉雅山南麓的Siwalik群相媲美。这些磨拉石建造,记录了塔里木盆地的相对沉降和昆仑山的隆起历史。

(5)青藏高原东缘的研究。青藏高原东缘以龙门山—锦屏山冲断带为界与扬子地台交接。龙门山—锦屏山冲断带是一个走向近南北的构造单位,其间被鲜水河断裂错断,是我国西部重要的构造—地貌分界线。长期以来,人们普遍

认为该断裂带是一个典型的逆冲推覆构造带,近年来研究表明该断裂带具有明显的走滑作用,为一走滑—逆冲构造系统,在断裂带的东侧形成新生代走滑前陆盆地,在冲断带内形成新生代山间盆地。2008年汶川地震,让这个地区的研究再次进入大众视野。

(6)青藏高原东南缘云南高原的研究。滇西北地区位于青藏高原东南缘,横断山脉或"三江"流域的中段,特提斯—喜马拉雅构造域东南部弧形构造转折处,冈瓦拉古陆与欧亚大陆的拼合带的边缘,也是扬子准地台与滇西地槽褶皱带交接区,构造十分复杂。新生代以来,随着青藏高原的隆升,滇西北地区中生代沉积发生褶皱和差异隆起,沿已存在的深大断裂出现走滑,在相对下降的地区形成断陷盆地,沉积了自第三纪以来的沉积物,同时青藏高原的隆升使本区由西北向东南出现掀斜抬升,层状地貌发育。本区的研究主要集中在一些盆地的沉积演化和地貌上,也有涉及土壤的研究。

(7)高原内部的研究。包括高原内部造山带的研究和高原内部高原面的研究。夷平面是地貌发育到晚期所表现的形态,是一种低海拔地貌,即便离大洋1 000千米,地面高程也只有几百米,因为海平面是夷平面发育的控制基面。研究认为,青藏高原的隆升是阶段性的,在高原的演化过程中,存在几次稳定的时期并形成夷平面。在高原的隆升过程中,夷平面分解并被抬升到不同的海拔高度。因此,准确确定夷平面的级数及其形成年代就可以了解高原的隆升过程及其幅度。内部高原面包括贵德盆地、库木库里盆地、共和盆地、羌塘盆地、可可西里盆地、若尔盖盆地等。

(8)黄土高原的研究。高原的隆升不仅影响了高原内外的构造、地貌演化,而且也改变了高原及其外围甚至全球的环流模式。堆积在黄土高原的风尘沉积序列良好地记录了第四纪东亚季风气候变化:在冬季风加强的阶段,黄土高原的古气候以干冷为特征,粉尘堆积速率较快、粒度变粗;在夏季风加强的阶段,黄土高原的气候以相对温湿为特征,粉尘堆积速率减慢。研究表明,黄土—古土壤序列中粒度和磁化率分别是东亚冬、夏季风气候变化的替代性指标。中国学者通过对黄土高原的风尘沉积序列的研究发现,2.4Ma时东亚季风系统中冬季风和夏季风同时增强,并认为这是青藏高原强烈隆升的结果,第四纪以来青藏高原快速隆升并达到目前的高度。近年来随着对风尘沉积序列研究的不断深入,特别是对第三纪红黏土的研究,风尘沉积的起始年代不断向前推进,对东亚季风的起源的理解不断加深,对高原隆升的研究也进入了一个新的发展阶段。

2.青藏高原隆升时代与幅度

有关青藏高原隆升时代、幅度和机制的观点众多,如图3.7。

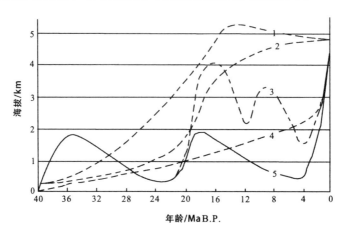

图3.7 青藏高原隆起过程的不同观点(Ma B.P.:距今百万年)

1.Coleman(1995)[1];2. Harrison 等(1992)[2];3. Rea(1992)[3]及钟大赉等(1996)

(此曲线仅用于喜马拉雅山)[4];4. 徐仁等(1973)[5];5. 李吉均等(1979,1996)[6-7]

“八五”攀登计划的研究进一步证明,青藏高原的强烈隆起在晚近地质时期可分为三个大的阶段:早期被命名为“青藏运动”,时间为3.6Ma~1.7Ma,包括A、B和C三个阶段(3.6Ma、2.5Ma和1.7Ma)[8];中期被命名为“昆仑—黄河运动”(简称为昆黄运动)[9],发生时间为1.1Ma~0.6Ma,也包括三个阶段(1.1Ma、0.8Ma和

[1] COLEMAN M. Evidence for Tibetan uplift before 14Myr ago from a new minimum age for east-west extension [J]. Nature,1995,374:49-52.

[2] HARRISON T M,COPELAND P,KIDD W S F,et al. Raising Tibet [J]. Science,1992,255:1663-1670.

[3] REA D K. Delivery of Himalayan sediment to the northern Indian Ocean and its relation to global climate,sea level,uplift,and seq water strontium [J]. Geophys Monogr,1992,70:387-420.

[4] 钟大赉,丁林.青藏高原隆升过程及其机制的探讨[J]. 中国科学(D辑).1996,26(4):289-295.

[5] 徐仁,陶金容,孙湘群.希夏邦马峰高山栎化石层的发现及其在植物学和地质学上的意义[J]. 植物学报,1973,15(1):103-119.

[6] 李吉均,文世宣,张青松,等.青藏高原隆起的时代、幅度和形式的探讨[J]. 中国科学,1979(6):608-616.

[7] 李吉均,方小敏,马海洲,等.晚新生代黄河上游地貌演化与青藏高原隆起[J]. 中国科学(D辑).1996,26(4):316-322.

[8] 李吉均,方小敏,马海洲,等.晚新生代黄河上游地貌演化与青藏高原隆起[J]. 中国科学(D辑).1996,26(4):316-322.

[9] 崔之久,伍永秋,刘耕年,等.关于“昆仑-黄河运动”[J]. 中国科学(D辑),1998,28(1):53-59.

0.6Ma）；晚期被命名为"共和运动"，发生在0.15Ma以来[1]。

（三）青藏高原隆起的主要环境效应

青藏高原的隆起和抬升，形成了其自身独特的自然环境特征，促成了独特的高原季风系统，造就了中国现代季风格局，影响着全球气候的变化和亚洲植被格局的分布，导致了亚洲干旱地带的北移和植被地带的不对称分布，形成了世界上著名的高原地带性植被格局，对中国东部、西北干旱区、亚洲的气候和植被格局乃至全球气候变化都具有深刻的影响[2]。

（四）延伸阅读

人教版高中地理教材必修一（2004年版第74页）有关喜马拉雅山形成，有如下描述："大约4 000万年前，喜马拉雅山开始隆起，当时它的年平均上升速度只有0.05厘米。20世纪最后30年，喜马拉雅山的年平均上升速度达到了最大，但是，也只有5厘米。尽管抬升速度缓慢，所以，经过4 000万年，喜马拉雅山才上升成为世界最高大的山脉之一。"

如果按照4 000万年来喜马拉雅山每年平均上升0.05厘米计算的话，目前喜马拉雅山的高度应为4 000万年×0.05厘米/年=20 000米，远远超过目前喜马拉雅山的高度。由此可见，喜马拉雅山在隆升过程中，也伴随有多期夷平过程。

第三节　地动山摇：都是地震惹的祸

地动山摇是说地震发生时大地颤动，山峦摇撼。

宋·欧阳修《欧阳修文忠公集·奏议集一二·论修河第一状》："地贵安静，动而有声……臣恐地动山摇，灾祸自此而始。"

有时也用地动山摇形容声势浩大或斗争激烈。如《敦煌变文集·一·伍子胥变文》："子胥祭了，发声大哭，感得日月无光，江河混沸。忽即云昏雾暗，地动山摧。"又如宋·吴曾《能改斋漫录·始事二》："至酉时，鼓角大鸣，地动山摇。"再如

[1] 李吉均,方小敏,马海洲,等.晚新生代黄河上游地貌演化与青藏高原隆起[J].中国科学(D辑),1996,26(4):316-322.

[2] 莫申国,张百平,程维明,等.青藏高原的主要环境效应[J].地理科学进展.2004,23(20):88-96.

明·凌濛初《二刻拍案惊奇》第三十一卷:"诸生读罢祭文,放声大哭。哭得山摇地动,闻之者无不泪流。"

地动山摇亦作"地动山摧""山摇地动"。

一、地震概述

(一)地震、震源和震中

地震是指某种自然或人为原因引起的地壳的急剧变化和地面的震动。一般地震指自然作用产生的震动,它主要是岩石圈内能量积累和释放的一种形式,也是自然界经常发生的一种地质作用。人为原因也可以造成地震,称为人工地震。地球上差不多天天都有地震,一年数以百万次计,但其中绝大部分是人们觉察不到的无感地震。

震源是地壳或地幔内部发生地震的地方。

震源在地面上的垂直投影点叫震中。

(二)震源深度

地震不是发生在地表,而是有一定深度的,绝大部分是在地壳里面,也有深入地幔的。从震中到震源的距离叫震源深度。

按震源深度,地震可以分为浅源地震(深度小于70千米)、中源地震(深度70~100千米)和深源地震(深度超过300千米)。目前已知最深地震为1934年6月29日发生于印度尼西亚苏拉威西岛东边的6.9级地震,震源深度为720千米。

大多数地震属于浅源地震,约占地震总数的72.5%,所释放的能量约占地震总能量的85%;破坏性最大的地震震源深度多在10~20千米,一般不超过10千米。中源地震发生次数较少,约占地震总数的23.5%,释放能量约占总能量的12%。深源地震约占地震总数的4%,释放能量约占总能量的3%。中、深源地震有的尽管震级很大,但危害较小。

(三)震中距和震源距

震中距是从震中到某一观测点(如地震台)的地面距离。通常把震中距小于100千米的地震叫地方震,震中距为100~1 000千米的地震叫近震,震中距超过1 000千米的地震叫远震。

震源距是从震源到地面某一地震台站的距离。

(四)震级

震级代表地震本身释放能量的多少,是根据地震仪记录的地震波最大振幅并经过计算求出的,它是一个没有量纲的数值。由于每次地震所积蓄的能量是有一定限度的,所以地震的震级也不会无限大。一次地震只有一个震级。一般我们说的震级都是里氏震级。用里氏的测算方法计算,目前已知最大的地震是2011年3月11日在日本东北部海域发生的9.0级地震,最小的地震可用高倍率的微震仪测到,为-3级。

地震震级 M 与所释放能量 E 之间的关系为:

$$\lg E = 11.8 + 1.5M$$

据该式可知,震级相差1级,能量相差约32倍。如一次8级地震释放的能量相当于32次7级地震所释放能量的总和。

按照震级大小,可以把地震划分为微震、弱震、强震和大震。微震:震级小于3的地震,人们感觉不到,只有靠仪器测出。弱震:又称小震,震级大于3小于5的地震,人们可以感觉到,但一般不会造成破坏。强震:又称中震,震级大于5小于7的地震,可以造成不同程度的破坏。大震:指7级及其以上的地震,常造成极大的破坏。

唐山7.8级地震所释放的能量相当于400颗广岛原子弹,据此可以计算:(1)汶川8.0级地震大概相关于多少颗广岛原子弹所释放能量;(2)广岛原子弹相当于几级地震所释放能量。

(1)唐山7.8级地震能量与震级关系为:

$$\lg E_T = 11.8 + 1.5 \times 7.8$$

汶川8.0级地震能量与震级关系为:

$$\lg E_W = 11.8 + 1.5 \times 8.0$$

$$E_T = 10^{(11.8 + 1.5 \times 7.8)}$$

$$E_W = 10^{(11.8 + 1.5 \times 8.0)}$$

$$E_W/E_T = 10^{(11.8 + 1.5 \times 8.0)} / 10^{(11.8 + 1.5 \times 7.8)}$$

$$= 10^{[(11.8 + 1.5 \times 8.0) - (11.8 + 1.5 \times 7.8)]}$$

$$= 10^{0.3}$$

$$\approx 2$$

即汶川8.0级地震大概相关于800颗广岛原子弹所释放的能量。

(2)设广岛原子弹相当于N级地震所释放能量,则有:

$$E_T/E_N = 10^{(11.8+1.5\times7.8)} / 10^{(11.8+1.5\times N)}$$
$$= 10^{[(11.8+1.5\times7.8)-(11.8+1.5\times N)]}$$
$$= 10^{1.5\times(7.8-N)}$$
$$= 400$$
$$N \approx 6$$

即广岛原子弹大致相当于6级地震所释放的能量。

(五)烈度

地震对地表和建筑物等破坏强弱的程度,称为地震烈度。显然,一次地震只有一个震级,但有若干个烈度。

1.影响烈度的因素

影响地震烈度的因素有很多,包括:

(1)地震震级。一般说来,在其他条件相同的情况下,震级越高,震中烈度越大,地震影响波及的范围越广。

(2)震源深度。如果震级相同,震源越浅对地表的破坏性越大。

(3)震中距。在震级和震源深度相同的情况下,烈度与震中距一般呈负相关。

(4)土壤和地质条件。

(5)建筑物性能。

(6)其他,如震源机制、地貌和地下水位等。

2.中国地震烈度表(2008)

由中国地震局提出,全国地震标准化技术委员会(SAC/TC225)归口,中国地震局工程力学研究所、中国地震局地球物理研究所起草的国家标准《中国地震烈度表》(GB/T 17742—2008)(表3.1),2008年11月13日由国家质量监督检验检疫总局和国家标准化委员会发布,2009年3月1日起实施。

表3.1　中国地震烈度表 (GB/T 17742—2008)

地震烈度	人的感觉	房屋震害			其他震害现象	水平向地震动参数	
		类型	震害程度	平均震害指数		峰值加速度 m/s²	峰值速度 m/s
I	无感	—	—	—	—		

续 表

地震烈度	人的感觉	房屋震害			其他震害现象	水平向地震动参数	
		类型	震害程度	平均震害指数		峰值加速度 m/s²	峰值速度 m/s
II	室内个别静止中的人有感觉	—	—	—	—	—	—
III	室内少数静止中的人有感觉	—	门、窗轻微作响	—	悬挂物微动	—	—
IV	室内多数人、室外少数人有感觉,少数人梦中惊醒	—	门、窗作响	—	悬挂物明显摆动,器皿作响	—	—
V	室内绝大多数、室外多数人有感觉,多数人梦中惊醒	—	门窗、屋顶、屋架颤动作响,灰土掉落,个别房屋墙体抹灰出现细微裂缝,个别屋顶烟囱掉砖	—	悬挂物大幅度晃动,不稳定器物摇动或翻倒	0.31 (0.22~0.44)	0.03 (0.02~0.04)
VI	多数人站立不稳,少数人惊逃户外	A	少数中等破坏,多数轻微破坏和/或基本完好	0.00~0.11	家具和物品移动;河岸和松软土出现裂缝,饱和砂层出现喷砂冒水;个别独立砖烟囱轻度裂缝	0.63 (0.45~0.89)	0.06 (0.05~0.09)
		B	个别中等破坏,少数轻微破坏,多数基本完好				
		C	个别轻微破坏,大多数基本完好	0.00~0.08			
VII	大多数人惊逃户外,骑自行车的人有感觉,行驶中的汽车驾乘人员有感觉	A	少数毁坏和/或严重破坏,多数中等和/或轻微破坏	0.09~0.31	物体从架子上掉落;河岸出现塌方,饱和砂层常见喷水冒砂,松软土地上地裂缝较多;大多数独立砖烟囱中等破坏	1.25 (0.90~1.77)	0.13 (0.10~0.18)
		B	少数中等毁坏,多数轻微破坏和/或基本完好				
		C	少数中等和/或轻微破坏,多数基本完好	0.07~0.22			
VIII	多数人摇晃颠簸,行走困难	A	少数毁坏,多数严重和/或中等破坏	0.29~0.51	干硬土上出现裂缝,饱和砂层绝大多数喷砂冒水;大多数独立砖烟囱严重破坏	2.50 (1.78~3.53)	0.25 (0.19~0.35)
		B	个别毁坏,少数严重破坏,多数中等和/或轻微破坏				
		C	少数严重和/或中等破坏,多数轻微破坏	0.20~0.40			
IX	行动的人摔倒	A	多数严重破坏和/或毁坏	0.49~0.71	干硬土上多处出现裂缝,可见基岩裂缝、错动,滑坡、塌方常见;独立砖烟囱多数倒塌	5.00 (3.54~7.07)	0.50 (0.36~0.71)
		B	少数毁坏,多数严重和/或中等破坏				
		C	少数毁坏和/或严重破坏,多数中等和/或轻微破坏	0.38~0.60			

续 表

地震烈度	人的感觉	房屋震害			其他震害现象	水平向地震动参数	
		类型	震害程度	平均震害指数		峰值加速度 m/s²	峰值速度 m/s
X	骑自行车的人会摔倒,处不稳状态的人会摔离原地,有抛起感	A	绝大多数毁坏	0.69~0.91	山崩和地震断裂出现;基岩上拱桥破坏;大多数独立砖烟囱从根部破坏或倒毁	10.00 (7.08~14.14)	1.00 (0.72~1.41)
		B	大多数毁坏				
		C	多数毁坏和/或严重破坏	0.58~0.80			
XI	—	A	绝大多数毁坏	0.89~1.00	地震断裂延续很大,大量山崩滑坡	—	—
		B					
		C		0.78~1.00			
XII	—	A	几乎全部毁坏	1.00	地面剧烈变化,山河改观	—	—
		B					
		C					

注:表中给出的"峰值加速度"和"峰值速度"是参考值,括弧内给出的是变动范围。

备注:

1.地震烈度划分为12等级,分别用罗马数字Ⅰ、Ⅱ、Ⅲ、Ⅳ、Ⅴ、Ⅵ、Ⅶ、Ⅷ、Ⅸ、Ⅹ、Ⅺ和Ⅻ表示。

2.用于评定烈度的房屋,包括以下三种类型:

A类:木构架和土、石、砖墙建造的旧式房屋;

B类:未经抗震设防的单层或多层砖砌体房屋;

C类:按照Ⅶ度抗震设防的单层或多层砖砌体房屋。

3.表中的数量词的界定:"个别"为10%以下,"少数"为10%~45%,"多数"为40%~70%,"大多数"为60%~90%,"绝大多数"为80%以上。

4.房屋破坏等级及其对应的震害指数。房屋破坏等级分为基本完好、轻微破坏、中等破坏、严重破坏和毁坏五类,其定义和对应的震害指数d如下:

(1)基本完好:承重和非承重构件完好,或个别非承重构件轻微损坏,不加修理可继续使用。对应的震害指数范围为0.00≤d<0.10;

(2)轻微破坏:个别承重构件出现可见裂缝,非承重构件有明显裂缝,不需要修理或稍加修理即可继续使用。对应的震害指数范围为0.10≤d<0.30;

(3)中等破坏:多数承重构件出现轻微裂缝,部分有明显裂缝,个别非承重构件破坏严重,需要一般修理后可使用。对应的震害指数范围为0.30≤d<0.55;

(4)严重破坏:多数承重构件破坏较严重,非承重构件局部倒塌,房屋修复困难。对应的震害指数范围为0.55≤d<0.85;

(5)毁坏:多数承重构件严重破坏,房屋结构濒于崩溃或已倒毁,已无修复可能。对应的震害指数范围为0.85≤d≤1.00。

3.等震线

在宏观地震烈度调查后,把各调查点的烈度标记在地图上,然后把烈度相同的点连成封闭的曲线,这样的线称为等震线。由不同等震线所组成的平面图称为等震线图。实际上,等震线就是不同烈度区的分界线。

二、地震的成因和类型

引起地震的原因很多,据此可分为构造地震、火山地震、冲击地震和诱发地震。

(一)构造地震

构造地震是由构造变动特别是断裂活动所产生的地震。全球绝大多数地震是构造地震,约占地震总数的90%。其中大多数又属于浅源地震,影响范围广,对地面及建筑物的破坏非常强烈,常引起生命和财产的重大损失。

在一定时间内(几天,几周,几年),在同一地质构造带上或同一震源体内,可发生一系列大大小小具有成因联系的地震,这样的一系列地震叫作地震序列。在一个地震序列中,如果有一次地震特别大,称为主震;在主震之前往往发生一系列微弱或较小的地震,称为前震;在主震之后也常常发生一系列小于主震的地震,称为余震。

根据对我国1949年10月以来所发生的强震的分析研究,地震序列可以归纳为3种类型:

(1)单发型地震。又称孤立型地震。这种地震的前震和余震都很少而且微弱,并与主震震级相差悬殊,整个序列的地震能量几乎全部通过主震释放出来。此类地震较少。

(2)主震型地震。是一种最常见的类型,主震震级特别突出,释放出的能量占全系列的90%以上;前震或有或无,但有很多余震。

(3)震群型地震。由许多次震级相近的地震组成地震序列,没有突出的主震。此类地震的前震和余震多而且较大,常成群出现,活动时间持续较长,衰减速度较慢,活动范围较大。有时候,这种类型的地震是由两个主震型地震组合在一起形成的。

(二)火山地震

火山地震指火山活动引起的地震。这种地震可以是直接由火山爆发引起的地震;也可能是因火山活动引起构造变动,从而发生地震;或者是因构造变动引起火山喷发,从而导致地震。因此,火山地震与构造地震常有密切关系。

火山地震的强度一般不大,震源较浅,一般不超过10千米,影响范围小。

这类地震为数不多,约占地震总数的7%。

有些地震发生在火山附近,震源深度为1~10千米,其发生与火山喷发活动没有直接的或明确的关系,但与地下岩浆或气体状态变化所产生的地应力分布的变化有关,这种地震称为A型火山地震。还有些地震集中发生在活火山口附近的狭小范围内,震源深度浅于1千米,影响范围很小,称为B型火山地震。有时地下岩浆上升至接近地面,但未喷出地表,也可以产生地震,称为潜火山地震。

(三)冲击地震

这种地震,因山崩、滑坡等原因引起,或因碳酸盐岩地区岩层受地下水长期溶蚀形成许多地下溶洞,洞顶塌落引起。后者又称塌陷地震。本类地震为数很少,约占地震总数的3%。冲击地震震源很浅,影响范围小,震级也不高。

(四)诱发地震

诱发地震,指人为干预,譬如核爆炸、化学品爆炸、采矿、蓄水,使原本已经积蓄到一定程度的能量释放出来,进而导致的地震。有些地方原来没有或很少发生地震,后来由于修了水库,经常发生地震,称为水库地震。这种地震与水的作用有关,当然也与一定的构造和地层条件有关,而水的作用只是一种诱发因素。此外,深井注水、地下抽水等也可触发地震。

三、地震的分布

(一)时间分布规律

根据历史地震资料,在全世界、一个地区或一个地震带,一段时间内表现为多震的活跃期,在另外一段时间内则表现为少震的平静期。这种活跃期和平静期交替出现的现象,称作地震的周期性或地震的间歇性。在一个地震带内,又往往表现为自己特有的周期性。

具体到一个活动断裂带或地震带,活跃期和平静期交替出现的情况很明显。这种地震活动的周期性现象,是一个地震带的应变积累和释放全过程的表现。

(二)地震的空间分布

地震震中集中分布的地带,称为地震带。从世界范围看,有些地区没有或很少有地震,有些地区则地震频繁而强烈。地震带往往与活动性很强的地质构造带一致。

1.全球地震带的分布

全球地震带的分布包括环太平洋火山地震带、地中海—喜马拉雅地震带、大洋海岭(中脊)地震带和大陆断裂震带(图3.8)。

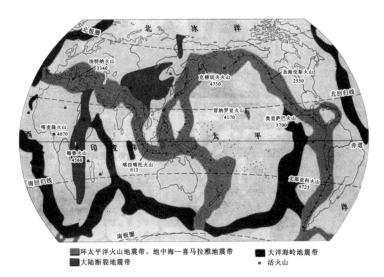

图3.8　全球地震带分布示意

(1)环太平洋火山地震带:全世界约80%的浅源地震、90%的中源地震和几乎全部深源地震都发生在这一带,所释放的地震能量约占全世界地震释放总能量的80%,但其面积仅占世界地震带总面积的一半。

(2)地中海—喜马拉雅地震带:这是一条横跨欧亚大陆,并包括非洲北部,大致呈东西方向的地震带,总长约1.5万千米,宽度各地不一,在大陆部分常有较大的宽度,并有分支现象。太平洋地震带外的较大浅源地震和中源地震几乎都发生在这一带,释放能量约占全世界地震释放总能量的15%。

(3)大洋海岭(中脊)地震带:大西洋海岭(中脊)地震带自斯匹次卑尔根岛经冰岛向南沿亚速尔群岛、圣保罗岛等至南桑德韦奇群岛、色维尔岛,沿大西洋中脊分布,向东与印度洋南部分叉的海岭地震带相连。印度洋海岭地震带由亚

丁湾开始,沿阿拉伯—印度海岭,南延至中印度洋海岭;向北在地中海与地中海
—南亚地震带相连;向南到南印度洋分为两支:东支向东南经澳大利亚南部在
新西兰与环太平洋带相接,西支向西南绕过非洲南部与大西洋中脊地震带相
接。东太平洋中隆地震带从中美加拉帕戈斯群岛起向南至复活节岛一带,分为
东西二支:东支向东南在智利南部与环太平洋地震带相接,西支向西南在新西
兰以南与环太平洋地震带和印度洋海岭地震带相连。以上三带皆以浅源地震
为主。

(4)大陆断裂震带:分布于一些区域性断裂带或地堑构造带,主要有东非大
断裂带,红海地堑,亚丁湾及死海,贝加尔湖以及太平洋夏威夷群岛等。此带主
要为浅源地震。

上述各地震带的分布,基本上与板块的各类分界线一致。

2.中国地震活动带的分布

中国地震活动带分为5带23区(图3.9)。

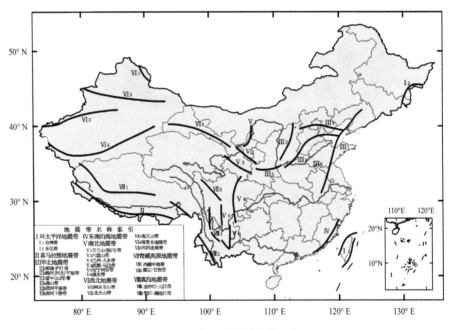

图3.9 中国地震活动带示意

(1)华北地区(含东北南部):主要包括郯城—庐江带(沿郯庐断裂,从安徽
庐江经山东郯城,穿越渤海至辽东半岛、沈阳一带),燕山带,河北平原带(太行
山东麓),山西带(主要沿汾河地堑),渭河平原带(主要沿渭河地堑)。

(2)东南沿海地区:包括东南沿海带(主要在福建及广东潮汕地区),台湾西部带,台湾东部带。

(3)西北地区:包括银川带,六盘山带,天水—兰州带,河西走廊带,塔里木南缘带,南天山带,北天山带。

(4)西南地区:包括武都—马边带,康定—甘孜带,安宁河谷带,滇东带,滇西带,腾冲—澜沧带,西藏察隅带,西藏中部带。

(5)东北深震带:主要在吉林和黑龙江的东部。

(三)延伸阅读——2011年高考北京卷地理第5题

(2011年高考北京卷)读图3.10,回答第5题。

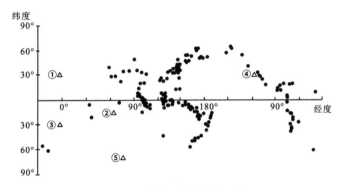

图3.10　某地理现象分布示意

5.图中各点最可能表示世界
　　A.主要能源矿产产地　　　　B.百万人口以上的城市
　　C.自然和文化遗产地　　　　D.近10年7级以上地震震中

根据上述分析,很容易得出正确答案为D。

四、地震的危害

地震灾害,一般包括直接灾害、次生灾害和诱发灾害。

(一)直接灾害

地震直接导致的房倒屋塌和人员伤亡等灾害。

（二）次生灾害

地震次生灾害是指地震引起的一系列其他灾害,大致可分为两大类:

一是自然层面的,如滑坡、堰塞湖、崩塌落石、泥石流、地裂缝、地面塌陷、砂土液化等次生地质灾害和水灾,发生在深海地区的强烈地震还可引起海啸。

地震不仅发生在大陆上(称为陆震),也常发生于大洋底部(海震)。同样级别的地震,海震要比陆震的破坏性小,因为陆震横渡和纵波都能传到地面,而海震只能把纵波传播上来(由于海水不能传播横波)。但是,有时候海震可以掀动上覆的海水形成巨大的海浪,称为海啸。这种海浪波长数百米,振动周期也很长,为15分钟到1小时。在广阔的大洋中,这种波浪不明显,波浪高度也较小,但一接近海岸,由于海底变浅,波浪受阻变高,能量集中冲上海岸,可产生极大的破坏力。2004年12月26日,印尼8.7级地震导致大海啸,死亡29万人。

二是社会层面的,如道路破坏导致交通瘫痪,煤气管道破裂形成的火灾,下水道损坏对饮用水源的污染,电讯设施破坏造成的通讯中断,还有瘟疫流行、工厂毒气污染、医院细菌污染或放射性污染等。

（三）诱发灾害

诱发灾害指地震导致社会功能性在一定程度上的瓦解,也叫作第三次灾害或社会灾害。如社会秩序混乱、生产停滞、家庭破坏、生活困苦和人们心理的损害等。

五、地震的应对

地震应对措施包括震前应对措施、震时应对措施和震后应对措施。这里主要就部分震前应对措施(预报预测、防震教育、抗震设计)和一项震时措施(地震预警)进行简单分析。

（一）地震预报与预测

2009年5月1日,《中华人民共和国防震减灾法》开始施行。其中的第二十六条规定:国务院地震工作主管部门和县级以上地方人民政府负责管理地震工作的部门或者机构,根据地震监测信息研究结果,对可能发生地震的地点、时间和震级作出预测。这也就意味着今后地震预报工作过程中如有发生失察、失当行为,将在法律层面上以"不作为"来追究责任。

在很多时候,有人将地震预报和预测混为一谈。严格意义上讲,地震预测属于科学研究范畴,主要预测哪里会或即将发生地震,预测没有官方的声音,而地震预报则只能由官方来发布,由政府对来自科学家的地震预测进行科学评估,做出预报与否的决定。个体可以预测,但不能预报。

1.地震预测内容

地震预测内容包括三个方面,即地震发生的地点、时间和强度(震级)。

另外,对于专业工作者来说,还要给一个预报概率,即有多大的可能性,跟天气预报一样;如果发生,它的灾害可能是多大的程度,包含灾害预测。

2.地震预报四类型——基于时间的角度

地震预报可分为长期预报(预报10年或更长期的地震活动情况)、中期预报(预报数年内的地震活动情况)、短期预报(预报几天到半个月内将要发生的地震)和临震警报(预报24小时或几小时内即将发生的地震)。

3.地震预测方式一:地震地质方向

这种方法是认识地震孕育和发生的物理过程,研究地震发生的地质构造特点。一方面,需要监测岩层受力及变形情况;另一方面,地震是能量积累到岩层临界点时的一种释放,因此需要确定临界值。

人们目前还不能深入地球内部直接或间接观测其介质的物化状态及其变化过程,而只能在地面上进行某些物理量的观测,有时这种观测是不完全或不完善的,甚至也不能确知这种观测的物理量异常变化是否与地震发生真正相关。这就是地震预测研究工作进展缓慢的原因。与此同时,岩层发生断裂的最大受力临界值目前很难判断。

4.地震预测方式二:统计

地震统计,即运用数理统计方法,设法得出地震发生的规律,特别是地震发生时间序列的规律。这种根据过去推测未来的方法,可称为地震统计。

汶川地震发生后,有两篇"经典"论文逐渐为人熟知:

龙小霞等[1]利用可公度方法,得出"在2008年左右,川滇地区有可能发生≥6.7级强烈地震"的结论;陈学忠[2]则利用统计方法,得出"四川地区下一次7级以上地震孕育已经接近成熟,在未来1~2年的时间内就可能发生! 从2003年起

　　[1]龙小霞,延军平,孙虎,等.基于可公度方法的川滇地区地震趋势研究[J].灾害学,2006,21(3):82-84.
　　[2]陈学忠.四川地区7级以上地震危险性分析[J].国际地震动态,2002(12):5-8.

就有发生的可能"的结论。

地震活动具有周期性,即能量积累期和能量释放期相间。上述二文至少存在两方面的问题:一是方法的科学性;二是结论的适用性。

5.地震预测方式三:前兆

所谓的地震前兆可能在地震前发生,也可能在地震后发生;可能离震中很近,也可能离震中很远;可能由地震所引起,也可能由非地震所引起。由此可见,这些地震前兆完全可以由诸多非地震因素引发,即使是由地震所引起,也根本无法据此判断地震可能发生的时间和地点。

有关地震前兆的更多介绍,详见第一章第二节相关内容。

6.东汉张衡候风地动仪简介

有人说世界上出现最早的地震仪是我国东汉张衡于公元132年发明的候风地动仪。候风地动仪用精铜制作而成,直径2.7米,其外形像一个大型酒樽。地动仪里面有精巧的结构,主要为中间的都柱(相当于一种倒立的震摆)和它周围的八道(装置在摆的周围的8组机械装置)。在樽的外面相应地设置8条口含小铜珠的龙,每个龙头下面都有一只张口向上的蟾蜍。如果发生较强的地震,都柱因受到震动而失去平衡,这样就会触动八道中的一道,使相应的龙口张开,小铜珠即落入蟾蜍口中,由此便可知道地震发生的时间和方向。

从上述描述可知,候风地动仪只是对地震发生之后的大致时间和方位的事后感知,严格意义上讲算不上地震仪。地震仪是19世纪80年代后才出现的记录地震时地面质点运动的位移、速度和加速度的各种仪器。人们利用专门方法分析地震谱,可以求得地震发生的时间、强度、震中距、震中方向和震源深度等。

7.地震预测的国际主流观点

1996年11月,"地震预测框架评估"国际会议在伦敦召开。与会者达成一个共识:地震本质上是不可预测的,不仅现在没法预测,将来也没法预测。他们认为,地球处于自组织的临界状态,任何微小的地震都有可能演变成大地震。这种演变是高度敏感、非线形的,其初始条件不明,很难预测。如果要预测一个大地震,就需要精确地知道大范围(而不仅仅是断层附近)的物理状况的所有细节,但这是不可能的。换言之,任何一个小的变动都会产生具有各种时间和空间尺度的较大变动,地震在任何时间、任何地点都有可能发生[1]。

---

[1] GELLER R J, JACKSON D D, KAGAN Y Y, et al. Earthquakes cannot be predicted [J]. Science, 1997, 275:1 616.

当然也有学者[1]提出不同意见,争论的焦点在于地球是否处于自组织临界状态,以及自组织临界状态有无标度等方面。

从世界范围来说,大部分专家认为,我们目前无法真正认识地震的物理特征,我们还没有获得足够的致密、详细的观测数据,特别是在断层带上的数据。在广泛变化的时间和空间尺度上,地球外壳确实是不稳定的。因此,应该将重点转向基础科学如工程抗震等问题上。

(二)防震教育

这里仅简单谈谈防震演习,即在没有地震的时候,演习假定地震发生,我们应该何时以及如何从家庭、单位、学校疏散开来,疏散到什么地方,如何避震等。

这里举一实例:2008年5月12日下午,当汶川大地震发生时,离汶川很近的桑枣中学2 200名学生都在教学楼或实验楼里上课。当他们感觉到大地的晃动时,各个教室里的学生们立刻按照老师的要求钻进课桌下;在第一阵地震波过后,大家又在老师的指挥下立刻进行了快速而有序的紧急疏散。在地震发生后短短1分36秒左右的时间里,桑枣中学的2 200名学生和上百名老师就已经全部安全地转移到了学校开阔的操场上,无一伤亡。

原因在于从2005年开始,该校就经常组织师生开展疏散演习。

(三)抗震设计

在地震预测很难进行的情况下,更现实的做法是在地震多发区加强抗震建筑规划、建设与检测,尤其是在我国多砖混结构建筑物的形势下。

我国早在1974年就颁布了第一本国家抗震规范。唐山大地震后,我国制定了建筑物抗震强制性规范。此后,一系列相关规范发布,建立起了相对完善的体系。

按目前的建筑标准,抗震设防烈度从6度增加到7度,土建成本增加约5%~10%;从7度增加到8度,土建成本增加10%~20%;从8度增加到9度,土建成本增加15%~30%。

---

[1] WYSS M. Cannot earthquakes be predicted [J]. Science, 1997, 278: 487–490.

（四）地震预警

1.地震波简介

地震波可以在三维空间向任何方向传播,这种波称为体波;但地球是有边界的,在边界附近,体波衍生出另一种沿着地面传播的波,称为面波。体波又分为纵波和横波。纵波传播时,介质质点的振动方向与波的传播方向一致,使介质质点之间发生张弛和压缩的更替,即质点发生疏密更替的变化,所以又叫压缩波或疏密波,通常记作P波。横波传播时,介质质点的振动方向与波的传播方向垂直,介质体积不变,但形状发生切变,所以又叫切变波或剪切波,通常记作S波(图3.11)。纵波一般表现为周期短、振幅小的特点,传播速度较快,到达地面后使地面上下晃动;横波一般表现为周期较长、振幅较大的特点,传播速度较慢,到达地面后使地面左右晃动。地震危害主要源于横波。

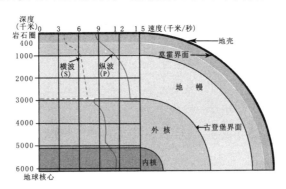

图3.11 地震横波和纵波速度比较

地震发生时,P波总是最先到达观测点,随后才是横波和面波,所以P波又称为初至波。纵波和横波到达的时间差,称为走时差。观测点距离震中愈远,走时差愈大。

2.地震预警原理

中国《国家中长期科学和技术发展规划纲要(2006—2020年)》和《地震科学技术发展规划(2006—2020年)》,都明确提出了应该在国内建设地震预警系统。

地震预警技术是为了适应减轻地震灾害的要求而产生的。其技术原理是利用电磁波与地震波的速度差,以及地震P波与S波的速度差来实现地震发生后的及时预警。它是在地震发生以后,抢在地震波传播到某一地区前,提前几秒至数十秒向该地区及周边地区发出警报,以减小损失。地震预警系统提供的警告只有几秒至十几秒,但这也能让人们采取一定的保护措施。

地震预警系统由地震监测系统、中央处理控制系统、通讯系统、信息发布与用户接收系统四个部分组成,四个部分的处理时间之和与地震波走时之差形成了最终的预警时间。只有远离震中的地区,预警才起作用。

地震预警的核心技术是快速可靠地确定地震位置、大小并估计其影响范围及影响大小。破坏性地震波到来前预估目标区的可能影响是预警信息发布的准则,也是地震预警技术的核心之一。

3.地震预警条件

首先,要有密集的地震台网,及时监测全国各地的情况。

其次,对收集来的数据要能做高速、有效的分析和估算。不仅要能快速确定震中,而且还要根据初步监测到的纵波估计出地震的强度,向可能被地震危及的地区发出预警。日本规定只有在烈度超过5度时才发出预警。

最后,有关部门还要能对预警做出快速反应。应当通过电视、手机等终端形成地震预警的立体警报网络,即收到预警后,电视台、电台自动播放通知,电厂自动停电,电梯自动在最近的楼层停下、开门,高速列车可以停下来,核电站自动做出反应,外科医生暂停手术,工人停止工厂的生产线等。

4.地震预警盲区

当地震P波和S波时差小于地震预警系统四个部分处理时间之和时,地震波到来尚未收到预警,这样的区域即为地震预警盲区。

假定某次地震的预警时间为8秒,由于S波的传播速度一般为4千米/秒左右,故发出预警时地震波已经传播了近32千米,这就是地震预警盲区的大致半径。如果按照P波8千米/秒速度计算的话,则预警盲区大致半径为64千米。

所以,地震预警主要是为震中以外的地区服务的,对于震中地区及震中附近地区来说作用都不大。震中盲区的危险性最高,破坏力最大,却也是最难及时预警的地区。

预警盲区不可避免,只能凭借技术进步逐渐缩小盲区范围。

另外,对于震级较低或远离震中的地方,则无需发布地震预警。因为地震烈度达不到破坏程度,地震预警反而会干扰居民正常的工作与生活。还有一种观点认为,这些"稍远地区"的预警尽管对于减灾没有多少实际价值,但对于安定民心有一定的作用。当"稍远地区"的人们在没有预警的情况下感受到晃动时,无法判断是近处大震初期晃动(即无法判断后面是否有更大的晃动到来)还是远震影响；如果有一个能够给他提供预估烈度、倒计时时间的地震预警信息，那么人们就有可参考的信息对这个晃动做出针对性的反应。当然，这还取决于平时对普通民众的防震教育。

地震预警信息具有高度的社会敏感性，如果处理不当，极有可能影响社会稳定，甚至造成不必要的人员伤亡和经济损失。因此，必须通过建立相关的法律制度和技术标准，从正确应用地震预警信息、维护社会稳定、最大限度发挥减灾效益的角度出发，对地震预警信息的发布主体、触发条件以及预警信息内容、发布对象、社会协同、法律责任等问题，制定出规范，保障地震预警信息发布的科学合理、有序有效。

第四节　飞沙走石：粉尘的故事

沙：沙土，又同"砂"。走：跑。飞沙走石，意即沙土飞扬，石块滚动；形容风力极大。

《三国志·吴志·陆凯传》："苍梧、南海，岁有风瘴气之害，风则折木，飞沙转石，气则雾郁，飞鸟不经。"[1]

晋·干宝《搜神记》："王言此树神何须损我百姓，乃以兵围，正欲诛伐之，乃有神飞沙走石，雷电霹雳。"

唐·谷神子《博异志·吕乡筠》："若人间吹之，飞沙走石，翔鸟坠地，走兽脑裂。"[2]

《宋史·李廌传》："轼谓其笔墨澜翻，有飞沙走石之势，拊其背曰：'子之才，万人敌也，抗之以高节，莫之能御矣。'廌再拜受教。"

明·吴承恩《西游记》第二十八回："万窍怒号天噫气，飞沙走石乱伤人。"[3]

清·曾朴《孽海花》二十三回："一语未了，不提防西边树林里，陡起了一阵撼天震地的狂风，飞沙走石，直向东边路上刮刺刺的卷去。"

飞沙走石亦作"飞沙转石""扬沙走石""走石飞沙""走石飞砾"。

类似成语如千沟万壑、沟壑纵横。

[1] 汉辞网.飞沙走石[EB/OL]. [2015-02-23]. http://www.hydcd.com/.

[2] 谷神子.博异志·吕乡筠[EB/OL]. [2015-02-23]. http://chengyu.aies.cn/?id=NDc3Ng==.

[3] 吴承恩.西游记[EB/OL]. [2015-02-23]. http://www.chazidian.com/r_chengyu_874361ed9fd054573e0dd0e857dcfe73/.

一、"飞沙走石"的地理解读

(一)何谓"沙""石"

粒度是表征碎屑颗粒大小的一个参数。根据颗粒大小及其与水力学性质的内在联系,可把碎屑划分为砾(直径大于2毫米,成分以岩屑为主,搬运方式以底部滚动为主)、砂(2~0.05毫米,成分以矿物碎屑为主,搬运方式以跳跃为主)、粉砂(0.05~0.005毫米,成分以矿物碎屑为主,多呈悬浮状态搬运)和泥(小于0.005毫米,成分以黏土为主,有布朗运动现象和明显的凝聚现象)四类。

其中,砂又可进一步细分为粗砂(2~0.5毫米)、中砂(0.5~0.25毫米)、细砂(0.25~0.1毫米)和微细砂(0.1~0.05毫米),粉砂可进一步分为粗粉砂(0.05~0.01毫米)和细粉砂(0.01~0.005毫米)。

成语"飞沙走石"中的"沙"和"石"是对粒径的相对比较,"沙"相对小,"石"相对大。飞"沙"可能更多指的是粒径相对小的粉砂和泥,"石"可能更多的是指相对大的砾和砂,当然这还取决于风力大小。

(二)沙"飞"石"走"的地质营力——西北季风、西风

对于我国西北地区来讲,导致沙"飞"石"走"的地质营力主要有两种,一是西北季风,一是西风。目前,相对于夏季风而言,冬季风势力强劲,影响范围广,南限可以到达南海中北部(图3.12)。但季风是低空环流系统,其高度一般不超过3 000米。正是由于这个原因,由西北季风搬运堆积而成的黄土组成的黄土高原(黄土下伏第三纪红黏土,再往下即为基岩)的南界为秦岭,东界为太行山。

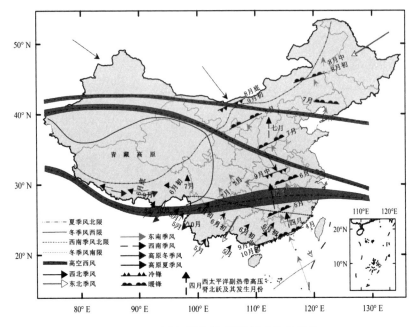

图3.12 中国受季风和西风影响的范围[1]

季风是低空环流系统的另一个典型实例是澳大利亚季风区(图3.13)。澳大利亚东部大分水岭位于新南威尔士州以北,与海岸线大致平行,自约克角半岛至维多利亚州,绵延约3 000千米,宽160~320千米。它的最高峰科修斯科山海拔2 230米,是全澳的最高点。

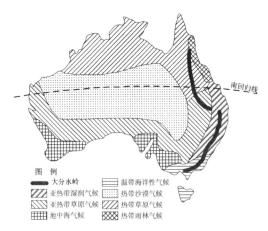

图3.13 澳大利亚气候类型分布

[1] 刘明光.中国自然地理图集[M].3版.北京:中国地图出版社,2010:45.

　　由于受到大分水岭的影响,澳大利亚亚热带湿润气候分布基本沿分水岭呈"线"状延展。

　　西风是高空环流系统,其上界可达5 000米以上。北半球源于北大西洋的西风可以一路向东,影响到北太平洋。西风到达青藏高原时分为南北两支:南支沿喜马拉雅山南侧向东流动,北支从青藏高原的东北边缘向东流动——这支高空气流常年存在于3 500~7 000米的高空,成为搬运沙尘的主要动力(参见图3.12)。

(三)为何沙"飞"石"走"——风力的机械搬运作用

　　颗粒物在随风搬运过程中,相对来讲,颗粒粗、比重大的在下层,颗粒细、比重小的在上层。一般而言,砾很难被风搬运,砂一般在近地面通过蠕移和跃移的形式向前运动,粉砂和泥则可通过悬移的形式向前运动。

(四)飞沙走石的结局——风力的机械沉积分异作用

　　被风搬运的颗粒物在风速降低时,便先后沉积下来。比重大的粗大的碎屑首先沉积下来,比重小的细小的碎屑随后沉积下来。粗、细、轻、重等各种碎屑本来是混杂在一起的,在沉积过程中却按一定顺序依次沉积下来,这种作用叫作机械沉积分异作用。这种作用使沉积物按照砾石→砂→粉砂→黏土的顺序,沿搬运的方向形成有规律的带状分布。

　　具体到我国西部偏北地区,大致从西北向东南依次形成戈壁砾、沙漠沙、黄土的沉积。

　　在黄土高原内部,沿风搬运的方向形成的黄土堆积也有粒径上的不同:高原西北沉积颗粒是相对粗大的"砂"黄土,中部分布着代表黄土高原平均状态的粉砂质黄土,高原东南部分布着颗粒相对较细的"泥"黄土。

(五)沙尘暴

　　沙尘暴是指强风将地面沙尘吹起使空气很混浊,水平能见度小于1千米的天气现象。沙尘暴天气主要发生在冬春季节,其形成离不开(但不限于)两个基础,一是物质基础,即沙尘;二是动力基础,即大风。

　　"中国黄土之父"刘东生院士算过这么一笔账:1980年4月20日北京经历了一次很大的沙尘暴,那次沙尘暴在北京普遍地沉积了0.01毫米厚的黄土。如果一年有十次这样的沙尘暴的话,就是0.1毫米;如果是200万年呢,就是200米。所以,这200多米厚的黄土本身,实际上就代表着250多万年以来很多次的有沙尘暴的天气和没有沙尘暴的天气。

刘先生的计算很粗略和简单,如果考虑250万年黄土堆积过程中的压实作用的话,则黄土高原的沙尘暴天气现象将更显著。即沙尘暴在人类活动出现以前(包括在人类出现以前)即大量存在,其频率和强度甚至远远超过现在。即不能简单地讲沙尘暴是人类活动不合理的产物,准确地讲应该是人类的不合理行为加剧了沙尘暴的发生。

同时,沙尘暴也有其利好的一面。研究表明,沙尘暴所挟带的一些颗粒当中经常带有一些碱性的物质,往往可以减缓沙尘暴附近沉降区的酸雨作用或土壤酸化作用。此外,它从沙漠地带带走的营养成分落到海洋,为鱼类提供了养料。如澳大利亚的赤色沙暴中挟带的大量铁质,已被证明是南极海域浮游生物重要的营养来源。中国科学院地球环境研究所联合国际著名科学家,共同提出"全球碳循环中的粉尘铁联系理论",描述了由含铁粉尘联系的全球生物地球化学循环过程与气候反馈机制,表明我国内陆频发的沙尘暴现象虽然对邻近区域环境造成负面影响,但从全球角度来看,大气输送的粉尘物质促进了北太平洋的渔业生产,降低了大气中的二氧化碳浓度。粉尘、大洋古生产力和大气二氧化碳密切联系的"全球铁假说",在我国环境外交和国家安全上具有重要意义[1]。

二、特殊的"飞沙":黄土

中国黄土分布面积约63.10万平方千米,约占全国陆地面积的6.6%,主要分布在北纬33°~47°、东经75°~127°区域。黄土高原分布于甘肃兰州以东、山西太原以西、秦岭以北、陕北长城以南,面积约27.56万平方千米,黄土厚度为200~500米。

(一)黄土成因

黄土的成因主要有风成说、水成说和风化残积说三种观点,其中以风成说的历史最长,影响最大,拥护者最多[2]。

[1] JICKELLS T D, AN Z S, ANDERSEN K K, et al. Global iron connections between desert dust, ocean biogeochemistry, and climate[J]. Science, 2005, 308:67-71.
[2] 严钦尚,曾昭璇. 地貌学[M]. 北京:高等教育出版社,1985:119-120.

1.风成说

黄土风成说认为,亚洲中部(包括我国北方地区在内)的黄土,是由内陆干旱荒漠半荒漠区强大的反气旋从中部吹向外围,把大量的黄土物质吹送到生长草本灌木的草原地带,逐渐堆积而成的,故称其为荒漠黄土。

黄土是风成的,其主要证据有:其一,黄土分布区西北依次出现沙漠和戈壁,三者逐渐过渡,并成带状排列;其二,黄土区内的西北部分靠近沙漠地区的黄土颗粒较粗,黄土层中夹有风成沙层,越往东南距沙漠越远,其颗粒逐渐变细;其三,黄土覆盖在多种成因、形态起伏显著的各种地貌类型上,并保持相近似的厚度;其四,黄土层中发育有随下伏地貌形态变化的多层埋藏古土壤层;其五,黄土中含有陆生草原动植物化石;其六,黄土的矿物成分具有高度的一致性,但与所在区域的下伏基岩没有多大联系。

除荒漠黄土外,欧洲和北美还有冰缘黄土,它是冰期时大陆冰川区干冷的反气旋风,将冰水平原上的细颗粒吹送到外缘草原地带沉积而成的黄土。

2.水成说

黄土水成说认为,在一定的地质、地理环境下,成土物质可为各种形式的流水作用所搬运堆积(包括坡积、洪积、冲积等),从而形成各种水成黄土。水成黄土具有层理结构特征。有人认为水成黄土是原生的风成黄土经过流水搬运,与当地岩石碎屑相混合而成的堆积物,系次生黄土。次生黄土在黄土高原只是局部现象,似不足以概括全部黄土的成因。

3.风化残积说

黄土风化残积说认为,黄土是当地各种岩石在干燥气候条件下经过风化和成土作用而形成的,它不是从外地搬运来的。风化成土作用在黄土的形成中虽有一定作用,但是它难以解释数十米以至数百米厚的黄土层中的种种现象,如黄土的均质性、含有碳酸钙,以及含有古土壤和大型古生物化石等。

(二)黄土与古土壤

黄土中黄土层和古土壤层互层:黄土层一般为灰黄色,质地均一;古土壤层则为棕红色,有明显的土壤结构和土壤发生层次。黄土一般是在干旱气候条件下由冬季风搬运堆积而成;古土壤则是在夏季风作用于之前的黄土层,成壤作用加强而形成。

(三)黄土在环境演变研究中的意义

黄土中黄土层和古土壤层序列是已知陆地上连续性最好,且能够很好地与深海沉积序列对比的沉积物。利用黄土与古土壤序列重建过去的全球变化是我国在世界上独具特色的研究之一[1]。对黄土剖面的物理、化学和生物学研究表明,许多分析结果具有指示古气候、古环境的意义,其中某些数据可以被用作气候代用指标。

1.粒度与冬季风强弱

黄土剖面粒度大小与冬季风的强弱直接相关,粒度分布表现为由西北向东南逐渐减小的趋势,与现代东亚冬季风和现代沙尘暴天气的移动路径完全吻合。

2.磁化率与夏季风强弱

黄土与古土壤的磁化率值大小取决于其中磁铁矿、磁赤铁矿和赤铁矿的丰度。古土壤的磁化率值大于黄土的磁化率值,正是由古土壤中的磁性颗粒丰度大于黄土造成的。在黄土成壤过程中,淋溶与土壤化作用促成了铁磁性颗粒的富集,形成大量极细微颗粒(<1微米)。土壤中磁性颗粒丰度的增加,特别是极细小磁性颗粒的增加,造成了较高的古土壤磁化率值。古土壤高磁化率值指示了潮湿的气候,而黄土的低磁化率值指示了干冷的气候。黄土磁化率值具有反映气候环境的意义,故安芷生提出黄土剖面磁化率变化可以作为衡量东亚夏季风演变的代用指标。

3.碳酸钙含量(及有机碳含量)与湿润程度

黄土中的碳酸钙作为易溶盐类,在次生风化改造过程中变化非常明显,因而可以当作探索大气降水或湿润程度的指标。有研究表明,古土壤剖面碳酸钙淀积深度的变化,可以作为衡量气候湿润程度的指标。黄土中总有机碳含量曲线的峰值与古土壤层对应良好,反映古土壤形成于温暖湿润、生物繁茂的时期。

4.^{10}Be浓度与风尘堆积通量变化

宇宙射线作用于大气圈物质产生^{10}Be,它通过大气降水沉降于地表。假设^{10}Be沉降通量恒定,则在冰期时黄土以较大速率堆积,黄土中的^{10}Be的浓度降低;间冰期黄土堆积速率极小,黄土中的^{10}Be的浓度必然很高。

[1]朱诚,谢志仁,李枫,等.全球变化科学导论[M].北京:科学出版社,2012:81-93.

三、黄土高原

从纵剖面看,黄土高原包括基岩、红黏土和黄土。红黏土和黄土是风力搬运堆积形成的,其中黄土是第四纪浅灰黄色粉砂,红黏土是第三纪产物。

(一)千沟万壑的黄土高原

黄土高原面沟壑纵横,其原因有二:一方面源于黄土的特点,黄土为粉砂,具有直立性、松散性和湿陷性特征;另一方面源于黄土高原的气候和环境特点,包括夏季多暴雨,植被稀疏,坡度较大。

(二)黄土地貌

我国黄土高原地区黄土地貌最为典型,主要包括谷间地貌、沟谷地貌和潜蚀地貌三大类。

1.沟谷地貌

黄土地区具有众多的沟谷,这是流水侵蚀作用造成的地貌。流水对黄土的直接侵蚀作用,主要有面状(片状)散流侵蚀和沟状线流侵蚀两种方式。散流侵蚀形成细沟、浅沟等细小的沟谷,线流侵蚀主要形成较大的沟谷。黄土沟谷通常分为三类:处于强烈下切阶段的切沟,冲沟,作为河流主要支流的河沟。

2.沟间地貌

黄土沟间地貌的形态继承了各种埋藏古地貌形态,通常可以划分出塬、梁、峁等地貌类型。塬区的下伏基岩属平缓的盆地或倾斜平原,梁和峁区的下伏基岩则呈丘陵形态。即塬是平坦的黄土高地,塬面平坦,四周为沟谷环绕;梁是长条形的黄土高地,包括平顶梁和斜梁两种;峁是一种孤立的黄土丘。

3.潜蚀地貌

流水沿黄土中的裂隙和孔隙下渗、潜蚀,使土粒流失,产生洞穴,最后引起地面崩塌,进而形成黄土特有的潜蚀地貌,包括黄土碟、黄土陷穴和黄土柱等。

(三)窑洞的秘密

黄土为黄土层和古土壤层互层:黄土为冬季风产物,为粉砂,松散;古土壤为夏季风产物,为泥,相对致密。挖窑洞,即在黄土层挖洞,多以古土壤为顶和底。多数窑洞的顶上,就像我们房子的天花板似的,是一层很厚的红黏土。

（四）第三纪红黏土

黄土高原黄土剖面往往下伏有厚度不等的晚第三纪红黏土地层。研究表明，红黏土与黄土的形成环境背景是相同的，为陆相风尘沉积成因。其中一个证据为红黏土与第四纪黄土—古土壤具有相似的沉积物粒度组成与分布特点，表明其物质来源的搬运动力可能相似，其他证据包括扫描电镜颗粒的微结构特点等[1]。

（五）亚洲内陆干旱化

中国黄土高原晚新生代风成黄土和红黏土沉积蕴含着丰富的古气候信息，是研究亚洲季风—干旱环境耦合演化的理想载体。人类活动加剧了亚洲内陆荒漠化，对亚洲内陆干旱化起源时代的研究先后出现了距今 2.6Ma、8Ma、22Ma[2]、25.6Ma[3]等不同结论，将亚洲内陆干旱化的出现时间逐渐向前推展。其中，中科院地球环境研究所安芷生院士领导的研究组，对黄土高原西部庄浪钻孔 654 米的岩芯进行了系统的磁性地层学、沉积学和地球化学研究。结果表明，庄浪岩芯主要由高分辨率的风成红黏土序列构成，记录了 25.6Ma~4.8Ma 的连续磁极性变化序列。这表明早在 2 500 万年前，适合红黏土形成的亚洲季风和荒漠环境在我国北方就已经形成。

四、延伸阅读——两组高考安徽文综卷地理试题

（一）2010 年高考安徽文综卷第 31—32 题

石英是一种稳定物质，广泛存在于岩石、沙土中，深海沉积物中的石英短时期内不会自生自灭，是研究自然界物质运动和环境变迁的重要载体。图 3.14 为北太平洋沉积物中石英含量分布。完成 31—32 题。

---

[1] 弓虎军. 中国黄河中游地区新近纪红粘土的成因[D]. 西安:西北大学,2007.

[2] GUO Z T, RUDDIMAN W F, HAO Q Z, et al. Onset of Asian desertification by 22 Myr ago inferred from loess deposits in China [J]. Nature, 2002, 411:62–66.

[3] QIANG X K, AN Z S, SONG Y G, et al. New eolian red clay sequence on the western Chinese Loess Plateau linked to onset of Asian desertification about 25 Ma ago[J]. Science China Earth Sciences, 2011, 54(1): 136–144.

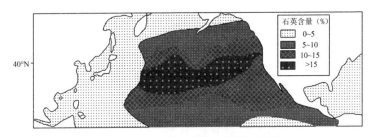

图3.14　北太平洋沉积物中石英含量分布

31.北太平洋沉积物中的石英主要源自

　　A.北美西部荒漠地区　　　　B.日本东侧海底火山

　　C.亚洲内陆荒漠地区　　　　D.北美西侧海底火山

32.石英粉尘从源地到达北太平洋主要通过

　　A.大气环流　　　B.大洋环流　　　C.水循环　　　D.岩石圈物质循环

【答案】21.C　　32.A

　　本题素材源于刘东生所著《黄土与干旱环境》第二十五章干旱化的海洋记录第一节风尘沉积第一部分北太平洋的风尘沉积：

　　由于石英是一种稳定矿物，而且在短暂的地质时期内不会在洋底自生或自灭，因此它们几乎无一例外地被认为是来自大陆的碎屑物质。早已认识到，在北太平洋洋底30°N~40°N，存在一条从日本南部经夏威夷到北美西海岸几乎贯穿整个大洋中央的富含石英的沉积带。根据西北太平洋现代大气环流的实际资料可知，在对流层上部，冬季最强劲的风经常位于30°N~40°N，而高空急流带则位于表层海水温度最大梯度带以南几个纬度，因此与这个富含石英沉积带的分布十分吻合。同时，根据近3万年来北太平洋不同纬度的站位若干时间断面风尘堆积速率在平面上的投点表明，不论风力强度的变化如何，风尘输入的极大值始终保持在38°N~40°N，这正好与中国沙尘暴区的位置一致。研究表明，风成粉尘在深海沉积物中起着极为重要的作用，亚洲的干旱地区是北太平洋风尘沉积最主要的物源区。

　　(二)2014年高考安徽文综卷第31—32题

　　鄱阳湖地区夏季的风向、降水等受西太平洋副热带高压脊位置变化的影响。鄱阳湖汛期水位上升，湖面辽阔；枯水期水位下降，水流归槽成为"赣江"

（图1.13 b）。图中的沙岭沙山（29.5°N附近）形成于2万年前,由松散沙粒组成。沙山临湖一侧发育了一系列垄(脊)槽(谷)相间的地形。读图1.13,完成31—32题。

31.受大气环流和地形分布(图1.13 a)的影响,图1.13 b所示地区

    A.全年以偏北风为主,冬半年风速较大

    B.夏半年以西南风为主,风速较大

    C.全年以偏南风为主,夏半年风速较小

    D.冬半年以东北风为主,风速较小

32.沙山及沙山上垄槽相间地形形成的主要外力作用分别是

    A.风力堆积、流水侵蚀   B.流水堆积、风力侵蚀

    C.风力堆积、风力侵蚀   D.流水堆积、流水侵蚀

【答案】31.A   32.C

本题主题为自然地理,以鄱阳湖滨湖沙山的形成和变化为切入点。主要考查"气压带、风带的分布、移动规律及其对气候的影响","我国主要气候的主要特征、成因","地表形态变化的内、外力因素","我国主要河流、湖泊及其水文特征","地理环境各要素的相互作用,理解地理环境的整体性","地壳内部物质循环过程"等内容。解答本题,不仅要求考生具备"获取和解读地理信息"的能力,"调动和运用地理知识、基本技能"的能力,还要求考生能够"透过现象看本质",能够"运用所学的地理知识和相关学科知识,通过比较、判断、分析,阐释地理基本原理与规律",具备良好的地理学科学习能力和地理学科应用能力。

1.第31题解析

本题考查图1.13 b所示地区盛行风向和风速(全年、夏半年、冬半年)。

风是大气的水平运动,水平气压梯度力是形成风的根本原因。风的方向最初由高压指向低压,随后受诸多力(地转偏向力、惯性离心力、摩擦力等)的影响而改变方向。风速大小主要取决于两地间气压梯度差值,同时也受地形影响(如"狭管效应"对风的加速作用)和下垫面影响(如植被对风的减速作用)。

(1)风向。图示地区位于我国东部季风区。就风向而言,如果只考虑海陆热力性质差异所致季风影响的话,则该区夏半年盛行东南风,冬半年盛行西北风。

在此基础上叠加西太平洋副热带高压脊移动的影响,局部区域的具体风向

可能异于一般性规律。西太平洋副热带高压脊的位置变化具有明显的季节性，一般冬季位置最南，夏季位置最北；总体而言，夏季初期(6月中旬)，副高脊线越过20°N，长江流域开始受其控制，7月中旬越过25°N，7月底至8月初副高脊线越过30°N。这个时段(6月中旬至8月初)，沙岭沙山(约29.5°N)位于高压脊偏南偏西位置，受副高控制，盛行偏北风(东北风)。9月份副高急速南撤，9月底退到20°N，撤出长江流域，该地重归冷高压控制，仍受偏北气流影响。因此，夏半年除个别月份(6月中旬至8月初)盛行偏南风外，以偏北风为主。

　　再结合地形影响，星子县西侧的庐山山体呈北东—南西走向，九江以下长江河谷段走向与庐山山体基本一致。沙山地区位于鄱阳湖和庐山之间，气流至鄱阳湖湖口(东北—西南向)时，运动的气流顺应地形变化，以及因狭管地形东南部东北—西南走向山脉阻挡后受地转偏向力影响，冬半年盛行东北风；夏半年除少数时段(一两个月)为西南风外(也是由于狭管地形及因狭管地形西北部东北—西南走向山脉——庐山阻挡后受地转偏向力影响，盛行西南风)，仍以东北风为主；故本区全年以偏北风(东北风)为主[1]，详见图3.15(风频间隔为7%。据沙山2008年8月—2009年7月风向数据绘制)。

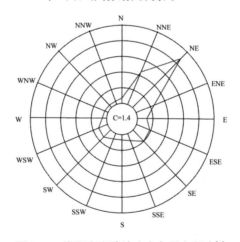

图3.15　鄱阳湖湖滨沙山多年风向频率[2]

　　由此可见，选项A"全年以偏北风为主"和选项D"冬半年以东北风为主"正确，选项B"夏半年以西南风为主"和选项C"全年以偏南风为主"错误。

　　(2)风速。就风速而言，我国东部季风区目前冬季风势力相对强劲(其影响

[1] 韩志勇,李徐生,张兆干,等.鄱阳湖湖滨沙山垄状地形的成因[J].地理学报,2010,65(3):331-338.
[2] 党淑青.沙岭沙山风蚀地貌特征与成因分析[D].南京:南京大学,2013.

范围南界可达南海中部),夏季风势力相对偏弱,故就冬、夏半年相比较,图示地区冬半年风速相对较大,夏半年风速相对较小。冬半年偏北较大的风速与地形有关,长江以北是大于几百千米的北东向郯庐断裂带形成的平原,偏北气流没有地形的阻挡,至鄱阳湖时,湖口段呈瓶颈状,走向北北东,产生狭管效应,风速加大,加之湖面摩擦系数小,风速在湖面上再次增大[1]。同时,"狭管效应"对冬季和夏季风的共同加速作用,也不会改变无"狭管效应"时的冬季风强于夏季风的事实。选项A"冬半年风速较大"和选项C"夏半年风速较小"正确,选项B"夏半年风速较大"和选项D"冬半年风速较小"错误。此为冬、夏半年风速比较。

综上所述,列表于表3.2。

表3.2 2014年高考安徽文综卷第31题风向、风速描述(冬、夏半年相比)

选项	风向描述	风速描述	综合描述
A	"全年以偏北风为主"正确	"冬半年风速较大"正确	正确
B	"夏半年以西南风为主"错误	"夏半年风速较大"错误	错误
C	"全年以偏南风为主"错误	"夏半年风速较小"正确	错误
D	"冬半年以东北风为主"正确	"冬半年风速较小"错误	错误

故本题正确答案为A。

2. 第32题解析

本题考查形成地表形态的外力作用。

(1)考生可以从试题中读出如下信息:

沙山是由风力堆积或流水堆积形成,沙山上垄槽相间地形是由流水侵蚀或风力侵蚀形成;

沙岭沙山海拔明显高于赣江及其两侧的河漫滩;

沙山不同海拔高度处均有堆积;

沙山呈"面状"而非"线状"分布;

沙山位于图示赣江以西,而非以东;位于大别山及庐山东南;

"由松散沙粒组成";

鄱阳湖"枯水期水位下降,水流归槽成为'赣江'",湖滩(或河滩)裸露,可能成为就地起沙的源地;

[1]韩志勇,李徐生,张兆干,等.鄱阳湖湖滨沙山垄状地形的成因[J].地理学报,2010,65(3):331-338.

"沙山临湖一侧发育了一系列垄(脊)槽(谷)相间的地形"(为此地全年盛行风向上风处);

"一系列",表明规模较大;

沙山上的垄(脊)槽(谷)几近平行(而非垂直于河岸线或呈放射状或无序状);

垄(脊)槽(谷)的走向和本地"狭管"地形走向一致,也和本地全年盛行的东北风向、夏半年中一两个月盛行的西南风向一致。

堆积形成沙山在前(2万年前),垄(脊)槽(谷)侵蚀形成在后;

(2)考生需要调动和运用以下地理知识和基本技能:风力地形和流水地形有共性,也有不同点。

二者相同的地方在于:一方面都有机械分异堆积规律,即粗、重的颗粒先堆积,细、轻的颗粒后堆积;另一方面在于堆积的发生都源于流体速度的减缓。

二者不同的地方在于:第一,流水在重力作用下自上而下呈线形流动,故其堆积物往往呈"线状"分布,且只在有流水经过的地方堆积;风在气压梯度力作用下自上而下也可自下而上呈面状流动,故其堆积物呈"面状"分布,在不同海拔高度处均应有堆积,且在同一地区不同海拔处的堆积厚度差异较小。第二,流水堆积产物一般位于流水凹槽(若为平水,则为河床;若为洪水,则为河漫滩),且不同位置堆积厚度差异较大;风力堆积产物在不同海拔处都有堆积,且在较小空间尺度内堆积厚度差异不大。第三,风力侵蚀产物走向一般平行于盛行风向,且往往成群出现;流水侵蚀产物走向受控于流水方向,或单一指向,或呈放射状,或垂直于湖或河岸线,且一般规模较小。

思维框图如表3.3。

表3.3 2014年高考安徽文综卷第32题思维框图

地形部位	可能成因	地质信息	试题信息
沙 山	风力堆积	面状,不同海拔均可分布	面状,不同海拔均可分布
	流水堆积	线状,凹槽处分布	
垄 槽	风力侵蚀	大规模,平行状	大规模,平行状
	流水侵蚀	小规模,或单一指向,或呈放射状,或垂直于湖或河岸线	
结 果		C正确	

综上所述,沙岭沙山形成的主要外力作用为风力堆积,在每年枯水期,强劲的冬季风可将湖滩裸露的泥沙吹扬起来,再经风力搬运到湖滨地带堆积,慢慢

形成沙山[1];沙山上垄槽相间的地形形成的主要外力作用为风力侵蚀。

故本题正确答案为C。

3.沙岭沙山沙源问题

沙岭沙山为风力搬运堆积形成,从理论上讲,其来源有三种可能:西北沙漠、黄土,大别山、庐山,冬季裸露的鄱阳湖滩。

(1)沙岭沙山的沙源于西北沙漠、黄土? 如果沙岭沙山的沙源为西北干旱半干旱区的沙漠或黄土的话:一则其分布范围应更广(在图示赣江以东也应该有大范围分布);二则其形成的年龄应更老(这取决于两个因素,一为黄土或沙漠的年龄,黄土年龄为2.48Ma,塔克拉玛干沙漠年龄为5.2Ma,二为东亚季风形成的年龄,研究表明东亚季风可能最早形成于2.6Ma、8Ma、22Ma、25~28Ma),这与题组素材"图中的沙岭沙山形成于2万年前"不符;三则颗粒应更细(源于风的机械搬运分选沉积,包括水平尺度上和纵向尺度上,如河流自上游到中游、下游,河床堆积物逐渐变细;如"飞沙走石")。沙漠为典型的砂,黄土则为浅灰黄色的粉砂。当然,黄土高原内部也进一步分为西北部颗粒相对较粗的砂黄土、中部代表黄土高原平均状态的典型粉砂质黄土和东南部颗粒相对较细的泥黄土。

(2)沙岭沙山的沙源于大别山、庐山? 如果沙岭沙山的沙源为大别山或庐山,由于图示地区全年盛行东北风,"沙岭沙山"应位于二山西南方向。

(3)沙岭沙山的沙源于冬季裸露的鄱阳湖滩? 据此可知,沙岭沙山的沙源为冬季裸露的鄱阳湖滩。这与鄱阳湖西南侧的沙山粒度变化情况一致[2]。

结合沙源问题,本题组可以延伸出第三道题:

沙岭沙山的沙源为

A.西北沙漠、黄土　　　B.大别山　　　C.庐山　　　D."赣江"河滩

4.几点补充

(1)沙岭沙山与古环境。我国西北的黄土带处于戈壁、沙漠的外围,黄土和粉尘主要靠以强盛的西北风为标志的冬季风的搬运,伴有干冷的气候条件。值得注意的是,这种冬季风对粉尘的搬运并不是仅在西北地区起作用。冰期气候

[1]韩志勇,李徐生,张兆干,等.鄱阳湖湖滨沙山垄状地形的成因[J].地理学报,2010,65(3):331-338.

[2]李徐生,韩志勇,杨达源,等.末次冰期鄱阳湖西南缘地区的风尘堆积[J].海洋地质与第四纪地质,2006,26(1):101-108.

条件下,风的吹扬作用不仅是西北内陆的主要外营力,也是江南鄱阳湖湖区的主要外营力。进入末次冰期,我国北方发育了巨型的沙漠—黄土风成沉积系列,当时地处江南的鄱阳湖湖区具有类似的气候条件,因此也应当产生类似的风成沉积序列。即冬季风除在西北地区形成沙漠—黄土堆积系列外,当风力到达具有丰富沙源出露的鄱阳湖湖滨滩地以后,在湖滨滩地也会产生同样的地质效果。湖盆地形影响造成的"狭管效应"使风力作用明显加强,强劲的冬季风活动又开始新一轮的风蚀、风积作用,在鄱阳湖湖滨及其南缘一带形成风蚀和风积地貌系列。在风积地貌区,沉积分异作用的结果,首先在滨湖地带形成多处较粗颗粒的沙丘(沙山)堆积,而在风成沙丘(沙山)活动区的下风地带则应形成以粉砂粒级为主的细颗粒风尘沉积。

朱海虹等[1]对江西境内岗丘顶部表土层之下的偏红松散沉积物进行了采样测试,发现沿主风方向沉积序列的粒度变化呈现出规律性变细趋势,即沿东北—西南方向,鄱阳湖湖滨沙山是末次冰期特定气候条件下季风活动所产生的风沙堆积体,而新余一带的风尘堆积位于沙山堆积的西南缘方向,正好处于鄱阳湖湖滨风成沙丘活动区的下风方向。两者间粒度的空间变化特征,与我国北方沙漠—黄土堆积群之间粒度的空间变化特征完全一致,也符合风成堆积序列空间分选的规律。鄱阳湖湖滨及其西南部风成(尘)物质粒度的空间变化规律,可能揭示了新余市郊的晚更新世风尘堆积物来源于鄱阳湖湖滨风成沙丘活动区。

即有,鄱阳湖湖滨风成沙丘(沙山)堆积与新余一带的风尘沉积,是在晚更新世末期特定的气候条件下古季风作用所形成的风沙—风尘堆积系统。末次冰期特别是盛冰期,江南地区大陆性气候显著增强,强大的古季风吹蚀赣江下游平原,使裸露的大片河湖滩地出现干旱化、沙漠化环境,河湖滩地上的粗沙物质被吹刮集聚,就近堆积,形成沙丘堆积,即沙山;而细粒的粉尘物质则继续被风力搬运吹扬,在沙山堆积的下风方向新余一带形成风尘堆积体。鄱阳湖湖滨风成沙丘堆积及其西南缘新余一带的风尘沉积,是晚更新世以来鄱阳湖地区气—水—地之间相互作用所形成的一个特殊而统一的地理环境系统,它同我国西北沙漠—黄土堆积系统有着相似的形成机理,只不过由于风力和物源供给均比不上西北沙漠—黄土堆积区,规模上要小得多。鄱

[1] 朱海虹,张本.鄱阳湖——水文、生物、沉积、湿地开发整治[M].合肥:中国科学技术大学出版社,1997:23-32,55.

阳湖附近风成沙丘—风尘沉积系统也印证了晚更新世末期是长江中下游地区气候最干冷、风力作用最强的时期,有着与北方沙漠—黄土堆积相类似的气候环境。

(2)注意区分赣江和古赣江。试题材料中有这么一句话:鄱阳湖"枯水期水位下降,水流归槽成为'赣江'",并且图1.13b中还有裸露的鄱阳湖滩和水流归槽形成的"赣江"。

准确地说,这里的"赣江"是指古赣江,而非现在的赣江。

鄱阳湖以松门山为界,分为南北两部分:北面为入江水道,长40千米,宽3~5千米,最窄处约2.8千米;南面为主湖体,长133千米,最宽处74千米。鄱阳湖盆地形成于第三纪,但当时并未成湖,而是赣江下游平原。后来由于长江主泓道南移,阻碍了赣江水的宣泄而潴水成湖。

在九江以南,湖口—星子大断裂的江湖分水岭,随着断块差异的升降运动下陷,古赣江下游汇注于此,扩展成为较大的水域,并因长江洪水过程的增大而在湖口相通。即约在2 000年前(鄱阳湖形成之前),目前的鄱阳湖入江水道为古赣江下游水道。

而目前的赣江,则是注入鄱阳湖的一条河流而已,而非图中的"归槽而成的赣江"。

(3)图1.13 b所示地区冬半年或夏半年风速大小问题。31题中的图1.13 b所示地区冬半年或夏半年风速大小问题,"较大"或"较小"都是一种相对比较,一种是时间维度上的图1.13 b所示地区冬、夏半年比较,一种是空间维度上的图1.13 b所示地区与周边地区某半年风速比较,问题的关键在于周边地区的空间尺度为多大。

如果是图1.13 b所示地区与周边地区(根据题意,周边地区应位于图1.13a区域内)风速比较,情形稍微复杂一些。据图,周边地区可分为三种情况:一是狭管地形(图1.13b地区到长江湖口之间的湖口段)内图1.13b外区域,二是图1.13a区域内狭管地形外地区,三是图1.13a所示区域外。

如果周边地区是狭管地形(图1.13b地区到长江湖口之间的湖口段)内图1.13b外区域,相比较的两个区域均在狭管地形内,两个对比区域均受狭管效应的影响。冬半年时,图1.13b地区位于狭管地形尾端;夏半年时,图1.13b地区多数时间位于狭管地形尾端(只有一个月左右位于首端),而风通过狭管地形区时出风口附近风速较入风口附近更大[1]。据此则有表3.4。

表3.4　2014年高考安徽文综卷第32题风向、风速描述（与狭管地形区内其他地区相比）

选项	风向描述	风速描述（与狭管地形区内其他地区相比）	综合描述
A	"全年以偏北风为主"正确	"冬半年风速较大"正确	正确
B	"夏半年以西南风为主"错误	"夏半年风速较大"正确	错误
C	"全年以偏南风为主"错误	"夏半年风速较小"错误	错误
D	"冬半年以东北风为主"正确	"冬半年风速较小"错误	错误

如果周边地区是图1.13a区域内狭管地形外地区,则图1.13b地区因狭管效应风速更大,即有表3.5。

表3.5　2014年高考安徽文综卷第32题风向、风速描述（与狭管地形区外其他地区相比）

选项	风向描述	风速描述（与狭管地形区外其他地区相比）	综合描述
A	"全年以偏北风为主"正确	"冬半年风速较大"正确	正确
B	"夏半年以西南风为主"错误	"夏半年风速较大"正确	错误
C	"全年以偏南风为主"错误	"夏半年风速较小"错误	错误
D	"冬半年以东北风为主"正确	"冬半年风速较小"错误	错误

如果周边地区是在图1.13a所示区域外,显然无解。31题题干"受大气环流和地形分布(图1.13a)的影响,图1.13 b所示地区",是否意味着如果是图1.13 b所示地区同周边地区进行风速比较的话,周边地区风速也应该"受大气环流和地形分布(图1.13 a)的影响"? 从命题语境看,应该是这样。

第五节　愚公移山:人类已成为重要的地质营力

愚公移山是古代寓言故事,载于《列子·汤问》。传说有个叫北山愚公的人,下定决心要移去家门前的两座大山——太行与王屋。他率领子孙日夜挖山不止,并打算世世代代挖下去,直到把山挖平。他的精神感动了天神,天神夸娥氏二子分别把山背走,实现了愚公的愿望。

人们常用愚公移山比喻做事不畏艰难,坚韧不拔,有顽强的毅力。如宋·张耒《柯山集·山海》:"愚公移山宁不智,精卫填海未必痴。深谷为陵岸为谷,海水

[1] 陈启新. 风速的"狭管效应"增速初探[J]. 山西水利科技,2002(2):62-64.

亦有扬尘时。"又如清·黄宗羲《张苍水墓志铭》:"愚公移山,精卫填海,常人邈为说铃,贤人指为血路也。"

与愚公移山类似的成语有精卫填海等。

一、愚公所移之山:太行与王屋

太行山(北纬34°34′~40°43′、东经110°14′~114°33′),别名五行山、王母山、女娲山,是中国东部地区的重要山脉和地理分界线——中国地势二三级阶梯分界线、黄土高原东界。山脉北起北京市西山,向南延伸至河南省与山西省交界的王屋山,西接山西高原,东临华北平原,呈东北—西南走向,绵延400余千米。

王屋山位于河南省济源市城北45千米处,东依太行,西接中条,北连太岳,南临黄河,是中国古代九大名山之一,也是道教十大洞天之首,称为"天下第一洞天",道教全真派圣地。一谓"山中有洞,深不可入,洞中如王者之宫,故名曰王屋也";一谓"山有三重,其状如屋,故名"。王屋山主峰海拔1 715.7米,传为轩辕黄帝祈天之所,名"天坛"。国家级风景名胜区,国家4A级旅游区,2006年申请为世界地质公园。

二、人类已成为重要的地质营力

(一)地质营力

在漫长的地球历史中,组成地球的物质不断变化和重新组合,地球内部构造和地表形态也在不断演变。地球的这种不断变化,是和作用于地球的自然力密切相关的。我们把作用于地球的自然力使地球的物质组成、内部构造和地表形态发生变化的作用,总称为地质作用。引起地质作用的自然力称为地质营力[1]。

所有地质营力来源于能,力是能的表现。按照能的来源不同,地质作用分为内力地质作用和外力地质作用。内力地质作用是由地球内部的能(简称内能)引起的,主要有地内热能、重力能、地球旋转能、化学能和结晶能。外力地质作用是由地球以外的能(简称外能)引起的,主要有太阳辐射能、潮汐能和生物能等。

[1]宋青春,邱维理,张振春.地质学基础[M].北京:高等教育出版社,2005:34-37.

（二）地质作用的能源

1.地内热能
地球本身具有巨大的热能,这是导致地球发生变化的重要能源。放射性热能,即由地球内部放射性元素蜕变而产生的热能,是地球热能的主要来源。

2.重力能
指地心引力给予物体的位能。

3.地球旋转能
地球自转对地球表层物质产生的离心力和离极力。

4.太阳辐射能
太阳不断向地球输送热能,太阳辐射热是大气圈、水圈和生物圈赖以活动、发育、相互进行物质和能量交换的主要能源,并由此产生了一系列外营力,如风、流水、冰川和波浪等。

5.潮汐能
地球在日、月引力作用下使海水产生潮汐现象。潮汐具有强大的机械能,是导致海洋地质作用的重要营力之一。

6.生物能
由生命活动所产生的能量,无论是植物的生长、动物的活动以及人类大规模的改造自然活动,都会产生改变地球物质和面貌的作用。但归根结底,任何生物能都源于太阳辐射能。

（三）地质作用的分类

1.内力地质作用
内力地质作用是因地球内部能产生的地质作用,这类地质作用主要发生在地下深处,有的可波及地表。它使岩石圈发生变形、变位,或发生变质,或发生物质重熔,以至形成新岩石。根据地质营力,内力地质作用又可分成构造运动、地震作用、岩浆作用和变质作用。

（1）构造运动。构造运动是岩石圈的一种长期而缓慢的运动,包括垂直和水平两种运动形式。构造运动可使岩石变形、变位,形成各种构造形迹,塑造岩石圈的构造,并决定地表形态发育的基础。构造运动可引起海陆变迁。

（2）地震作用。地震是岩层中积蓄的应变能以弹性波形式突然释放而引起的地球内部的快速颤动。地震发源于地下深处,并波及地表。绝大多数地震是构造运动引起岩体断裂而发生的。

(3)岩浆作用。岩浆是在地壳深处或上地幔天然形成、富含挥发组分的高温黏稠的硅酸盐熔浆流体,是形成各种岩浆岩和岩浆矿床的母体。岩浆的发生、运移、聚集、变化及冷凝成岩的全部过程,称为岩浆作用。岩浆形成后,会向地表迁移,包括喷出作用和侵入作用。在迁移过程中,随温度、压力的降低,岩浆本身也发生变化,并与周围岩石相互作用。

(4)变质作用。变质作用是指先已存在的岩石受物理和化学条件变化(包括温度、压力和流体物质)的影响,在固态下改变其结构、构造和矿物成分,成为一种新的岩石的转变过程。

2.外力地质作用

外力地质作用是因地球外部能产生的,主要发生在地表或地表附近。

外力地质作用使地表形态和地壳岩石组成发生变化。

外力地质作用,按照其发生的序列还可分成风化作用、剥蚀作用、搬运作用、沉积作用和固结成岩作用,又可根据地质营力载体分成河流的地质作用、地下水的地质作用、冰川的地质作用、湖泊和沼泽的地质作用、风的地质作用和海洋的地质作用等。

(1)风化作用。指岩石或矿物在地表或接近地表的地方,由于温度变化、水及水溶液的作用、大气及生物等的作用,在原地发生的破坏过程。风化作用一般分为三类:物理风化、化学风化和生物风化作用。

(2)剥蚀作用。剥蚀作用是河流、地下水、冰川、风等在运动中对地表岩石和地表形态的破坏和改造的总称。

(3)搬运作用。搬运作用是地质营力将风化、剥蚀作用形成的物质从原地搬往他处的过程。

(4)沉积作用。沉积作用是各种被外营力搬运的物质因营力动能减小,或介质的物化条件发生变化而沉淀、堆积的过程。

(5)固结成岩作用。固结成岩作用是松散沉积物转变为坚硬岩石的过程。这种过程往往是因上覆沉积物的压力作用使下层沉积物孔隙减少,水分被挤出,碎屑颗粒间的联系力增强而发生;也可以因碎屑间隙中的充填物质具有黏结力,或因压力、温度的影响,沉积物部分熔解并再结晶而发生。

(四)人类已成为重要的地质营力

地理学的核心研究对象有多种描述,其中之一即为人地关系。今天以人类与地球相互作用为中心的研究,已成为包括地理学家和地质学家在内的地学家不能不关注的主题。人类活动对地球环境的影响日益加剧。因此,协调人地关系,探讨人地作用机理,揭示人类生存与环境之间的内在联系,已成为维护人类继续繁荣和不断发展的关键,并开始成为人类认识地球新的出发点和突破口。

诺贝尔奖得主、因研究臭氧层而享殊誉的荷兰大气化学家鲍尔·克鲁岑(Paul Crutzen)和美国学者 Eugene Stoumes,提出了一个新的地质时期的命名——"人类世"(Anthropocene)。因为研究表明,从工业革命以来,人类活动对自然环境的影响与日俱增,对资源、生态、环境产生了巨大的冲击,并且这种影响的势头还将持续很久,所以克鲁岑等建议,从1784年瓦特发明蒸汽机时代开始,可以称之为一个新的地质时期——"人类世",这一地质时期可延续到今后至少5万年。人类世的提出,强调了地球环境的概念,以"人"为中心,大气圈、水圈、生物圈和地圈相互作用是研究的重点。

当然,关于"人类世"开始的时间,有的学者认为可能应更早一些,即从最早的狩猎采集时期,大约和全新世的开始同步算起更好一些。但无论如何,"人类世"的提出是一个值得考虑的问题,因为它不仅是一个地质时期的问题,同时还涉及人在自然界的地位和人类认识自己的过程等问题。

人类作为一种新的地质营力,形成的地质现象,以"新城市运动"最为典型。大都市和城市群正开始成为地球上新生的地质环境脆弱区,地质环境安全和应急反应能力成为城市管理的热门话题。上海、天津、广州等大都市,以及华北平原、长江三角洲等人口密集区,过度开采地下水导致地面严重下沉或塌陷。中西部地区在经济迅速增长的同时,正在吞食地质灾害的恶果,重庆、贵阳、兰州、西宁以及数以千计的城镇无时不受到地质灾害的危害,人为不合理工程活动造成的地质灾害已超过自然原因引发的地质灾害。在西南地区,人为原因导致的石漠化区域每年以近300平方千米的速度增加。能源与矿产资源的开采导致的矿石环境地质问题愈来愈突出,油田开采使采油区土地出现大面积沙化,并产生了地面沉降。

第四章　成语中的地貌知识

　　本章以"崇山峻岭"和"如履平地"两个成语为例,分析蕴含其中的地貌学知识。"崇山峻岭"一节在分析山脉不同高度的基础上,介绍了世界及中国主要的崇山峻岭。"如履平地"一节则在描述高原和平原不同之后,简要介绍了世界和中国主要的高原和平原,并点评了涉及高原和平原的部分高考地理试题。

第一节　崇山峻岭:山在那里

　　峻:高而陡峭。崇山峻岭即为高大而陡峭的山。

　　晋·王羲之《兰亭集序》:"此地有崇山峻岭,茂林修竹,又有清流激湍,映带左右。"

　　宋·胡仔《苕溪渔隐丛话前集·周明老》:"(周知微)《上巳日寒食有句》云:'疾风暴雨悲游子,峻岭崇山非故乡。'"

一、"崇山峻岭"的标准

　　山是地表被平地所围绕的具有较大的绝对高度和相对高度而凸起的地貌区。山地或山脉是指高于周围平地,内部又有一定高差的正地形。通常把山脉一词限用于带状延伸的山地。

　　山地,属地质学范畴,地表形态按高程和起伏特征定义为海拔500米以上,相对高差200米以上。按山的高度不同,可分为极高山、高山、中山和低山。海拔5 000米以上的山称为极高山,海拔3 500~5 000米的山称为高山,海拔1 000~3 500米的山称为中山,海拔500~1 000米的山称为低山,海拔低于500米的山称为丘陵。

二、主要崇山峻岭

（一）各大洲最高峰

1.珠穆朗玛峰：世界最高峰

位于我国与尼泊尔边界上的珠穆朗玛峰,简称"珠峰",喜马拉雅山脉的主峰,海拔8 844.43米,亚洲最高峰,世界第一高峰,有世界屋脊之称。"珠穆朗玛"藏语意为"女神第三"。

康熙五十六年(1717)测绘西藏地图时,测注了珠穆朗玛峰,标明其位置在中国境内,并在《皇御全览图》第六排六号图上用汉文和满文标注"朱母朗马阿林"这一名称。有关珠峰高度,国内外曾有多次测量。

我国测绘工作者分别于1966年、1968年对珠峰高度进行了两次实地测量,获得了完整的测量数据。但这两次测量未在峰顶树立测量觇标,也未测量峰顶冰雪厚度,高程未公布。

1975年我国第三次对珠峰进行测量。5月27日,中国登山运动员从北坡登上珠峰峰顶,竖起红色金属测量觇标(高3.52米),量测了峰顶积雪厚度。5月27日至29日,国家测绘局第一大地测量队和总参测绘官兵,在我国登山队员的配合下,用常规测量技术对珠峰进行了连续观测,最后计算出珠峰的海拔高程为8 848.13米(已减去积雪厚度0.92米)。这一数据立即得到联合国和世界各国的公认。

2005年3月,珠峰复测大型科考活动启动。5月22日,中国重测珠峰高度测量登山队第一批登顶队员成功登上珠穆朗玛峰峰顶。中国国家测绘局这次测量珠峰高度采用了经典测量与卫星GPS测量结合的技术方案,并首次在珠峰测量中采用了冰雪深雷达探测仪。2005年10月9日,国家测绘局公布珠峰的岩面海拔高度为8 844.43米(测量精度为±0.21米),峰顶冰层厚度3.50米。

2.厄尔布鲁士山：欧洲最高峰

厄尔布鲁士山简称"厄峰",位于欧亚两洲交界处的俄罗斯西南部大高加索山脉地区,大高加索山脉最高峰,海拔5 642米,欧洲最高峰,为地质史上火山长期连续喷发的产物。

3.乞力马扎罗山：非洲最高峰

乞力马扎罗山位于赤道附近的坦桑尼亚和肯尼亚边界的坦桑尼亚一侧,是非洲最高的山脉,以"赤道雪山"闻名于世。主峰基博峰,海拔5 895米,非洲最高峰,被称为"非洲之巅"。乞力马扎罗山是一个死火山,主峰基博峰顶有一个直径2 400米、深200米的火山口。因全球气候变暖和环境恶化,近百年来,乞力马扎罗山顶积雪融化,冰川退缩非常严重(图4.1)。

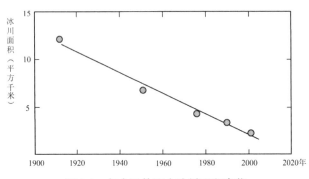

图4.1　乞力马扎罗山冰川面积变化

4.麦金利山:北美洲最高峰

麦金利山位于美国阿拉斯加州的中南部,是阿拉斯加山脉的中段山峰,海拔6 194米,为北美洲第一高峰,为一巨大的背斜褶皱花岗岩断块山。

5.阿空加瓜山:南美洲最高峰

阿空加瓜山位于阿根廷门多萨省西北端,临近智利边界,海拔6 960米,是世界最高死火山,也是南美洲最高峰。

6.查亚峰:大洋洲最高峰

位于印度尼西亚大洋洲部分新几内亚岛苏迪曼山脉,海拔5 030米。

7.文森峰:南极洲最高峰

文森峰位于西南极洲,是南极大陆埃尔沃斯山脉的主峰,海拔5 140米,南极洲最高峰。文森峰山势险峻,且大部分终年被冰雪覆盖,交通困难,夏季气温在零下40℃左右,被称为"死亡地带"。文森峰的高度虽然不高,但在七大洲最高峰中它是最后一座被登顶的山峰。世界上首次登顶文森峰,由美国一支登山队在1966年12月17日实现。

(二)中国几条重要山脉

中国山脉走向大致包括:

(1)南北走向的山脉,如贺兰山、六盘山以及著名的横断山脉等。

（2）东西走向的山脉，主要有三列：最北的一列是天山和阴山；中间的一列西部为昆仑山，中部为秦岭；最南的一列是南岭。

（3）北西走向的山脉，主要分布在我国的西半壁，主要有阿尔泰山、祁连山、喀喇昆仑山、可可西里山、唐古拉山、冈底斯山、念青唐古拉山等。

（4）北东走向的山脉，主要分布在东部，自西向东分为西列、东列与外列：西列包括大兴安岭、太行山、巫山、雪峰山等；东列北起长白山，经千山、鲁中低山丘陵到武夷山；外列为台湾山脉。

上述众多的山脉纵横交织，把祖国大地分隔成许多网格，镶嵌于这些网格中的分别是高原、盆地、平原和海盆，从而构成我国地貌网格状分布的格局（图4.2）。

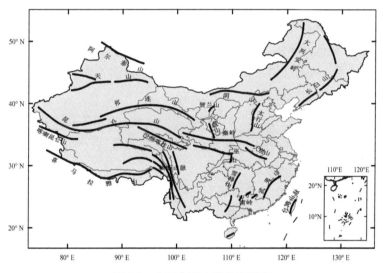

图4.2 中国主要山脉分布示意

1.秦岭：中国南北分界线

秦岭，作为中国中东部南北分界线，由张相文于1908年首次提出。1908年，中国地理学会前身中国地学会首任会长张相文在《新撰地文学》中写道："北带：南界北岭淮水，北抵阴山长城。""南界"就是南北分界线，"北带"就在长城与秦岭—淮河之间。秦岭—淮河线的提出，首次正确界定了我国南、北方自然地理分界线，对于认识我国自然地理分异规律和指导农业生产都具有重要的意义。

大体上，秦岭—淮河一线是我国一月份0℃等温线、日均温≥10℃积温4 500℃

等值线经过地带,亚热带和暖温带的分界线,亚热带季风气候和温带季风气候的分界线,亚热带常绿阔叶林与温带落叶阔叶林的分界线,年降水量800毫米等降水量线,湿润区与半湿润区的分界线,旱地农业与水田农业的分界线,水稻主产区与小麦主产区的分界线,河流有无结冰期的分界线。

秦岭主体位于陕西省与四川省交界处,长约1 500千米。主峰太白山,海拔3 771米。

秦岭分为狭义秦岭和广义秦岭。狭义秦岭,仅限于陕西省南部、渭河与汉江之间的山地,东以灞河与丹江河谷为界,西止于嘉陵江。广义秦岭是横贯中国中部的东西走向山脉,西起甘肃省临潭县北部的白石山,向东经天水南部的麦积山进入陕西,在陕西与河南交界处分为三支:北支为崤山,余脉沿黄河南岸向东延伸,通称邙山;中支为熊耳山;南支为伏牛山。

地表地带性景观是连续、渐变的,很难找到一条线其两边地理、气候、植被、土壤等自然景观截然不同。准确地讲,秦岭(—淮河)是"中国南北地理、气候分界带"。秦岭是一个南北平均宽200多千米、长800多千米的一个庞大的山系,南北分界线划在哪里,如何划分,需要研究。

刘胤汉[1-2]主张南北分界线应该划在秦岭南坡800米等高线处,理由是由于山地海拔升高气温下降,在800米等高线位置亚热带就已经结束,已经见不到柚、竹等亚热带指示性植物。

任美锷[3]主张南北分界线应该划在秦岭北坡700米等高线处,理由是从秦岭北坡看,随着山地的上升,气温逐渐降低,在700米等高线处,气候已经不是暖温带了,而是山地气候。

也有学者主张南北分界线应该划在秦岭的主脊线上,理由是这样可以保持山两边垂直自然带的完整性[4-6]。

康慕谊[7]认为,如果从气候—植被参数在秦岭地区的等值线分布,秦岭地区的植物区系与植被垂直带谱,以及大农业生产特征等方面考虑来划分亚热带

[1] 刘胤汉. 关于陕西省自然地带的划分[J]. 地理学报,1980,35(3):210–218.
[2] 刘胤汉. 西北五省(区)生态环境综合分区及其建设对策[J]. 地理科学进展,2000,9(5):403–409.
[3] 任美锷,杨纫章. 中国自然区划问题[J]. 地理学报,1961(12):66–74.
[4] 中国科学院自然区划工作委员会. 中国植被区划(初稿)[M]. 北京:科学出版社,1960.
[5] 中国植被编辑委员会. 中国植被[M]. 北京:科学出版社,1980.
[6] 中国科学院中国植被图编辑委员会. 中国植被图集[M]. 北京:科学出版社,2001.
[7] 康慕谊,朱源. 秦岭山地生态分界线的论证[J]. 生态学报,2007,27(7):2 774–2 784.

和暖温带的界限,南坡海拔800~1 000米应该是比较准确的划分。

2.横断山脉:中国地势一、二级阶梯分界线

横断山脉是中国最长、最宽和最典型的南北向山系,是唯一兼有太平洋和印度洋水系的地区。位于青藏高原东南部,通常为四川、云南两省西部和西藏自治区东部南北向山脉的总称。因阻隔东西交通,所以叫横断山。"二山之间必有一水,二水之间必夹一山。"其范围有广义和狭义之说。按广义说,即东起邛崃山,西抵伯舒拉岭,北界位于昌都、甘孜至马尔康一线,南界抵达中缅边境的山区。山川南北纵贯,东西相间,自东而西有邛崃山、大渡河、大雪山、雅砻江、沙鲁里山、金沙江、芒康山(宁静山)、澜沧江、怒山、怒江和高黎贡山等,呈现"多江并流"奇观。

3.大兴安岭:中国地势二、三级阶梯分界线

位于东经121°12′~127°00′、北纬50°10′~53°33′区域,东西横跨6个经度,南北纵越3个纬度。大兴安岭北起黑龙江畔,南至西拉木伦河上游谷地,东北—西南走向,全长1 200多千米,宽200~300千米,海拔1 100~1 400米,主峰索岳尔济山。大兴安岭是松辽平原和内蒙古高原的重要分界。东坡夏季受海洋季风影响,雨水较多,西坡却较干旱,因而大兴安岭成为森林和草原的分界线。全国面积最大的林区,木材蓄积量约占全国的一半。

(三)世界上海拔超过8 000米的高峰

世界上海拔8 000米以上高峰共有15座。

(1)珠穆朗玛峰。8 844.43米,属于喜马拉雅山脉,位于中尼边境上。"你们为什么要去登珠穆朗玛?"1924年,美国《纽约时报》记者问当时世界上最负盛名的英国登山家乔治·马洛里。"Because it is there."他说。1924年马洛里攀登珠峰,几天之后,他和同伴欧文将生命留在了珠峰(1999年,马洛里的遗体在海拔8 150米处被发现,他随身携带的照相机失踪,因此无法确定他和欧文是否是世界上首次登顶成功的人)。1953年5月29日,新西兰登山运动员首次成功登顶珠峰。1960年5月25日,中国登山运动员王富洲、贡布、屈银华三人首次从北坡登上珠穆朗玛峰。

(2)乔戈里峰。8 611米,属于喀喇昆仑山脉。1954年7月31日,意大利登山队从巴基斯坦一侧沿东南山脊开创首次登顶的纪录。2004年7月27日,西藏高峰探险队队员次仁多吉、边巴扎西、仁那、洛则成功登顶。

（3）干城章嘉峰。8 586米，属于喜马拉雅山脉。1955年5月，英国登山队四名队员首次登上顶峰。1998年，"中国西藏14座8 000米以上高峰探险队"登顶干城章嘉峰。

（4）洛子峰。8 516米，属于喜马拉雅山脉，位于中尼边境上。1955年5月8日，瑞士登山队从尼泊尔沿西坡首次登上顶峰。1998年，"中国西藏14座8 000米以上高峰探险队"登顶该峰。

（5）马卡鲁峰。8 463米，属于喜马拉雅山脉，位于中尼边境上。1955年5月，法国登山队从尼泊尔境内越过西北山脊鞍部，从中国境内的西北侧成功首登马卡鲁峰。2003年5月，"中国西藏14座8 000米以上高峰探险队"登顶马卡鲁峰。

（6）卓奥友峰。8 201米。属于喜马拉雅山脉，位于中尼边境上。1954年10月19日，奥地利登山队在夏尔巴人的帮助下，一共四人首次沿西北坡登顶成功。1985年5月1日，西藏登山队九名队员在队长仁青平措的带领下沿西北坡登顶卓奥友峰。

（7）道拉吉里峰。8 172米，属于喜马拉雅山脉，位于尼泊尔境内。1960年5月13日，一支国际联合登山队首次登上道拉吉里峰。1993年5月，"中国西藏14座8 000米以上高峰探险队"登顶该峰。

（8）马纳斯鲁峰。8 156米，属于喜马拉雅山脉，位于尼泊尔境内。1956年5月9日，日本登山队的两名队员和尼泊尔向导共四人沿北坡首次登顶马纳斯鲁峰。1996年4月至5月，"中国西藏14座8 000米以上高峰探险队"成功攀登马纳斯鲁峰。

（9）南伽帕尔巴特峰。8 125米，属于喜马拉雅山脉。1953年7月3日，奥地利登山队独自一人首登南伽帕尔巴特峰成功。1997年，"中国西藏14座8 000米以上高峰探险队"登顶该峰。

（10）安那布尔纳峰。8 091米，属于喜马拉雅山脉，位于尼泊尔境内。1950年6月3日，法国登山队首次登上顶峰（北壁路线）。这是人类首次登上海拔8 000米以上高峰的顶峰。1993年，"中国西藏14座8 000米以上高峰探险队"登顶该峰。

（11）迦舒布鲁姆Ⅰ峰。海拔8 068米，位于喀喇昆仑山脉、中巴边界上。1958年，美国登山队穿过南刃脊首登迦舒布鲁姆Ⅰ峰。

（12）布洛阿特峰。海拔8 047米，位于喀喇昆仑山脉、中巴边界上。1975

年,波兰登山家维利斯基创下了从大本营出发仅用14小时登顶布洛阿特峰的记录。2001年8月,"中国西藏14座8 000米以上高峰探险队"登顶布洛阿特峰。

(13)迦舒布鲁姆Ⅱ峰。海拔8 034米,位于喀喇昆仑山脉、中巴边界上。1956年7月7日,奥地利的三名登山队员首次从西南山脊登顶成功。1995年,"中国西藏14座8 000米以上高峰探险队"攀登迦舒尔布鲁姆Ⅱ峰成功。

(14)希夏邦马峰。海拔8 012米,位于喜马拉雅山脉中段、中国境内。1964年5月2日,中国登山队共10名运动员从北坡首登希夏邦马峰成功,这是人类最后登顶的一座8 000米级山峰。

(15)中央峰。海拔8 011米,位于我国新疆喀什地区。

三、延伸阅读——三组高考安徽文综卷地理试题

(一)2012年高考安徽文综卷第32题

青藏高原四周多高山。青海省位于青藏高原东北部,平均海拔3 500米以上;柴达木盆地位于青海西北部,面积约占全省的三分之一。图4.3为青海省年降水量分布和年平均气温分区。完成32题。

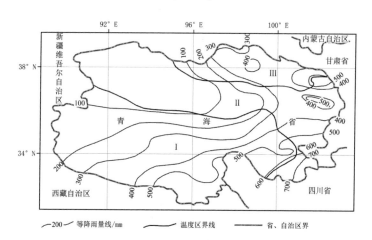

图4.3　青海省年降水量分布和年平均气温分区

32.青海省东南边缘降水较多,其水汽主要来自

　　A.大西洋　　　B.北冰洋　　　C.太平洋　　　D.印度洋

【答案】D

源于印度洋的西南季风,不仅可以影响横断山脉,还可越过横断山脉,于7、8两月以极微弱的湿气进入柴达木盆地。

(二)2013年高考安徽文综卷第30—31题

图4.4为1959—2009年秦岭山地1月0℃等温线位置变化。完成30—31题。

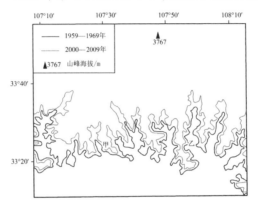

图4.4　1959—2009年秦岭山地1月0℃等温线位置变化

30.该地1月0℃等温线的位置总体上

　　A.向亚热带地区偏移　　　　B.向海拔较低地区偏移

　　C.向低纬度地区偏移　　　　D.向落叶阔叶林带偏移

31.根据图中等温线的位置及其变动可知

　　A.甲地为山岭、冬季平均气温趋于下降

　　B.乙地为山谷、冬季平均气温趋于上升

　　C.甲地海拔低于乙地海拔

　　D.甲地年平均气温高于乙地

【答案】30.D　　　31.D

该题组考查《普通高中地理课程标准(实验)》中"举例说明地理环境各要素的相互作用,理解地理环境的整体性","运用地图分析地理环境的地域分异规律","我国重要地理分界线(如秦岭—淮河一线)","根据有关资料,说明全球气候变化对人类活动的影响"等内容。

第30题:根据题干中的"秦岭山地"、经纬网、北部山峰和1月0℃等温线经过等信息,可判断该地处于秦岭南坡;再调动区域地理中的1月0℃等温线经过秦岭—淮河一线,而且该线是我国亚热带与暖温带、亚热带常绿阔叶林与温带落叶阔叶林分界线的知识,可以得出1月0℃等温线向北移动,即为向高纬、暖温带、高海拔、落叶阔叶林带方向偏移的结论。

第31题:1月0℃等温线向高海拔方向偏移是全球变暖的具体反映,同时山区等温线的形态深受地形地势的影响,海拔相同的地方气温大体相同,因此可以将等温线看作等高线。1959—2009年1月0℃等温线海拔相对较高,可由甲处等高线向低处突出的形态特征判断甲为山岭,由乙处等高线向高处突出的形态特征判断乙为谷地,甲海拔高于乙、年平均温低于乙,甲、乙受气候变暖影响,冬季平均气温均趋于上升。

本题虽构图简单,却以广受关注的全球变暖现象为背景信息,融合了地形、气候、温度带、自然带、全球变暖等基础知识和空间定位、等值线的判读基本技能,将高中地理的基础知识、基本原理与区域地理实际巧妙对接,综合性强,立意新颖,较好地考察了考生获取和解读地图信息,调动和运用地理知识与技能,通过分析、判断解决地理问题的能力。

(三)2014年高考安徽文综卷第27—28题

1958年竺可桢在《中国的亚热带》一文中指出:我国亚热带北界接近34°N,即淮河、秦岭、白龙江一线直至104°E;南界横贯台湾中部和雷州半岛南部……。完成27—28题。

27.我国亚热带在34°N以南、104°E以西分布范围小,主要影响因素是

　　A.纬度位置　　　B.地形　　　C.季风　　　D.海陆位置

28.北半球亚热带在我国分布总体偏南,是因为我国

　　A.冬季气温南高北低　　　B.地形阻挡了夏季风深入西北

　　C.夏季南北普遍高温　　　D.冬季风势力强且影响范围广

【答案】27.B　　28.B

本题组主题为中国地理,以竺可桢划分亚热带为切入点,主要考查"我国主要气候的主要特征、成因","我国地形、地势的主要特征,主要山脉和地形区","我国重要自然地理分界线","我国疆域与行政区划","气压带、风带的分布、移动规律及其对气候的影响","地理环境的地域分异规律","自然地理要素在地理环境形成和演变中的作用"等内容。解答本题组,不仅要求考生具备"获取和

解读地理信息"以及"调动和运用地理知识、基本技能"的能力,还需要具备"能够运用所学的地理知识和相关学科知识,通过比较、判断、分析,阐释地理基本原理与规律"的能力。

第27题:本题考查中国地形分布大势,需要考生在温度带与地形之间构建知识联系。"亚热带"是温度带,划分温度带的主要依据是热量(气温),影响气温的因素主要有纬度因素、海陆因素、地形因素等,基本规律有"气温从低纬向高纬递减;同一纬度,海陆气温不一样;气温随海拔升高而递减"。题干"我国亚热带在34°N以南、104°E以西分布范围小"主要反映的是同纬度地区的热量差异,可以排除"纬度位置",选项A错误;"海陆位置"主要影响的是降水的东西差异,选项D错误;"季风"对中国的影响主要在东部地区,对"34°N以南、104°E以西"影响小,选项C错误;"34°N以南、104°E以西"地区主体为青藏高原,海拔高,气温低,大多数地区无法达到"亚热带"的热量标准,故分布范围小,选项B正确。

第28题:考查同纬度中外地理差异,体现中国地理环境的独特性。题干"北半球亚热带在我国分布总体偏南",无图考图。

第一,需要考生调动"世界气候类型分布"或者"世界自然带分布"等知识,明确北半球亚热带的范围一般在30°~40°,如地中海地区,使"北半球亚热带在我国分布总体偏南"的信息落到"脑地图"中,化抽象为具体。

第二,要正确解读"北半球亚热带在我国分布总体偏南"的含义,"总体偏南"意味着"和北半球其他地区相比,我国亚热带的南、北界线都偏南,即向低纬度偏移"。影响亚热带南、北界线的重要因素是一月平均气温(北界在0℃、南界在16℃左右)。冬季,大陆西岸受海洋气团(西风)影响,气温较高,我国东部受大陆气团(蒙古—西伯利亚冷气团)控制,且冬季风势力强盛,影响范围广,导致气温比同纬度偏低,这是北半球亚热带在我国分布总体偏南的主要原因,选项D正确;"地形阻挡了夏季风深入西北"主要影响我国夏季降水的分布,与冬季气温无关,选项B错误;"冬季气温南高北低"是我国冬季气温分布的特点,不是气温分布的成因,且气温"南高"应该导致亚热带位置偏北,亦不符合题意,选项A错误;"夏季南北普遍高温"与冬季气温无关,选项C错误。

第二节　如履平地：高原和平原的区别

如履平地，是说像走在平地上一样，比喻做某项事情非常容易。

唐·裴铏《周邯》："贞元中有处士周邯，文学豪俊之士也。因夷人卖奴，年十四五，视其貌甚慧黠，言善入水，如履平地。"

明·冯梦龙《警世通言》第二十三卷："有那一班弄潮的子弟们，踏着潮头，如履平地，贪着利物，应声而往。"

一、何为平地

陆地表面五种地形类型包括山地、丘陵、高原、平原和盆地，其中可以界定为平地的为高原和平原。

高原和平原地形平坦，或略有起伏，两者海拔高度不同，但没有明确指标。一般将平原限于海拔高度200米以下，内陆地区往往放宽到几百米（有时称为高平原），海拔高度超过1 000米（一说为500米）时通常称为高原。高原面积广大，地形开阔，周边以明显的陡坡为界，是比较完整的大面积隆起地区。

高原内部近地面气温与同纬度低海拔地区比较，不能根据每上升100米气温大约下降0.6℃计算，因为其热源非低海拔区地面。

二、主要高原

（一）青藏高原：世界上最高的高原

青藏高原，中国最大、世界海拔最高的高原。总面积近300万平方千米，中国境内面积257万平方千米，平均海拔4 000~5 000米，有"世界屋脊"和"第三极"之称。亚洲许多大江大河的发源地。

由于青藏高原对大气的热力作用，高原地面气温与同高度的自由大气相比，冬季高原气温偏低，出现冷高压（主体部分为羌塘高原），空气从高原向外辐散；夏季高原气温偏高，出现热低压，空气向高原辐合。在近地面层的山谷风层之上，气流有相反性年变化，形成"高原季风"。该季风层与（印度的）西南季风和(我国东部的)东南季风之间都有明显的气候平均界线[1]。"高原季风"概念，最早由高由禧和汤懋苍于1962年在甘肃省气象学会年会上提出。1983年，Tang[2]分析美国西部高原，发现它与青藏高原相仿，亦存在高原季风现象，其基本特征与青藏高原季风一致。

青藏高原季风发生在对流层中部，对大气环流和气候影响巨大。一方面，它使我国冬夏对流层低层的季风厚度增大，尤其是我国西南地区。这种作用可以从两个角度加以理解：一种理解是冬季青藏高原冷高压叠加在亚洲高压上，夏季青藏高原热低压叠加在亚洲低压上，加大了亚洲大陆和印度洋热力性质差异，进而导致南亚季风增强，包括冬季东北季风和夏季西南季风；另一种理解是我国西南地区冬季和夏季分别位于青藏冷高压和热低压东南方，分别盛行东北季风和西南季风，这与由于海陆热力性质差异所形成的低层季风方向一致，二者叠加增大了我国西南地区季风厚度。另一方面，青藏高原季风破坏了对流层中部的行星气压带和行星环流，形成这一地区的各种天气和气候特征。

冬夏高原季风季节建立的早迟、强度的大小、中心位置的偏移和高低压范围的大小，会使青藏高原季风和我国冬夏季风反常，进而形成我国天气和气候的反常。高原季风的强弱，对高原季风区的旱涝有很大影响。季风活动的范围决定了雨带位置，而季风的强度则又影响到季风雨量大小。位于青藏高原东侧的长江上游地区，地形复杂，既受东南季风和西南季风的影响，又受青藏高原季风的控制[3]。

(二)巴西高原：世界上最大的高原

巴西高原，面积500多万平方千米，世界上面积最大的高原，北邻亚马孙平原，西接安第斯山麓，南与拉普拉塔平原相连，东临大西洋。和寒冷的青藏高原不同，巴西高原分布最广的气候是热带草原气候，其次是热带雨林气候。

(三)澳大利亚西部高原

它是澳大利亚大陆上最古老的部分，和古陆台范围大致相符，包括西澳大

[1] 汤懋苍,沈志宝,陈有虞. 高原季风的平均气候特征[J]. 地理学报,1979,34(1):33-42.

[2] TANG M C,REITER E R. Plateau monsoons of the northern hemisphere[J]. Monthly Weather Review,1984,112(4):617-637.

[3] 齐冬梅,李跃清. 高原季风研究主要进展及其科学意义[J]. 干旱气象,2007,25(4):74-79.

利亚州、北部地方大部、南澳大利亚州西半部和昆士兰州西北端,约占澳大利亚大陆面积的60%。地形平坦,以平均海拔450~600米的低高原为主,只有部分山区海拔1 000~1 200米,其间沙漠与半沙漠占澳大利亚大陆面积的35%。

三、主要平原

(一)华北平原

华北平原是中国东部大平原的重要组成部分,又称黄淮海平原,大体位于北纬32°~40°、东经114°~121°区域。北抵燕山南麓,南达大别山北侧,西倚太行山—伏牛山,东临渤海和黄海,跨越京、津、冀、鲁、豫、皖、苏7省市,面积约30万平方千米。地势平坦,河湖众多,交通便利,经济发达,自古即为中国政治、经济、文化中心,人口和耕地面积约占全国的1/5。

华北平原是华北陆台上的新生代断陷区。晚第三纪和第四纪时期,形成连片的大平原,与此同时平原边缘断块山地相对隆起,大平原轮廓日趋鲜明。新生代相对下沉,接受了较厚的沉积,局部沉积可达千米。

华北平原海拔多不及百米,地势平缓倾斜,由山麓向滨海依次出现洪积倾斜平原、洪积—冲积扇形平原、冲积平原、冲积—湖积平原、海积—冲积平原、海积平原等地貌类型。黄河、淮河、海河、滦河等河流所塑造的地貌构成了华北平原的主体,即黄河冲积扇平原、淮河中下游平原、海河中下游平原、滦河下游冲积扇平原。

(二)河套平原

河套平原位于内蒙古自治区和宁夏回族自治区境内,是黄河沿岸的冲积平原。由贺兰山以东的银川平原(又称西套平原),内蒙古狼山、大青山以南的后套平原和土默川平原(又称前套平原)组成,面积约2.5万平方千米。地处鄂尔多斯高原与贺兰山、狼山、大青山间的陷落地区,地势平坦,土质较好,有黄河灌溉之利,为宁夏与内蒙古重要农业区和商品粮基地。

河套平原海拔900~1 200米,地势由西向东微倾,西北部第四纪沉积层厚千米以上。山前为洪积平原,面积占平原总面积的1/4,余为黄河冲积平原。

四、延伸阅读——三组高考地方卷地理试题

(一)2012年高考安徽文综卷第35题

35.(24分)根据材料和图4.5,结合所学知识,回答下列问题。

云南苍山洱海地区山清水秀、林茂粮丰,大理古城宛如一颗明珠镶嵌在青山绿水之间,人与自然和谐统一。

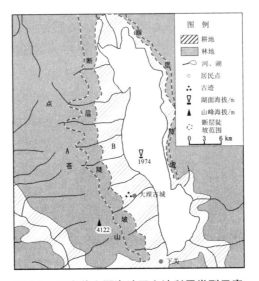

图例
- ⬩ 耕地
- ⬜ 林地
- 〜 河、湖
- ∘ 居民点
- ⚲ 古迹
- ▽ 湖面海拔/m
- ▲ 山峰海拔/m
- 断层陡坡范围

0 3 6 km

图4.5　云南苍山洱海地区土地利用类型示意

(1)图中A地、B地的地貌分别为_____、_____,从内外力作用的角度分别说明它们形成的主要过程。(12分)

(2)如果在洱海西岸大规模建设住宅,可能对地理环境产生哪些不利影响?(12分)

【参考答案】(1)断块山、洪积—冲积平原。内力作用形成断层,断裂面两侧岩体以垂直方向运动为主,A侧岩体相对上升,形成断块山;B侧岩体相对下降,形成谷地,同时流水等外力不断将风化、侵蚀产物搬运到谷地边缘堆积,形成洪积—冲积平原。

从图中可以看出,洱海湖面海拔为1974米,故其西侧的B地海拔在2000米以上,答案中的"洪积—冲积平原"属于非常高的平原。

(二)2014年高考浙江文综卷第7—8题

图4.6为我国某地沿北纬38.5°所作的地质构造、地貌剖面图,图中一般地势越高地下水埋藏越深,读图完成7—8题。

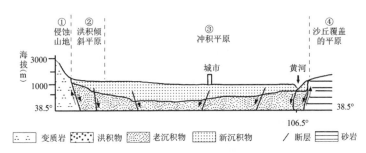

图4.6　我国某地沿北纬38.5°所作的地质构造和地貌剖面

如图所示,题中平原海拔也在1 000米以上,属于非常高的平原。

(三)2009年高考安徽文综卷第33题

人教版高中地理必修一(2008年第三版)第78页有关河流堆积地貌有如下描述:

被河流搬运的物质,在河流搬运能力减弱的情况下,会堆积下来,形成堆积地貌。冲积平原是比较典型的一种河流堆积地貌,包括洪积—冲积平原、河漫滩平原和三角洲三种类型(图4.7)。

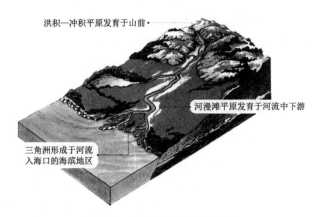

图4.7　三种类型的冲积平原

该图只是示意图,故未标注海拔。当然,三角洲不只形成于河流入海口的海滨地区,也可形成于河流入湖口地区。

如2009年高考安徽文综卷第33题:

33.(30分)根据材料和图4.8,结合所学知识,回答下列问题。

新疆罗布泊水面在古代曾经超过3 000平方千米,100多年前尚存500多平方千米,1972年完全干涸。塔里木河曾经是罗布泊的主要水源。20世纪后半期,塔里木河流域修建水库200多座,耕地面积扩大约1倍。

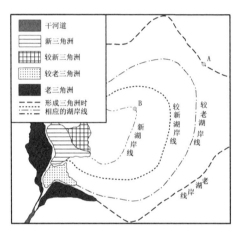

图4.8 古罗布泊湖岸线及河流入湖口三角洲分布示意(改绘)

(1)指出自A地至B地地势的变化,并说明理由。(8分)

(2)运用地理环境整体性原理,说明三角洲位置变化的主要过程。(10分)

(3)简述罗布泊的干涸对干旱区流域开发的启示。(12分)

【参考答案】(1)地势逐渐降低。自A地至B地湖岸线由老到新,湖面逐渐萎缩,老湖岸线海拔高,新湖岸线海拔低。(也可根据水流方向或湖盆地势特点判断)

(2)地理环境是各要素相互联系、相互渗透和相互影响的整体;受气候和人类活动等因素的影响,注入罗布泊的水量减少,湖泊水位下降,河流入湖口向湖心延伸,三角洲位置前移;后来,河流水量锐减,搬运作用显著减弱,三角洲位置后退。

(3)充分考虑流域地理环境整体性,因地制宜进行综合开发。统筹上、中、下游用水,协调生活、生产、生态用水关系;控制人口过快增长和资源开发规模,调整产业结构,节约和合理利用水资源。

第五章　成语中的水文知识

河流的源头究竟在哪里?"源远流长"一节系统梳理了确定河流源头的标准,描述了部分大江大河的源头,重点分析了历史时期黄河南泛过程及影响,并提出了"布拉马普特拉河在入海前与恒河汇合,孰支孰干"的问题。

"百川归海"一节则解读了"川"字及归海途径,并从水循环的角度阐述了"巴丹吉林沙漠地下水维系着高大沙山景观"。

无风不起浪?无风亦可起浪,风欲静而浪不止,"风平浪静"一节将给出解释。

第一节　源远流长:河流的源头在哪里

源远流长是说源头很远,流程很长;比喻事物的历史悠久,根源深远。

唐·白居易《海州刺史裴君夫人李氏墓志铭》:"夫源远流长,根深者枝茂。"

宋·王之道《水调歌头·张文伯生日》:"不藉灵丹九转,不用蟠桃三窃。源远自流长。愿借沧溟富,斟酌荐瑶觞。"

宋·赵佶《宣和书谱单书六·千文》:"人谓其机会与造化争衡,非人工可到。盖胸中所养不凡,源深流长,自然之道。"

梁启超《节本明儒学案·甘泉学案》:"王、湛两家,各立宗旨,湛氏门人,虽不及王氏之盛,然当时学于湛者,或卒业于王,学于王者,或卒业于湛,亦犹朱、陆之门下,递相出入也。其后源远流长,王氏之外,名湛氏学者,至今不绝,即未必仍其宗旨,而渊源不可没也。"

源远流长亦作"源深流长"。

一、确定河流源头的标准

(一)河流长度的确定

一条河流的长度取决于多个因素:河流源头的位置,河流入海口的位置,河流长度量测时依据的数据源和长度量测技术[1]。

1.源头和河口的确定

大河源头的确定并无公认的标准,目前一般采用"河源唯长"的准则来确定河源,即在河流的整个流域中选定最长而且一年四季都有水的支流对应的源头为正源。虽然目前大河的源头都是在不同时期按照不同的标准确定下来的,但就河流的长度量测必须从最长的支流对应源头量起。作为河流终点的入海口,则定义为河口两岸外侧切线与河流中心线的交点。

2.数据源

河流长度量测理想的数据源是大比例尺地形图,但是大比例尺地形图属于保密资料,无法从市场上得到。另外,大河流经的很多区域至今还没有大比例尺地形图,河长量测只能在中小比例尺的地形图上进行。由于中小比例尺地形图制作过程中进行了地图综合处理,这就造成了同一河段的长度随着地图比例尺的减小而缩短。在无法得到大比例尺地形图的情况下,高分辨率遥感影像是全球大河长度量测最为理想的数据源。

3.长度量测技术

过去河流长度量测主要依靠的是曲线尺,精度不高。计算机出现后,河流的长度量测使用了数字化仪等,但是在精度和可靠性方面仍存在着很大问题。具有长度量测功能的遥感图像处理系统是利用遥感影像进行河流长度量测的有效工具。

(二)河流源头的确定

目前世界上诸多大河源头数据众多,而且正源认定标准不一。国内外学术界目前尚未就此取得共识,归纳起来大致有以下几种主张[2]:

---

[1] 刘少创. 全球主要大河长度量测[EB/OL] . (2007-06-01)[2015-01-09]. http://www.dili360.com/cng/article/p5350c3d6da19f11.htm.

[2] 刘少创. 确定河源的准则[EB/OL].(2009-03-01)[2015-01-12]. http://www.dili360.com/cng/article/p5350c3da98e7157.htm.

（1）河源唯远，即以河流最长者为主流，以距离入海口最远的出水地为源头。

（2）水量唯大，即以河流水量最大者为主流，对河流补水最多、贡献最大的出水地为源头。

（3）历史习惯，即尊重人们长期形成的习惯，不轻易变更历史上既定的正源。

（4）流向，与主流方向一致，即以上游汇入的诸河流中与下游干流流向较为一致者为源头。

（5）河流发育史，即河谷发育期的早晚。

（6）河源类型特征。源头的具体位置，应根据源头类型的不同而有不同的确定准则：对于地下水补给型的源头，出水处即可确定为源头的位置；对于湖水补给型的源头，应将湖口确定为源头；对于冰川补给型的源头，一般以冰川末端作为河流的源头。

（7）河谷形态。

（8）源头的海拔高程。

（9）其他。

遗憾的是，在现实中，同时满足上述所有标准的河流源头基本上不存在，这就需要我们对这些标准有所侧重和选择。在确定多条大河源头时，我们应该依据相同标准，否则可能会引起比较大的争议。水量和长度可以作为世界上所有大河通用的标准。

因为有水才能称为"源"，对河流水量贡献最大的才能称之为正源。所以从理论上讲，我们应该按照流量来确定源头，即"水量唯大"为源。但是，由于河流的流量是变化的，在没有固定的水文观测站的各个支流上，我们目前能够得到的都是瞬时流量，无法对源区所有支流的水量进行长期、连续和同步观测，所以"水量唯大"这一准则在现有条件下很难行得通。

而与水量相比，河流的长度是一个稳定、可靠，而且可以进行重复测算的指标，也是为大多数人所熟知的河流地理知识。此外，世界大河都是按照长度来排名的。所以很多的专业人士都同意以"河源唯远"作为确定河流源头的准则。"河源唯远"的准则可以描述为：一条大河的源头是这条河的整个流域中最长的支流对应的源头，而且这个源头应该一年四季有水。

依据"历史习惯"确定的源头确实存在，因为若历史上既定河源早为人们所公认,更改河源就可能引起理解上的混乱。斯文·赫定于20世纪初对雅鲁藏布江和印度河进行考察时,根据一些水文资料认为库比藏布为雅鲁藏布江的正源,根据当地的传统认为申该卡巴为印度河源头。到了20世纪30年代,印度地理学家 Swami Pranavananda 在对这一地区进行考察后则认为,根据当地的历史传统和宗教传说,印度河的源头是申该卡巴,而雅鲁藏布江的源头应该是杰马雍仲。在他看来,斯文·赫定在确定雅鲁藏布江源头和印度河源头时没有依据共同的标准,造成混乱。

"与主流方向一致"这一准则更多看重的是象征意义和美学价值。地图上一条顺直奔流的大河,往往会带给人们更为顺畅和完美的心理感受,也更容易让人联想到诸如"滚滚长江东逝水""奔流到海不复回"的豪迈画面。但实际上,这样的大河并不存在,世界上每条大河都是从它的发源地开始,经过千回百转才流入大海的。"与主流方向一致"这一原则更多地掺入了人类主观感受。

在河源区情况复杂、意见纷呈时,可考虑采取"多源说",即最长源头、最高源头、流向顺直的源头、传统习惯源头和正源等不同概念分列的方式解决河源认识问题。

二、相关案例分析

(一)全球主要大河长度量测

人类探索全球大河长度的活动历史悠久。1857年,人类开始了确定尼罗河源头的探险。但是到目前为止,人类仍然无法精准确定全球主要大河的长度。1999年中国科学院遥感所开始探索利用遥感技术确定大河的源头和长度。该项目主要目的是利用卫星遥感技术,结合源区的实地考察,确定全世界大江大河的源头,并在此基础上确定河流长度及流域面积。

1999—2005年,课题组克服了许多艰难险阻,完成了尼罗河(2005年、7 088千米)、亚马孙河(2005年、6 575千米)、长江(2000年、6 236千米)、密西西比河(2003年、6 084千米)、叶尼塞河(2003年、5 816千米)、黄河(2004年、5 778千米)、额尔齐斯—鄂毕河(2003年、5 525千米)、黑龙江(2003年、5 498千米)、刚果河(2005年、5 118千米)、澜沧江—湄公河(1999年、4 909千米)等10条长度超过或接近5 000千米的世界大河源头的实地考察,并利用高分辨率遥感影像对大河的长度进行了量测。随后,该课题组又进行了确定雅鲁藏布江(3 848千米)、印度河(3 600千米)、怒江(3 562千米)、伊洛瓦底江(2 288千米)、珠江(2 320千米)、京杭大运河(1 710千米)、淮河(1 252千米)、长江流域最长支流雅砻江(1 670千米)、长江流域水量最大支流岷江(1 279千米)、长江支流汉江(1 577千米)等河流的源头及长度和流域面积的量测工作。

(二)长江源头:沱沱河,当曲?

有关长江源头,自古以来有多种描述。《禹贡》中有"岷山导江,东别为沱"的说法,这里所说的岷山,不是四川的岷山,而是指甘肃省天水县境内的一座山。这个说法跟实际情况差之千里,因为这个地方只是长江支流嘉陵江的源头而已,这是把岷江误认为了长江的上源。《汉书》第一次提出金沙江为长江之源。唐代的《蛮书》进一步提出通天河为长江之源。徐霞客经过实地考察,在《江源考》一书中明确提出金沙江通天河为长江之源。

长江的真正源头究竟在哪里?直到1976年以后,才揭开了这个谜。长江上源有十几条河流,其中较大的有3条,即楚玛尔河、沱沱河和当曲(图5.1)。

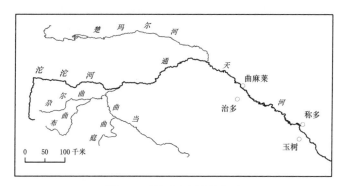

图5.1　长江源头地区水系

这3条河中,流域面积和水量都是当曲最大。沱沱河长375千米,谷地宽阔,地势平坦,水流缓慢,沙洲广布,汉道时分时合,宛如姑娘头上的发辫,因此称为辫状水系。根据"河源唯远"的原则,确定了沱沱河为长江正源,于是有了"唐古拉山脉主峰各拉丹东雪山西南侧姜古迪如冰川滴下了长江的第一滴水"的经典描述。

2000年,刘少创等人在当曲与沱沱河汇合点——囊极巴陇,对当曲与沱沱河分别进行了测量,结果显示从河宽、水深、流速到流量均是当曲大于沱沱河。同时依据卫星遥感图像对长江源区进行测量时,使用GIS对影像做几何纠正,得出结果是：以当曲与沱沱河交汇处囊极巴陇为起算点，当曲长 360.8 千米，沱沱河长 357.6 千米（以各拉丹东雪山姜古迪如南支冰川分水岭为计算终点，将姜古迪如冰川长度 12.5 千米也计算在内），即当曲比沱沱河长 3.2 千米。据此，刘少创提出"当曲才是长江正源"的观点。

对此，诸多学者提出疑义。石铭鼎认为，3.2 千米的差距可以忽略，沱沱河与当曲的长度相当。刘济远认为，科学的考察是长期而全面的，不太可能由一个人独立完成。因为不同季节、不同地段，河流的水量、流速都不相同，任何一个以偏概全的结果都不能作为科学的结论[1]。

罗钟毓则持"多源说"："长江江源区河流众多，呈扇状分布，按照河流长度、走向、流域面积和水量大小等原则确定沱沱河为长江正源，楚玛尔河为长江北源，当曲为长江南源。正源沱沱河地理位置居三河之中，流向较为顺直，当曲水量较丰，流域面积与长度为三河之首，位置偏南。"[2]即认为当曲源远水大，但考虑流向，仍以沱沱河为正源。

杨联康认为，确定河源的主要标准是河长，但不妨稍做变通。他以沱沱河作为正源，还有另一种考虑——河源类型。他认为沱沱河在长度与当曲相差无几的情况下，其源头区姜古迪如雪山顶峰海拔 6 543 米，更能体现长江发源于全球最高的高原——青藏高原、属冰川型补给型以及为世界最高的大江之源等特点，故应维持。与此同时，可标明当曲与沱沱河的长度比较结果，如当曲长于沱沱河，可称当曲为长江最远江源[3]。

(三)黄河南泛夺淮入海时期的黄河与淮河

历史早期，黄淮各行其道，互不干扰。"钟鼓将将，淮水汤汤……钟鼓喈喈，淮水湝湝。"先秦时期，为了沟通黄淮之间的水上交通，先人利用有利的自然水系，开凿河渠，才使黄淮水系相互沟通。先是菏水的开凿：淮河支流泗水与黄河支流济水，于鲁西南地区相距不远，中间为湖沼洼地，春秋后期在今鱼台和定陶之间开挖了一条运河，即菏水，黄淮水系首次建立了人为沟通关系。

[1] 北京青年报. 当曲真能取代沱沱河成为长江正源 [EB/OL]. (2000-03-10)[2015-02-28]. http://www.envir.gov.cn/info/2000/3/310622.htm.

[2] 叶研. 重测世界大河 [EB/OL]. (2013-08-17)[2015-02-28]. http://zqb.cyol.com/content/2007-06/06/content_1784421.htm.

[3] 叶研. 重测世界大河 [EB/OL]. (2013-08-17)[2015-02-28]. http://zqb.cyol.com/content/2007-06/06/content_1784421.htm.

更为重要的战国初期大沟即鸿沟的开凿,使黄淮关系更加密切。大沟实质上是利用出自广武山北的黄河济水支流,引流经由圃田泽的调蓄之后,至大梁之北折向南,在项城(今沈丘)与颍水汇合,而颍水又通过大隐水与汝水沟通。大沟自大梁之南,向东分出汴水、睢水、涡水、沙水等,加上其所连接的颍水和汝水,从而构成一个庞大的水系系统,即鸿沟系统[1]。它"通宋、郑、陈、蔡、曹、卫,与济、汝、淮、泗会"[2]。鸿沟系统的建立,进一步密切了黄淮之间的联系,其后直至汉唐时期仍起着联系黄淮水运交通的重要作用。

1.第一阶段(前168—公元1128):黄河偶经泗水南泛入淮,淮河独流入海时期

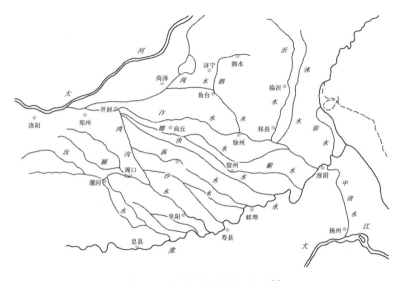

图5.2　独流入海的淮河水系[3]

汉文帝十二年(前168),"河决酸枣(今河南延津西南),东溃金堤(即河决黄河大堤),沿泗水入淮,由淮入海"[4-5]。这是历史上黄河夺淮之始,随即堵塞,未酿成大祸。

汉武帝元光三年(前132),黄河决于东郡濮阳县瓠子(在今河南濮阳西南),"东南注巨野,通于淮泗"[6]。这次决口因丞相田蚡的阻挠而未及时堵口,泛及

[1]邹逸麟.黄淮海平原历史地理[M].合肥:安徽教育出版社,1997:107-117.

[2]《史记·河渠书》.

[3]邹逸麟.黄淮海平原历史地理[M].合肥:安徽教育出版社,1997:109.

[4]《汉书·卷4·文帝纪》.

[5]《史记·河渠书》.

[6]《汉书·卷29·沟洫志》.

16郡(县),造成连续23年的泛滥灾害,给人民带来了极大的痛苦。直至元封二年(前109),汉武帝派汲仁、郭昌主持堵塞决口工程,在几万民众的奋斗下,终于堵住了决口,河复故道。这就是瓠子堵口。

汉成帝建始四年(前29),黄河在馆陶和东郡金堤一带决口,淹没土地十五万顷,成帝派王延世主持堵口工程。王延世采用竹笼装石"两船夹载而下之"的施工方法,很快将决口堵住。可是只过了两年,黄河又在平原决口。在这以后的近百年内,黄河泛滥不止,封建统治者不积极治河,致使人民灾难深重。直到东汉永平十二年(69),才派王景主持治理黄河。王景组织了数十万人修筑黄河大堤,花费以百亿计。一年后,工程完成,使改道后的黄河河床得到固定,摆脱了原来高出地面的地上河床,使洪水灾害相应缓解。王景在治理黄河的同时,又整修了汴渠,"十里立一水门,令更相洄注"[1],从而发展了水门技术。

自公元70年的东汉初期至9世纪末的唐朝晚期,黄河处于相对"安澜期",其间虽常有东南决口入淮河的事件发生,决口处却总能及时得到堵塞。北宋及以前,黄河干流始终在河北平原游荡,其决溢南泛入淮仅属暂时性质,且波及的淮河水系仅局限于泗水流域及其入淮后的下游地区。

随后,黄河屡次南决,皆由泗入淮。北宋建隆元年(960)至庆历八年(1048),黄河南泛淮河决口多在滑州(今河南滑县旧滑城)和澶州(今濮阳)地段。滑澶段是黄河下游的窄段,据今人实地考察,这一段黄河故道平均堤距在6.5千米上下,河槽平均宽2.8千米,最窄仅0.8千米[2]。黄河在此"最为隘狭",且滑州两岸土质疏松,河岸善溃[3]。如宋人指出:"澶、滑堤狭,无以杀大河之怒。故汉以来河决多在澶、滑"[4]。此乃自然原因。

宋太平兴国八年(983),河决滑州(今滑县),"东南至彭城(今徐州)界入淮"[5]。

淳化四年(993)、咸平三年(1000)、天禧三年(1019)和天禧四年(1020),黄河四次决溢,东南入淮河。

天禧三年(1019)六月,河水在滑州城西北天台山旁决口,旋又溃于城西南岸,决口阔七百步,河水经澶、濮、曹、郓等州注入梁山泊(后晋开运元年,即944

[1]《后汉书·循吏·王景传》.

[2]徐海亮.黄河故道滑澶段的初步考查与分析[J].历史地理(第六辑),1988:21-32.

[3]《宋史·河渠志一·黄河上》.

[4]《宋史·卷326·表第二十七》.

[5]《宋史·河渠志》.

年,黄河在滑州决口,淹没了曹、单、濮、郓等州,灌水积聚在梁山周围,将原来的巨野泽向北扩展为梁山泊[1-2]),东南由泗水入淮,受灾面积达32个州(县),因河床临背高低悬差很大,次年二月堵口,六月复决,浸流七年,直至天圣五年(1027)发动六万人才将决口堵住。因工程近天台山,故称天台埽。此二南决均为自然决口。

熙宁十年(1077)七月,黄河在澶州曹村埽(后改名灵平埽,在今濮阳西)决口,全河东南汇入梁山泊,分为南北二派,南派由泗水(又名南清河)入淮;次年决口堵塞,河复东流。黄河泛经徐州城下,水深达2.8丈,苏轼曾为此赋诗云:"岁寒霜重水归壑,但见屋瓦留沙痕。"[3]

2. 第二阶段(1128—1855):黄河夺淮入海时期

第二阶段又可分为三个阶段:

(1)1128—1194年,黄河主要经泗水入淮,借道淮河下游入海,黄河偶尔北决经北清河入渤海。

关于黄河长期大规模夺淮的起始时间,一些著作,如水利部黄河水利委员会编《黄河水利史述要》[4]和邹逸麟主编《黄淮海平原历史地理》[5]等,均以南宋建炎二年(1128)杜充在河南滑县西南决河御金为黄河长期夺淮之始。据分析,当时黄河干流自李固渡(今滑县西南沙店集南三里许)西,东流经滑县之南、濮阳、郓城之南、东明之间,再经鲁西南的世野、嘉祥、金乡一带,在鱼台入泗水,由泗水经徐州,至今清江夺取淮河下游干流东注黄海。有记录云"(建炎二年)十一月,乙未,东京留守杜充闻有金兵,乃决黄河入清河(指泗水)以沮寇,自是河流不复矣"[6]。从此,黄河离开了历时数千年东北流向渤海的河道,"数十年间,迁徙无定"[7],以东南入泗夺淮为常。

清人胡渭认为金明昌五年(1194)为黄河长期夺淮之始:"其历久而不变至今五百余岁,河淮并为一渎,则自金明昌五年始耳"[8]。

1128—1194年,黄河夺淮借淮河下游入海。即在1194年前,淮河均在江苏

[1]《旧五代史·晋书·少帝纪》.

[2]《资治通鉴·卷284·后晋纪五》.

[3]《东坡七集·卷8·河复诗并序》.

[4] 水利部黄河水利委员会. 黄河水利史述要[M]. 郑州:黄河水利出版社,2003:1-433.

[5] 邹逸麟. 黄淮海平原历史地理[M]. 合肥:安徽教育出版社,1997:107-117.

[6] (宋)李心传.《建炎以来系年要录》卷18.

[7]《金史·河渠志》.

[8] (清)胡渭.《禹贡锥指》卷13.

盱眙境内折向东北,经淮阴向东,在涟水县云梯关入海。

1194年,黄河夺淮,淮河干流变成黄河下游的入汇支流,淮河下游废弃,二渎共黄河新下游入海。

黄淮海大平原因山东丘陵山地的阻隔,分为南北两部:河北平原和黄淮平原。河道出山即向两面辐射,即黄河下游因为山东丘陵的阻隔,只有东北流经河北平原入渤海,东南流经黄淮平原入黄海两种可能。1128年前,黄河都由渤海湾入海;1128年后,改东南流入黄海(1855年重回渤海湾入海),系黄河有史以来最大改道。

金大定八年(1168)至明昌五年(1194),黄河"水势趋南"[1],下游分成三股夺淮:其一,干流自李固渡开始,南移至今山东东明、定陶、单县之南,砀山、萧县之北,又东至徐州沿今废黄河入淮;其二,建炎二年(1128)的黄河干流此时成为北汊流,即自李固渡(今滑县西南)经濮阳、郓城之南,在鱼台入泗水,由泗水经徐州,至今清江夺取淮河下游干流东注黄海;其三,南汊在今延津分出,东南经封丘、睢县、商丘之南,在砀山西北汇入干流。

南宋杜充决河以后,金一代黄河虽不断南移,但始终没有越过原武、阳武、开封、商丘、萧县、徐州的古汴道一线。

(2)1194—1546年,黄河多股分流全面泛淮,夺淮河中下游改道入海。

主要有泗河、汴河、濉河、涡河和颍河五条泛道,比较固定的有汴(由汴至徐州入泗入淮)、涡、颍三道。这几条分流上都发生过决溢,比较集中在以开封为中心的地区[2]。为害最烈时,西自开封,东到海滨,北自黄河,南到淮河,东西千里,南北数百里,皆为黄水浸泛之区。

金代末年,因为人为决口,黄河更加南徙。1232年,蒙古军围攻金朝的归德府,久不能下,于归德凤池口(今商丘县西北)人为决口,意欲以水代兵,结果黄河全线夺濉合泗入淮[3]。这是黄河历史上第一次走濉河。

1234年,宋军入汴(今开封市),蒙古军引军南下,决开封城北20余里黄河水以灌宋军,河水由此南决,夺涡水入淮[4-5]。这是历史上黄河第一次走涡水。

---

[1]《金史·河渠志》.

[2]邹逸麟. 黄淮海平原历史地理[M]. 合肥:安徽教育出版社,1997:107-117.

[3]《金史·石盏女鲁欢传》.

[4]《读史方舆纪要·卷47·开封府祥符县》.

[5]《续资治通鉴·宋纪》.

以后40余年内,由于记载缺乏,黄河决溢情况不明。元至元九年(1272)黄河在新乡决口[1],流向也不清楚。

元至元二十三年(1286)十月,黄河在开封、祥符、陈留、杞县、太康、通许、鄢陵、扶沟、洧川、尉氏、阳武、延津、中牟、原武、睢州等十五处决口[2]。从决口的地点来判断,当时黄河在原武或阳武境内(今原阳县境)分为三股:主流在开封境内折而南流,经陈留、通许、杞县、太康等地,仍由涡水入淮;北汊大致沿东汉魏晋以来古汴水所经,经开封、陈留、杞县、睢县等地,走金末以来的大河,经萧县至徐州会泗入淮;南汊则在中牟境内折而南流,经尉氏、洧川、鄢陵、扶沟等地南下,夺颍水入淮。颍水流域是黄河冲积扇的西南界,黄河夺颍入淮是黄河夺淮发展至极限的标志。自此至元末的约80年间,黄河在淮北平原泛溢。

前至元年间(1264—1294)出现汴、涡、颍三道连年决口,有时十余处同时决口[3]。如走汴道的一股大河南北岸地势高低悬差很大,南高于北八九尺,故河多北决[4]。但北决即冲断会通河,影响漕运。当时的治河方案是南岸多留分水口,听其分水涡、颍、濉等河归于淮泗。但从前至元(1264—1294)到后至元(1335—1340),黄河干流经常以汴道为正流,也有走涡、颍道的。

故此期间决口大多在汴道以南,颍道以东,但有时也有北决。如至正四年(1344),黄河在曹县白茅堤北决,豫东、鲁西南地区各州(县)皆遭水患,洪水沿会通河、北清河泛滥于两河沿岸的河间、济宁等地域,方周数千里,皆罹其害,"民老弱昏垫,壮者游离四方"[5]。灾害延续了七年之久,直到至正十一年(1351),才在贾鲁主持下开始了治河工程。

至正十一年(1351)四月初四,妥欢贴睦尔正式批准治河,命贾鲁为工部尚书兼总治河防使,发汴梁、大名13路15万人和庐州(今安徽合肥)等地戍军18翼两万人供役。工程于四月二日自白茅决口开始,七月完成疏浚黄河故道工程,开始堵塞黄河故道下游上段各决口、豁口,修筑北岸堤防。八月二十九,放水入故道。九月七日,贾鲁用船堤障水法开始堵水工程,至十一月十一终于使龙口堵合,"决河绝流,故道复通"[6]。贾鲁的"疏塞并举"策略在治河工程上取

[1]《元史·河渠志二·黄河》.
[2]《元史·卷14·世祖纪》.
[3]《元史·河渠志二·黄河》.
[4]《元史·卷170·尚文传》.
[5]《元史·河渠志三·黄河》.
[6]《元史·河渠志三·黄河》.

得了成功。

贾鲁治河之后,黄河主流大致沿汴水故道,经徐州由泗水入淮,形成历史上著名的贾鲁河:由原武(今原阳西南)黑洋山(今原阳西北)经阳武(今原阳)、封丘荆隆口、中滦镇,至开封陈桥镇,经仪封黄陵冈(今兰考东北、曹县西南鲁豫交界处的一片岗地),又经曹县新集、商丘丁家道口、虞马牧集、夏邑(今下邑)司家道口、韩家道口、经萧县赵家圈,出徐州小浮桥入运(即泗水)。但当时南北汊流决溢并未断绝[1]。

明洪武二十四年(1391),黄河在黑洋山(今原阳西北)决口,折而东南流,至开封城北五里,主流折南流经陈州(今淮阳)循颍水入淮,称为"大黄河"。原先主流(贾鲁河)因水势减弱变为支汊流,被称为"小黄河"。这是黄河主流首次夺颍水入淮。当时淮河中下游的主支流河道,几乎全为黄河及其汊流所夺。此后直到嘉靖二十五年(1546),黄河仍在淮北频繁南北摆动,多股并存,迭为主次。

如正统十三年(1448)黄河大决,分成南北两股,南股自荥泽孙家渡口(今郑州市古荥镇西北)决而南流夺颍水入淮,是为正流,分流由开封城折南由涡入淮。

又如弘治二年(1489),黄河在原武至开封段南北多处决口,分成南北数股,北决大抵走汴道,南决二股分经颍、涡入淮。自弘治三年(1490)开始,黄河下游形成了比较固定的汴、涡、颍三道,以汴道为正流[2]。

为什么金元以后黄河有如此大幅度的南摆呢?这里有一个地理上的原因需要说明。原来黄河下游河道北岸出山后,南岸还有一些黄土低岗残留,今郑州市西北邙山是最后一个屏障。邙山古称广武山,是嵩山山脉从伊洛河口沿黄河南岸向东延伸部分,原作西南—东北向。古代黄河下游河道由于广武山在南岸的顶托,呈东北流向,经河北平原入海。唐代广武山北麓还有大片滩地,设置了河阴县和河阴仓[3-4]。宋元丰元年(1078),还在广武山北麓滩地上开凿一条长50里的人工渠道,引洛水作为汴河水源[5],可见滩地之广宽。自元祐(1086—1093)以后,黄河主流趋向南岸,"北岸生滩,水趋南岸",直逼广武山下广武埽,

[1] 邹逸麟. 黄淮海平原历史地理[M]. 合肥:安徽教育出版社,1997:107–117.

[2]《明史·河渠志一·黄河上》.

[3]《新唐书·地理志·孟州河阴县》.

[4]《元和郡县志·河南府河阴县》.

[5]《宋史·河渠志四·汴河下》.

"冲塌堤身二千余步"[1]。金代以后,广武山北麓滩地上唐宋河阴县县城已塌入河中。元时迁河阴县县城至广武山北一里[2]。至正十一年(1351)河决,河阴县"官署民莽居尽废,遂成中流"[3]。明时河阴县移至广武山南麓归广武,广武山北麓滩地至此冲坍殆尽。大河正流直逼山根,不断淘挖,最后使山崖大片崩坍。今邙山临黄一面削壁陡立,正是黄河不断吞噬广武山的结果,遂使原来东北向的邙山变成东南向,黄河就有可能在郑州一带决而向东南,沿今贾鲁河一线夺颍入淮。这是13世纪后黄河下游河道变迁的一个特点[4]。

(3)1546—1855年,黄河主流经废黄河入海,淮河下游入海或入江。

嘉靖二十五年(1546)以后,黄河多股分流入淮局面基本结束,"南流故道尽塞","全河尽出徐、邳,夺泗入淮"[5]。后经潘季驯治理,按地形坡度,因地制宜地筑堤合流,并"借淮之清以刷河之浊","筑高堰束淮入清口——使二水并流,则海口自浚"[6],黄河基本上定在今废黄河一线上。以后虽有决溢,均不久则回复故道,不再出现长时期两股或多股分流的局面,直到清咸丰四年(1854)。泥沙长期堆积,河床大部分为地上河,从而使原来的淮河下游河段及其支流古汴水演变为地上河。废黄河一线成为地上河后,将原完整的淮河水系一分为二,即沂沭泗流域与淮河流域。泗水徐州以下河段因黄河泥沙淤废而不复存在;济宁至徐州的泗水河段在元代辟为运河,明至清初则已沦入南四湖底;当时的泗水仅余下今山东泗水县至济宁入南四湖的上游河段。

万历二十三年(1595),洪泽湖大堤溃决,大举分黄导淮,在洪泽湖大堤修建减水闸以分泄淮河洪水经洪泽湖及运河下泄里下河地区入海;又疏浚连接高邮湖和邵伯湖的茆塘港,以引水入邵伯湖;并开金湾河经芒稻河减水入长江,这是黄河夺淮后,淮水入海受阻而疏通入长江的开始。但在明代,淮河自洪泽湖下泄的洪水,主要出路是向东经里下河地区入海,分洪入江仍属次要。

明崇祯十五年(1642),明政府人为扒开开封城北河堤,企图淹灌围城的李自成起义军,结果水淹开封城,居民被淹毙者达34万人,洪水夺涡水入淮。

清咸丰元年(1851),黄、淮同时发生大水,洪泽湖大堤南端蒋坝附近(三河

[1]《宋史·河渠志三·黄河下》.
[2]《大元一统志·卷三》.
[3]《元史·赵万里辑本五行志二》.
[4] 邹逸麟. 黄淮海平原历史地理[M]. 合肥:安徽教育出版社,1997:107-117.
[5]《行水金鉴》卷39引《明神宗实录》万历二十五年三月戊午条.
[6]《明史》卷二二三《潘季驯传》.

口)大堤决口,洪水由三河东入高邮湖,经金湾河、芒稻河于三江营入江,形成了入江水道的雏形。从此,一改淮河主流与黄河汇流入海的河势而为南注长江,借道长江河口段东入东海(据《淮河水利简史》)。具体南泛途经河渠见图5.3。

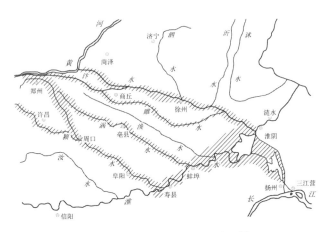

图5.3 黄河夺淮后的淮河水系[1]

明清两代都建都北京,治河保运的目的是一致的,都要求黄河有一条固定的河道,才能使运河畅通无阻。这300年内由于河道长期固定,泥沙不再旁泄,河床堆积十分迅速,下游河道大部分已成悬河。

3.第三阶段(1855年至新中国成立):黄河北徙,偶尔南泛

1855年,黄河在河南兰阳(现兰考)铜瓦厢决口北徙,终于结束了黄河夺淮的局面。但因黄河夺淮,淮河下游河床抬高,淮水大部已不能直接入海。淮河入海水道建成以前,大部分经入江水道进入长江,少部分大体经今苏北灌溉总渠和淮沭新河—新沂河一带入海。

1887年,黄河决堤,阜阳地区太和县遭黄水溢,蒙城亦被淹。

1888年,夏、秋两次黄泛,阜阳地区太和县城被淹。

1889年,黄河决堤,阜阳地区各县水灾。

1938年6月,南京国民政府为了阻止日本侵略军的进攻,派军队扒决黄河。6月5日,先将中牟县赵口河堤掘开,因过水甚小,又另掘郑州花园口堤。9日,花园口河堤掘开过水。后三日,大河盛涨,"洪水滔滔而下,将所掘堤口冲宽至百余米"(图5.4)。至1947年堵复花园口决口,大河复回故道。1938年的黄泛淹没了淮北5万多平方千米土地,造成89万人死亡。

[1]邹逸麟.黄淮海平原历史地理[M].合肥:安徽教育出版社,1997:113.

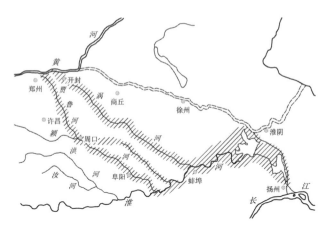

图5.4　1938年花园口决堤后的黄泛区域[1]

（四）布拉马普特拉河与恒河：哪是支流哪是干流？

　　布拉马普特拉河在入海前与恒河汇合，汇合口往下称博多河，下游又有梅克纳河注入，形成梅克纳河口湾入海。恒河—布拉马普特拉河三角洲，是世界上最大的三角洲之一（图5.5）。两条河流只是在入海段有部分河道交错现象，故一般不界定哪是支流，哪是干流。

图5.5　恒河—布拉马普特拉河河口

[1]邹逸麟.黄淮海平原历史地理[M].合肥:安徽教育出版社,1997:117.

第二节　百川归海:水循环

百:表示多。川:江河。百川归海意即所有江河流归大海,比喻众望所归或大势所趋,也比喻许多事物由分散而汇集到一处。

如汉·刘安《淮南子·泛论训》:"百川异源,皆归于海。"

又如汉·蔡邕《郭泰碑》:"犹百川之归巨海,鳞介之宋江龟龙也。"

百川归海犹言"万法归宗"。

与百川归海类似的成语如海纳百川。

一、"百川归海"的地理解读

(一)水循环

1.定义

水循环是指地球上各种形态的水,在太阳辐射、地球引力等作用下,通过蒸发、水汽输送、凝结形成降水、下渗以及径流等环节,不断地发生相态转换和周而复始运动的过程[1]。

2.环节

从全球整体角度来说,这个循环过程可以设想从海洋的蒸发开始。蒸发的水汽升入空中,并随气流输送至各地,大部分留在海洋上空,少部分深入内陆,在适当条件下,这些水汽凝结形成降水。其中海面上的降水直接回归海洋,降落到陆地表面的雨雪,除重新蒸发升入空中的水汽外,一部分成为地表径流补给江河、湖泊,另一部分渗入岩土层中,转化为壤中流与地下径流。地表径流、壤中流与地下径流,最后亦流入海洋,构成全球性统一、连续有序的动态大系统(图5.6)[2]。

---

[1] 黄锡荃.水文学[M].北京:高等教育出版社,1993:41.

[2] 黄锡荃.水文学[M].北京:高等教育出版社,1993:41-42.

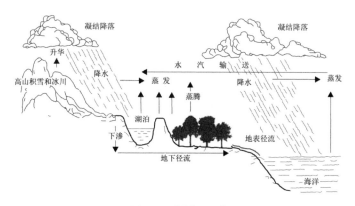

图5.6　水循环示意

3.类型

通常按水循环的不同途径与规模,将全球的水循环分为海陆间循环、海上内循环与陆上内循环[1]。

(1)海陆间循环。发生于全球海洋与陆地之间的水分交换过程,由于广及全球,又名大循环或外循环。

其主要特点是,在循环过程中,水分通过蒸发与降水两大基本环节,在空中与海洋、空中与陆地之间进行垂向交换,与此同时,又以水汽输送和径流的形式进行横向交换。交换过程中,海面上的年蒸发量大于年降水量,陆面上情况正好相反,降水量大于蒸发量。在横向交换过程中,海洋上空向陆地输送的水汽要多于陆地上空向海洋回送的水汽,两者之差称为海洋的有效水汽输送。正是这部分有效水汽输送,在陆地上转化为地表及地下径流,最后回流入海,在海陆之间维持水量的相对平衡。

(2)海上内循环。发生于海洋与海洋上空大气之间的水分交换过程,又名海洋小循环。主要包括海面的蒸发与降水两大环节,循环过程相对比较简单。

(3)陆上内循环。发生于陆地与陆地上空大气之间的水分交换过程,又名陆地小循环。

陆上内循环的情况要复杂得多,并且内部存在明显的差别。从水汽来源看,有陆面自身蒸发的水汽,也有来自海洋输送来的水汽,并在地区分布上很不均匀,一般规律是距海愈远水汽含量愈少,因而水循环强度具有自海洋向内陆深处逐步递减的趋势。如果地区内部植被条件好,贮水比较丰富,那么自身蒸

---

[1]黄锡荃.水文学[M].北京:高等教育出版社,1993:42-43.

发的水汽量比较多,有利于降水的形成,因而可以促进地区小循环。

陆地小循环可进一步分为大陆外流区小循环和内流区小循环。外流区小循环除自身垂向的水分交换外,还有多余的水量以地表径流及地下径流的方式输向海洋,高空中必然有等量的水分从海洋送至陆地,所以还存在与海洋之间的横向水分交换。陆地上的内流区,其多年平均降水量等于或少于蒸发量,自成一个独立的水循环系统,没有河流直接和海洋相沟通,水分交换以垂向为主,仅借助于大气环流运动,在高空与外界之间进行一定量的水汽输送与交换。

巴丹吉林沙漠地下水维系着高大沙山景观。Chen[1]研究表明,中国西北阿拉善高原的巴丹吉林沙漠的高大沙山有着稳定的水源补给,沙漠下隐藏着大量的淡水资源。同位素示踪表明,巴丹吉林沙漠的水源补给来自500多千米以外的祁连山积雪和冰川的融水,而中间的“通道”就是地球板块运动形成的祁连山深大断裂、阿尔金断裂等。正是这条深层“地下河”,从祁连山给巴丹吉林沙漠以及黑河下游地区引来了源源不断的“后继资源”。从祁连山到巴丹吉林沙漠,地下水补给周期平均只需30年。这一发现无疑对巴丹吉林沙漠及其附近地区水资源的开发和利用提供了一种新的思路和可能。目前都是用水库将大量的水储存起来,蒸发损耗很大。如果能将这样的地下天然水库利用起来,将有效避免地表水的无效蒸发。

4.机理

(1)水循环服从于质量守恒定律。整个循环过程保持着连续性,既无开始,也没有结束。从本质上说,水循环是物质与能量的传输、储存和转化过程,而且存在于每一环节。在蒸发环节中,伴随液态水转化为气态水的是热能的消耗,伴随着水汽凝结形成降水的是潜热的释放,所以蒸发与降水就是地面向大气输送热量的过程。地面潜热交换是大气热量的主要来源。由降水转化为地面与地下径流的过程,则是势能转化为动能的过程。这些动能成为水流的动力,消耗于沿途的冲刷、搬运和堆积作用,直到注入海洋才消耗殆尽。

(2)太阳辐射与重力作用是水循环的基本动力。此动力不消失,水循环将永恒存在。水的物理性质,在常温常压条件下液态、气态、固态三相变化的特性是水循环的前提条件。外部环境包括纬度、海陆分布、地貌形态等,制约了水循环的路径、规模与强度。

[1] CHEN J S,LI L,WANG J Y,et al. Groundwater maintains dune landscape[J]. Nature,2004,432:459-460.

（3）水循环广及整个水圈,并深入大气圈、岩石圈及生物圈。其循环路径并非单一的,而是通过无数条路线实现循环和相交,所以水循环系统是由无数不同尺度、不同规模的局部水循环所组合而成的复杂巨系统。

（4）全球水循环是闭合系统,但局部水循环却是开放系统。因为地球与宇宙空间之间虽亦存在水分交换,但每年交换的水量还不到地球上总贮水量的十五亿分之一,所以可将全球水循环系统近似地视为既无输入又无输出的一个封闭系统。对地球内部各大圈层,对海洋、陆地或陆地上某一特定地区,对某个水体而言,水循环既有水分输入,又有水分输出,因而是开放系统。

（5）地球上的水分在交替循环过程中,总是溶解并携带着某些物质一起运动,诸如溶于水中的各种化学元素、气体以及泥沙等固体杂质等。不过这些物质不可能像水分那样构成完整的循环系统,所以通常意义上的水文循环仅指水分循环,简称水循环。

5.影响

水循环作为地球上最基本的物质大循环和最活跃的自然现象,深刻地影响着全球地理环境、生态平衡和水资源的开发利用。对自然界的水文过程来说,水循环是千变万化的水文现象的根源[1]。

（1）水文循环与地球圈层构造。地球表层系统由大气圈、岩石圈、生物圈以及水圈组合而成。在这一有序的庞大层次结构中,水圈居于主导地位。正是水圈中的水,通过连续不断的循环运动,积极参与圈层之间的活动,并且深入四大圈层内部,将它们耦合在一起。

水循环,它上达15千米的高空,成为大气圈的有机组成部分,担当了大气循环过程的主角;下到地表以下1~3千米深处,积极参与岩石圈中化学元素的迁移过程,成为地质大循环的主要动力因素。同时,水作为生命活动的源泉,生物有机体的组成部分,它全面地参与了生物大循环,成为沟通无机界和有机界联系的纽带,并将四大圈层串联在一起,组合成相互影响、相互制约的统一整体。从这一意义上说,水循环深刻地影响了地球表层结构的形成以及今后的演变与发展。

（2）水循环与全球气候。水循环一方面受到全球气候变化,尤其是大气环流活动的影响,另一方面它又深入大气系统内部,极其深刻地制约了全球气

---

[1] 黄锡荃.水文学[M].北京:高等教育出版社,1993:44-47.

候。首先,水循环是大气系统能量的主要传输、储存和转化者。其次,水循环通过对地表太阳辐射能的再分配,使不同纬度热量收支不平衡矛盾得到缓解。再次,水循环的强弱及其路径,还会直接影响各地的天气过程,甚至可以决定地区的气候基本特征。在这方面,海洋环流系统的气候效应表现得最为强烈。最后,像雨、雪、霜、霰以及台风暴雨等天气现象,本身就是水循环的产物,没有水循环,亦就不存在这类天气现象。

(3)水循环与地貌形态及地壳运动。地壳构造运动奠定了全球海陆分布,以及陆地表面高山、深谷、盆地、平原等地表形态的基本轮廓。水循环过程中的流水以其持续不断的冲刷、侵蚀、搬运、堆积,以及溶蚀作用,在地质构造的基底上重新塑造了全球的地貌形态,从两极与高山地区的冰川地貌、滨海地区的海岸地貌,到河流冲积、堆积地貌以及千姿百态的岩溶地貌,无一不是水循环的杰作。

水循环不仅重新塑造了地表形态,而且还影响到地壳表层内应力的平衡,是触发地震甚至引起地壳运动的重要原因之一。

(4)水循环与生态平衡。水是生命之源,又是生物有机体的基本组成物质,无论是动物还是植物,细胞原生质中大部分是水,如人体组织中70%是水。没有水循环,就不会有生命活动,亦不存在生物圈。同时,水循环的强度及其时空变化还是制约一个地区生态环境平衡与否的关键,是影响地区内生物有机体活动旺盛与否的主要因子。此外,对于同一地区来说,水循环强度的时空变化,又是造成本区洪、涝、旱等自然灾害的主要原因:循环强度过大,可能引发洪水与涝渍灾害;循环强度过小,可能产生水资源不足问题,出现旱灾。

(5)水循环与水资源开发利用。水是人类赖以生存和发展的宝贵资源,是廉价、清洁的能源之源,是农业的命脉、工业的血液和运输的大动脉,它与其他自然资源相比具有再生性和可以永续利用的特点。这一特点正是水循环所赋予的。

(6)水循环与水文现象。水循环是地球上一切水文现象的根源,没有水循环,地球上也就不会有蒸发、降水、径流,不存在江河湖泊。

(二)百川归海中的"川"指外流河

内陆河指由内陆地区降雨或高山融雪产生的、不能流入海洋、只能流入内陆湖泊或在内陆消失的河流,也称内流河。这类河流大多处于大陆腹地,远离海洋,得不到充足的水汽补给,干旱少雨,水量不丰,而山峦环绕、丘陵起伏的地形又阻断了入海的通路,最终消失在沙漠里或汇集于洼地形成尾闾湖。

外流河是直接或间接流入海洋的河流。

显然,并非所有河流最终都能流入海洋,故成语"百川归海"中的"川"指外流河。

(三)百川归海途径

"百川归海",最终注入海洋,故"百川"参与的是海陆间循环。归海途径主要为地表径流,其次为地下径流,对于离海近的河流(或河段),河水也可能经"蒸发—水汽输送—降水"途径归海。

二、延伸阅读——两组高考全国文综卷地理试题

(一)2014年高考全国文综卷Ⅱ第6—7题

降水在生态系统中被分为蓝水和绿水。蓝水是形成径流的部分(包括地表径流和地下径流),绿水是被蒸发(腾)的部分,其中被植物蒸腾的部分称为生产性绿水,被蒸发的部分称为非生产性绿水。据此完成6—7题。

6.下列流域中,绿水比例最大的是

    A.塔里木河流域   B.长江流域   C.雅鲁藏布江流域   D.黑龙江流域

7.在干旱和半干旱区,下列措施中,使绿水中生产性绿水比例提高最多的是

    A.水田改旱地   B.植树造林   C.覆膜种植农作物   D.修建梯田

【答案】6.A   7.C

本题考查《普通高中地理课程标准(实验)》中"说出水循环的过程和主要环节,说明水循环的地理意义","说明河流的水文特征","比较我国北方、南方、西北、青藏地区的自然地理差异","说出某地区气候对当地农业生产和生活的影响","了解农业持续发展的方法与途径"等内容;考查考生"地理学科学习能力","能够从题目的文字表述中获取地理信息",能够"准确和完整地理解所获取的地理信息","调动和运用地理知识","运用判断、比较等方法论证和探讨地理问题"。

　　本题注重考查考生的地理学科学习能力。题目涉及的蓝水、绿水等名词，对学生而言比较陌生，但试题给出了解题所需的比较充足的信息。因此，如何从材料中获取和解读有用信息，并结合所学地理知识是解题的关键。

　　在某一流域中，"绿水"（气态水）的循环供给陆生生态系统，"蓝水"（液态水）的循环供给水生生态系统和人类的用水需求。"绿水"的循环反映了自然界"土壤—植物"生态系统的用水消耗。"蓝水"在地表和地下流动，从山顶到山脚，从陆地到海洋。

　　1995年，绿水和蓝水的概念开始出现。从水循环角度分析，全球总降水的65%通过森林、草地、湿地和雨养农田的蒸散返回大气，称为绿水（绿水流）；仅有35%的降水储存于河流、湖泊以及含水层中，称为蓝水。绿水最初被定义为蒸散流，是流向大气圈的水汽流，后来被定义为具体的水资源，即绿水是源于降水、存储于土壤并通过植被蒸腾消耗掉的水资源，是雨养农业区重要的水资源。

　　第6题：根据材料"降水在生态系统中被分为蓝水和绿水。蓝水是形成径流的部分，绿水是被蒸发（腾）的部分"，可知在生态系统中，蓝水和绿水的含量此消彼长，绿水比例大，意味着蒸发（腾）比例大。同时，结合对选项中四个流域自然地理环境特点的比较分析，可以得出塔里木河流域位于我国西北内陆干旱地区、降水少、蒸发强、绿水比例最大的结论。

　　第7题：提取材料信息，可知绿水分为因植物蒸腾而产生的生产性绿水和因地表蒸发而产生的非生产性绿水，二者也是此消彼长的关系。生产性绿水比重提高意味着植物蒸腾增强，地面蒸发减少。比较选项中四条措施，结合农业生产的地域差异，可以得出：在干旱和半干旱地区，降水少，蒸发强，不适宜植树造林和修建梯田，同时也不适宜发展水田农业，而且水田改旱地也无法避免地表水分蒸发。在干旱和半干旱地区，覆膜种植农作物可以保湿、保温，减少地面蒸发，增强农作物对水分的吸收，增强植物蒸腾作用，从而导致生产性绿水比重大幅提高。这也是因地制宜发展农业的有效措施。

（二）2008年高考全国文综卷Ⅰ第36题

读图5.7，完成下列要求。

（1）判断G河自N点至M点流经地区的地形类型，并说明判断的理由。

（2）说明G河水量丰富的原因。

（3）指出G河没有形成明显三角洲的原因，并加以分析。

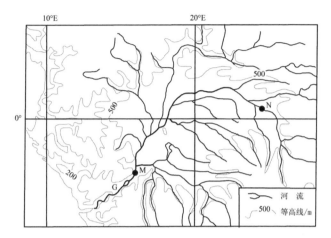

图5.7　某地地形及水系示意

【参考答案】(1)盆地。从(向心状)水系或河流分布状况判断,该地形区北、东、南三面高;再从等高线(500米)判断,该地形区为盆地。

(2)流域位于赤道地区,终年(受赤道低气压控制,盛行上升气流)降水丰富;流域大部分为盆地,支流多,集水面积广。

(3)①入海口附近,泥沙不易沉积,因为地形高差大,河流落差大,流速大。②入海泥沙量较少,因为G河在M点以上多流于盆地中,流速较小,易于泥沙沉积;且从纬度位置和地形看,流域内热带雨林广布(植被覆盖率高),水土流失较轻。

第三节　风平浪静:无风未必不起浪

风平浪静是说风已平息,浪已寂静;指江河湖海里没有风浪,一时间显现了宁静的景象;比喻平静无事。

宋·杨万里《泊光口》:"风平浪静不生纹,水面浑如镜面新。"

宋·陆九渊《语录下》:"因提公昨晚所论事,只是胜心。风平浪静时,都不如此。"

宋·释普济《五灯会元》卷七:"僧问:'风恬浪静时如何?'师曰:'吹倒南墙。'"

明·蒋一葵《长安客话·关镇杂记一·古榆关》:"即今倭虽往封,未便风平浪静;虏虽渐远,岂能息燧寝烽? 则屯田积粟之举,诚绸户彻桑之上计也。"

清·吴趼人《二十年目睹之怪现状》第十八回:"有孩儿在这里,不要怕他,包管风平浪静。"

《醒世恒言·马当神风送滕王阁》:"须臾,雾散云收,风平浪静,满船之人俱各无事,唯有王勃乃作神仙去矣!"

田野《火烧岛》:"海阔天空,风平浪静,红日照遍了东方,白鸥在前后飞翔。"

洪深《少奶奶的扇子》第四幕:"世界上的事体,哪一件是拿得定、把得稳的? 看着风平浪静,一点危险没有,哪知忽然而来。"

1983年《袁家山简介》:"(袁可立)许愿修盖庙宇,随即风平浪静,一仗取胜。"[1]

清·吴趼人《糊涂世界》第四卷:"譬如你这一件事,大约也不过花上八千两银子,就可以风平浪静了。"

风平浪静亦作"风休浪静""波平浪静""浪静风平"。

类似成语如无风起浪、乘风破浪、兴风作浪。

一、"风平浪静"的地理解读

(一)波浪

1.定义

波浪是海洋、湖泊、水库等宽敞水面上常见的水体运动,其特点在于每个水质点作周期性运动,所有的水质点相继振动,便引起水面呈周期性起伏。

因为水是一种流体,它在外力(风、地震等)作用下,水质点可以离开原来的位置,但在内力(重力、水压力、表面张力等)作用下,又有使它恢复原来位置的趋势。因此,水质点在其平衡位置附近作近似封闭的圆周运动,便产生了波浪,并引起了波形的传播。由此可见,波浪的传播,并不是水质点的向前移动,而仅是波形的传递。

2.波浪要素

波浪的尺度和形状,通常用波浪要素来表述。波浪的基本要素有波峰、波谷、波顶、波底、波高、波长、波陡、周期和波速(图5.8)。

[1] 百度百科. 风平浪静[EB/OL]. [2015-02-23]. http://baike.baidu.com/link?url=cLns_TOotYVXdH-GiS50jFpH56OdPS7omzhvzPSXqsf4yMF-f1xJayfxLMactDuaG.

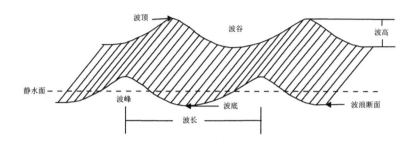

图5.8　波浪要素示意

波峰是静水面以上的波浪部分;波谷是静水面以下的波浪部分;波顶是波峰的最高点;波底是波谷的最低点;波高(h)是波顶与波底间的垂直距离;波长(λ)是两相邻波顶或波底间的水平距离;波陡(σ)是波高与半个波长之比;波浪周期(τ)是两相邻的波顶(或波底)经过同一点所需要的时间;波速(c)是波形移动的速度,即波长与波浪周期之比值。

3.分类

(1)按周期分类。按周期(频率)分类,波浪可分为表面张力波、短周期重力波、长周期重力波、长周期波和长周期潮波。

(2)按成因分类。按成因分类,波浪分为风浪、涌浪、内波、潮汐波和海啸。在风的直接作用下,水面出现的波动,称风浪。风浪离开海区传至远处或风区里,风停息后所留下的波浪,称涌浪(波)。发生在海洋内部,由两种密度不同的海水作相对运动而引起的波动现象,称内波。海水在引潮力作用下产生的波浪,称潮汐波。由火山、地震或风暴等引起的巨浪,称海啸。

(3)按水深分类。按水深分类,波浪可分为深水波和浅水波。深水波是水深相对波长很大的波,这种波动主要集中在海面以下一个较薄的水层内,又称表面波或短波。浅水波是水深相对波长很小的波,又称长波。

(4)按波形的传播性质分类。按波形的传播性质分类,波浪可分为前进波和驻波。波形不断向前传播的波浪,称前进波或进行波。波形不向前传播,只是波峰和波谷在固定点不断升降交替的波浪,称驻波。

(二)无风亦可起浪

波浪主要是由风引起的,但没有风也可以产生波浪。

海水在引潮力作用下产生的波浪,称为潮汐波。

由火山爆发、海底地震引起海底大面积升降,以及沿海地带山崩和滑坡等造成的巨浪,称为海啸。海啸是一种频率介于潮汐波和涌浪之间的重力长波,其波长为几十至几百千米,周期为2~200分钟,最常见的是2~40分钟。

(三)风欲静而浪不止

当风开始平息或波速超过风速时,风浪就要离开风区传到远处去,这种波浪称为涌浪。涌浪的出现,表示风浪已进入消衰阶段。涌浪的特点:随着传播距离的增长,波高逐步变小,波长和周期不断增加,因而涌浪变得越平缓,波形越接近摆线波。

二、相关洋流知识

(一)风海流

洋流即海流,是指海洋中具有相对稳定的流速和流向的海水,从一个海区水平或垂直地向另一海区大规模的非周期性的运动。洋流是促成不同海区间进行大规模水量交换的主要因子。伴随着大规模的水量交换,还有热量交换、盐分交换和溶解气体交换等。所以,洋流对气候、海洋生物、海洋沉积、海上交通,以及海洋环境等方面都有巨大影响[1]。

作用于洋流的力主要有风对海水的应力和海水的压强梯度力。在这些力的作用下,当海水运动起来后,还产生一系列派生的力,如摩擦力、地转偏向力和离心力等。风对海水的应力包括两个方面,一是风对海面的摩擦力(切应力),二是风施加在海浪迎风面上的压力(正压力)。所以,风作用于海面,除形成波浪外,还会产生海水的前进运动,即洋流。海水在风的切应力作用下形成的水平运动称为风海流。

(二)艾克曼漂流理论

大量的海洋调查发现,海流流向和盛行风向间有一定的偏角。20世纪初由瑞典学者埃克曼创立的漂流理论,相当成功地解释了风海流现象。风海流可分深风海流和浅风海流两类。该理论首先假定海区远离大陆,海深无限,面积广

[1] 黄锡荃. 水文学[M]. 北京:高等教育出版社,1993:203-217.

大,海水运动不受海底和海岸的影响;水面水平,海水密度分布均匀;作用于海面的风是定向恒速的。

风通过摩擦将一部分动量传给海水,使表层海水流动。由于地转偏向力的作用,海水流向在北半球偏于风向的右侧。借助海水的内摩擦,表层海水又带动下层海水流动,地转偏向力的作用会使每一层水的流向偏于上一个水层流向的右侧。在摩擦转动过程中,能量不断消耗,直到海面以下某深度处能量消耗殆尽。经过长时间的定向恒速风的作用,各层海水的流动便趋于定向、匀速状态。这就是风海流发生的物理机制。

根据艾克曼漂流理论可知:①风海流强度与风的切应力大小有密切的关系。②受地转偏向力的影响,表面流向偏离风向45°左右(北半球右偏,南半球左偏),并随水深的增加呈线性加大,直到某一深处,流向与表层流向相反(这一深度称为摩擦深度)。通常将摩擦深度作为风海流所能达到的下限,一般为100~300米。③风海流表层流速最大,由海面向下流速按指数律减小。④理论计算表明,风海流水体输送方向偏于风向右侧(北半球),与风向的夹角为90°。

上面讨论的是水深无限时的风海流,实际上海水的深度总是有限的。一般认为,当海水深度与摩擦深度的比值(h/Da)大于或等于2时,即可以不考虑海底摩擦的影响,按深海风海流处理。而当h/Da比值小于2时,海底摩擦的影响不容忽视,此时发生的风海流称为浅海风海流。浅海风海流因海水浅,受海底摩擦阻力影响,使浅海风海流表层流向与风向偏角变小,流向随水深增加变化缓慢。当水深$h=0.1Da$时,洋流流向在整个水深上与风向一致;当水深$h=0.5Da$时,偏角增大到45°;以后随水深的增加,偏角几乎不变;水深越浅,偏离的角度越小。浅海风海流的水体输送方向也偏向风向的右侧,但偏离的角度小于90°。

(三)世界大洋表层环流系统

大气与海洋之间处于相互作用、相互影响、相互制约之中,大气在海洋上获得能量而产生运动,大气运动又驱动着海水,这样多次的能量和物质交换,制约着大气环流和大洋环流。海面上的气压场和大气环流决定着大洋表层环流系统(图5.9)。

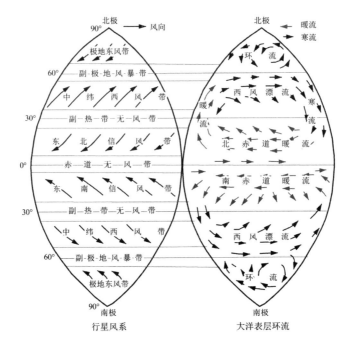

图5.9　行星风系模式和世界洋流及风海流形成示意

大洋表层环流与盛行风系相适应,所形成的格局具有以下特点:

(1)以南、北回归高压带为中心形成反气旋型大洋环流。反气旋型大洋环流分布在南北纬50°之间,并在赤道两侧呈非对称性出现。

(2)以北半球中高纬海上低压区为中心形成气旋型大洋环流。气旋型大洋环流分布在北纬45°~70°。

(3)南半球中高纬海区没有气旋型大洋环流,而被西风漂流所代替。

(4)在南极大陆形成绕极环流。南极绕极环流是世界大洋中唯一环绕地球一周的表层大洋环流。

(5)北印度洋形成季风环流区。北印度洋在冬、夏季风作用下形成季风漂流:冬季,北印度洋盛行东北季风,形成东北季风漂流;夏季,北印度洋盛行西南季风,形成西南季风漂流。

(四)大洋传送带

大洋传送带是一种全球性的温度、盐度循环系统(图5.10)。

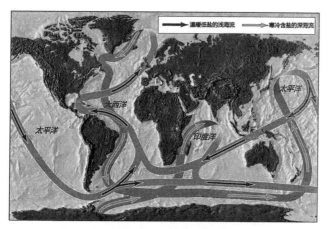

图5.10　大洋传送带

　　高盐度的低温海水在北大西洋北部下沉,自深海向南流动返回赤道,一直到达环南极。它在南大西洋、南印度洋及南太平洋上升至海水表层,流向北大西洋、印度洋及北太平洋,汇合成一支温暖且盐度低的洋流,自热带太平洋向西穿过印度洋,绕过非洲南部,最后到达大西洋一直向北,从而形成一个闭合的环流。其中,在北大西洋海域,海水表层向北、深层向南的传送有着特别重要的意义,它不断地将低纬度地区赤道附近的热量和盐度低的海水带到中高纬度的海域,从而缓和了北半球中高纬度地区温度的变化,维持着全球气候系统的平衡。

　　表层水与深层水大约每2 000年围绕地球循环一圈。

第六章　成语中的其他地理知识

风起云涌,风因何而起,云又因何而涌?"风起云涌"部分将给出答案。"奇风异俗"一节则在解析风俗缘何"奇""异"的基础上,从"饮食习俗与地理环境"和"建筑风格与气候"以及"交通方式与地貌"三个方面描述了"奇风异俗"与环境的关系。根深方能叶茂,"根深叶茂"体现了地球圈层的整体性特征,自然植被是环境的选择,也作用于环境。精卫填海不只是传说,现实生活中有很多填海的"精卫"。"空穴来风"一节解释了为何"空穴"易"来风"。"竭泽而渔"一节分析了如何科学地"竭",方能长久地"渔"。"因地制宜"一节则在详细分析"因""地""制""宜"四个字的基础上,解读了因地制宜的尺度观、功能观和决策观。

第一节　风起云涌:坐看风起云涌

风起云涌是说大风吹起,乌云涌现;比喻许多人相继响应或许多事物相继涌现;形容气势宏伟壮观。

清·蒲松龄《聊斋志异·各本序跋题辞·唐序》:"下笔风起云涌,能为载记之言。"

清·陈确《祝子开美传》:"五郡好义之士,醵金而赒赠者,风卷云涌而至。然开美皆谢却之,无所受。"

孙中山《革命成功个人不能有自由团体要有自由》:"当时结成的团体,虽然是风起云涌,有百十之多,但是不久,所有的团体,便烟消云散。"

风起云涌亦作"云涌风起"。

与风起云涌相关的成语有风靡云涌等。

一、"风起云涌"的地理解读

(一)风何以"起"

大气的水平运动就是通常所说的风。风对于大气中水分、热量的输送和天气、气候的形成与演变起着重要的作用[1]。

1.促使空气运动的力

空气的运动是在力的作用下产生的。作用于空气的力除重力之外,还包括由于气压分布不均而产生的气压梯度力,由于地球自转而产生的地转偏向力,由于空气层之间、空气与地面之间存在相对运动而产生的摩擦力,由于空气作曲线运动时产生的惯性离心力。这些力在水平分量之间的不同组合,构成了不同形式的大气水平运动[2]。

(1)水平气压梯度力。气压梯度是一个向量,它垂直于等压面,由高压指向低压,数值等于两等压面间的气压差除以其间的垂直距离,可以分解为水平气压梯度和垂直气压梯度。气压梯度不仅表示气压分布的不均匀程度,而且还表示由于气压分布不均而作用在单位体积空气上的压力。

在大气中,气压梯度力垂直分量比水平分量大得多,但是与重力始终处于平衡状态,因而在垂直方向上一般不会造成较大的垂直加速度。水平气压梯度力虽小,由于没有其他实质力与它相平衡,在一定条件下却能造成较大的空气水平运动。

(2)地转偏向力。运动的空气质点依其惯性沿着水平气压梯度力方向运动的同时,还受一个使其偏离气压梯度力方向的力的作用。这个力即地球自转产生的非惯性力,称为水平地转偏向力或科里奥利力。在大尺度的空气运动中,地转偏向力是一个非常重要的力。

地转偏向力只是在空气相对于地面有运动时才产生,空气处于静止状态时没有地转偏向力作用。而且地转偏向力只改变气块运动方向而不能改变其运动速度,在北半球往右偏,南半球往左偏。在风速相同的情况下,它随纬度减小而减小。

(3)摩擦力。摩擦力是两个相互接触的物体作相对运动时,接触面之间产

[1]周淑贞.气象学与气候学[M].北京:高等教育出版社,1997:93.
[2]周淑贞.气象学与气候学[M].北京:高等教育出版社,1997:93.

生的一种阻碍物体运动的力。大气运动中所受到的摩擦力一般分为内摩擦力和外摩擦力。内摩擦力是在速度不同或方向不同的相互接触的两个空气层之间产生的一种相互牵制的力,它主要通过湍流交换作用使气流速度发生改变,也称湍流摩擦力。其数值很小,往往不予考虑。外摩擦力是空气贴近下垫面运动时,下垫面对空气运动的阻力,它的方向与空气运动方向相反。内摩擦力与外摩擦力的向量和称摩擦力。摩擦力的大小在大气中的各个不同高度上是不同的,以近地面层(地面至30~50米)最为显著,高度愈高,作用愈弱,到1~2千米以上,摩擦力的影响可以忽略不计。所以,把此高度以下的气层称为摩擦层(或行星边界层),此层以上称为自由大气层。

(4)惯性离心力。惯性离心力是物体在作曲线运动时所产生的,由运动轨迹的曲率中心沿曲率半径向外作用在物体上的力。这个力是物体为保持沿惯性方向运动而产生的,因而称惯性离心力。惯性离心力同运动的方向相垂直,自曲率中心指向外缘。惯性离心力和地转偏向力一样,只改变物体运动的方向,不改变运动的速度。

上述四个力都是在水平方向上作用于空气的力,它们对空气运动的影响是不一样的。一般来说,气压梯度力是使空气产生运动的直接动力,是最基本的力。其他力是在空气开始运动后才产生并起作用的,而且所起的作用视具体情况而不同。地转偏向力对高纬地区或大尺度的空气运动影响较大,而对低纬地区特别是赤道附近的空气运动影响甚小。惯性离心力在空气作曲线运动时起作用,而在空气作近似直线的运动时可以忽略不计。摩擦力在摩擦层中起作用,而对自由大气层中的空气运动可不予考虑。地转偏向力、惯性离心力和摩擦力虽然不能使空气由静止状态转变为运动状态,但能影响运动的方向和速度。气压梯度力和重力既可改变空气运动状态,又可使空气由静止状态转变为运动状态。

2.自由大气中的风

(1)地转风。地转风是气压梯度力和地转偏向力相平衡时,空气作等速、直线的水平运动。

(2)梯度风。当空气质点作曲线运动时,除受气压梯度力和地转偏向力作用外,还受惯性离心力的作用。当这三个力达到平衡时的风,称为梯度风。

在北半球,低压中的梯度风必然平行于等压线,绕低压中心作逆时针旋转;高压中的梯度风平行于等压线,绕高压中心作顺时针旋转。南半球则相反。

（3）热成风。假若等压面在低层是水平的(气压梯度为零)，由于气柱中平均温度在水平方向上有差别，到高层以后，等压面就会出现倾斜，水平面上的气压值不相等，出现了由暖区指向冷区的气压梯度力，从而产生了平行于等温线的风。这种由于水平温度梯度的存在而产生的地转风在垂直方向上的速度矢量差，称为热成风。

(二)云何以"涌"

1.云的形成条件和分类

（1）形成条件。充足的水分；足够的凝结核；要有使空气中水汽凝结的冷却过程，特别是要有使空气上升运动引起的绝热冷却过程。大气的上升运动主要有如下四种方式：①动力抬升，指暖湿气流受锋面、辐合气流的作用所引起的大范围上升运动。这种运动形成的云主要是层状云。②热力对流，指地表受热不均和大气层结不稳定引起的对流上升运动。由对流运动所形成的云多属积状云。③大气波动，指大气流经不平的地面或在逆温层以下所产生的波状运动。由大气波动产生的云主要属于波状云。④地形抬升，指大气运行中遇地形阻挡，被迫抬升而产生的上升运动。这种运动形成的云既有积状云，也有波状云和层状云，通常称之为地形云。

（2）云的分类。按照形态学原则，可分为层状、波状和积状云三类；按照云底出现的高度，可分为低云、中云和高云；按照发生学原则，可进一步细分(详见表6.1)。

表6.1　云的分类

云　型	低云(<2 000 m)	中云(2 000~6 000 m)	高云(>6 000 m)
层状云	雨层云(Ns)	高层云(As)	卷层云(Cs) 卷云(Ci)
波状云	层积云(SC) 层云(St)	高积云(Ac)	卷积云(Cc)
积状云	淡积云(Cuhum)	浓积云(CuCong) 积雨云(Cb)	

2.各种云的形成

（1）层状云。层状云是均匀幕状的云层，常具有较大的水平范围，包括卷层云、卷云、高层云及雨层云。层状云是由于空气大规模的系统性上升运动而产生的，主要是锋面上的上升运动引起的。在降水来临之前，有些云可以作为降水的征兆。如卷层云,通常出现在层状云系的前部,其出现还往往伴随着日、月晕,因此若看到天空有晕,便知道有卷层云移来,则未来将有雨层云移来,天气可能转雨。农谚"日晕三更雨,月晕午时风",就是指此征兆。

(2)波状云。波状云是波浪起伏的云层,包括卷积云、高积云和层积云等。当空气因密度和气流速度不同,或因气流越山而存在波动时,波峰处空气上升,波谷处空气下沉。

(3)积状云。积状云是垂直发展的云块,多形成于夏季午后,具有孤立分散、云底平坦和顶部凸起的外貌形态。根据云顶上升高度分为三类:淡积云、浓积云和积雨云。在凝结高度之下无云形成;在凝结高度到0℃等温线高度之间,形成淡积云;在0℃等温线高度到冻结高度之间,形成浓积云;在冻结高度之上,形成积雨云。

由于条件的变化,各种云是可以发展或消散的,也可以从这种云转化为那种云。例如积状云中,淡积云可以发展到浓积云,最后形成积雨云;积雨云在消散时,可以演变成伪卷云、积云性高积云和积云性层积云。又例如,波状云发展时,可以演变成层状云;层状云消散时,也会演变成为波状云。云的产生、发展和演变是复杂的,也是有规律的。

(三)焚风效应:致暖? 致干?

沿着背风山坡向下吹的热干风叫焚风。当气流越过山脉时,在迎风坡上升冷却,当空气湿度达到饱和状态时,水汽凝结,大部分水分在山前降落。这样过山后的空气温度比山前同高度的气温要高得多,湿度也小得多。由此可见,焚风吹来时,确有干热如焚的现象。

迎风山地对降水的形成有促进作用,气流沿迎风坡上升时是否形成降水,不可一概而论,要综合考虑山体海拔高度、气温高低和水汽含量多少等多方面因素。如果气流很干燥,即使遇到山地有抬升作用,也不能产生降水;如果空气层结十分稳定,有抑制垂直运动的作用,也难形成降水;或者水汽虽多,但山体高度较低,气流在上升过程中气温下降幅度小,水汽达不到过饱和,也无法形成降水。

故,焚风可致暖,但不一定致干。

二、延伸阅读——2014年高考山东文综卷第8—10题

2014年高考山东文综卷第8—10题,讨论的是风的空间尺度问题。

图6.1为甲地所在区域某时刻高空两个等压面P₁和P₂的空间分布示意图,图中甲、乙两地经度相同。完成8—10题。

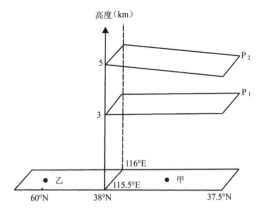

图6.1 甲地所在区域某时刻高空两个等压面P₁和P₂的空间分布示意图

8.此时甲地近地面的风向为

    A.东南风   B.西南风   C.东北风   D.西北风

9.此后,来自乙地的气团使甲地的天气发生明显变化。造成此次天气变化的天气系统是

    A.气旋   B.反气旋   C.冷锋   D.暖锋

10.若该日甲、乙两地同时日出,则甲地该日

    A.正午太阳高度达一年中最大   B.为冬至日

    C.日落时区时为18时   D.昼夜等长

【答案】8.B   9.C   10.D

第8题解析:从高空等压面倾斜情况看,甲地高空气压低于乙地,故近地面气压高于乙地,近地面空气从甲流向乙,即从南流向北;图示区域为北半球,受地转偏向力影响右偏,风向偏转为西南风。

第8题至少有(且不限于)如下几个问题需要拓展思考:

问题一:甲地高空低压,是否近地面一定高压?

问题二:甲地近地面高压,是否远离甲地的乙地近地面一定低压?

问题三:题干中的"甲地近地面的风向"是否只指甲乙两地之间的风向?

对于问题一,冷性低压是低压中心区为冷区,四周为暖区,等温线与等压线基本平行,冷中心与低压中心基本重合的气压系统。因为冷区单位气压高度差小于周围暖区,因而冷低压的等压面凹陷程度随高度增加而增大,即冷低压的强度愈向高空愈增强。换言之,冷性低压的高空和近地面均为低压。

冷性低压系统为深厚系统,不仅存在于对流层低层,还可伸展到对流层高层(如200 hPa,约1.1万米高),而且其气压强度随高度增加逐渐增强。如我国东北冷性低压是东亚中高纬地区重要的天气系统。

问题在于冷性低压能否在此处出现?冷性低压自对流层低层向上均为低压,故若图示甲地为冷性低压的话,则有甲地向上海拔3 000米仍为低压。故此处似乎不应为冷性低压。

对于问题二,图示高空等压面只是从北纬37.5°~38°而已,而乙地则到了北纬60°,怎么判断出乙地近地面或高空气压是高于还是低于甲地呢?

对于问题三,根据甲地近地面为高气压,气流向四周辐散,即从甲点向外吹,加之地转偏向力的影响,风向呈顺时针方向,即四个选项的风向均有可能,难道因为给出了甲乙两地,就应该理解为是甲乙两地间的气流方向?

如果放在中纬西风带里考虑这个问题,则似乎不用画出高空等压面即可"调动和运用地理知识",得出甲地近地面风向为西南风——甲乙两地间风向。

第二节 奇风异俗:奇在何处,因何而异

奇风异俗为当代新成语,意为奇特的习惯和风俗。金庸《鹿鼎记》第三十七回:"见韦小宝在席上不提商议何事,也不出言相询,只是听着韦小宝说些罗刹国的奇风异俗。"[1]

奇风异俗常用来描述非同寻常的风土人情。

相关成语如采风问俗、移风易俗。

---

[1] 百度百科. 奇风异俗[EB/OL]. [2015-02-23]. http://baike.baidu.com/link?url=fqH1LkZ9CtVVIoL-mEOFWpMYguIVN318eNWBkLrZ22vm_JSPMhY_8YWatly2JhB5cTTWELC-bvlmBEGpVqjwI7q.

一、风俗缘何"奇""异"

什么是风俗？风俗,意为相沿已久而成的风尚、习俗,是特定社会文化区域内历代人们共同遵守的模式或规范。习惯上,人们往往将由自然条件的不同而造成的行为规范差异称为"风",而将由社会文化的差异所造成的行为规则之不同称为"俗"。

"百里而异习,千里而殊俗"[1],这句话恰当地反映了风俗因地而异的特点。由此我们可以看出,风俗的"奇异"源自当地的地理环境等,换句话说就是由于地方地理条件的奇异才会形成风俗的"奇异"。

二、奇风异俗与环境

"奇异"是相对的,是相对于初来乍到的外地人而言的,对于本地居民而言,将这些风俗与当地环境联系起来,这些所谓的"奇风异俗"也就成为当地的"必然"了。

(一)饮食习俗与地理环境

地理环境分为自然地理环境和人文地理环境,它们对一个地域饮食文化的形成和发展产生不同程度的影响。我国幅员辽阔,地理环境地域差异大,这是形成我国丰富的饮食文化和众多各具特色的地方菜系的重要原因[2]。

1.自然地理环境对饮食文化的影响

(1)自然地理环境影响作物类别,进而影响食物特色。我国东部地区秦岭—淮河以北属温带、暖温带气候,降水较少,大多为半湿润半干旱地区,粮食作物为小麦、谷子、高粱等旱作物,因此风味食品以面制品为主。秦岭—淮河以南地区,属热带、亚热带湿润气候,广泛种植水稻,因此风味食品大都用米制成。一般地,同一或地域相邻地区,自然地理环境相类似,其饮食文化差异相对较小;若自然地理环境反差较大,其饮食文化也会形成巨大反差;即便是在同一区域,因自然环境差异较大,也会导致饮食文化上的差异。号称"西藏江南"的察隅、墨脱、波密、林芝一带,因地处喜马拉雅山南坡,气候暖热湿润,显现出浓郁

[1]《晏子春秋·内篇问上》.

[2]田烜宇,杨翊堃.地理环境与饮食文化的联系结题报告[EB/OL].[2014-11-12]. http://www.doc88.com/p-6751103726593.html.

的热带、亚热带景观。这里水稻田随处可见,茶园散布在缓丘上,其植物性食物显然多于雪域高原其他地区,因此其饮食文化也表现出与西藏其他地方有所不同的特点[1]。

(2)气候的冷热干湿以及不同的土质影响人们饮食习惯和口味。"东辣西酸,南甜北咸",大致概括了我国不同地域的饮食特点。这既反映了气候、土壤对人们饮食习惯和口味的影响,同时也说明了食品调理是人们适应自然环境的重要手段。如黄土高原地区土壤中含钙过多,居民嗜酸,有利于消除体内的钙沉积,可以减少各种结石病。

"南甜北咸"也与物产和气候有关。南方气候温热,生长季长,蔬菜供应丰富,平均吃菜量高于北方,食物中的盐足以满足人体需要,因而淡些;而北方菜少,相对盐多,咸些。此外,南方产糖,再加上气候炎热时间长,人体皮肤多外露,蒸发量大,为补充身体的水分代谢作用,故需在食物中加糖。北方则相反,蒸发量不大,因而无需加糖。从季节变化来看,南岭以南的粤、桂、闽、台、琼,一年之中春季要清热,冬季要补寒,药膳在这里早已进入平常百姓家。北方气候四季分明,冬季室内暖和,加上土壤为微碱性,土、水和食物中含钙多,更易满足人们健康需要,药膳只是病人需要,因而不如南方流行[2]。

(3)特殊的自然地理环境对饮食文化具有保护作用。特殊的自然地理环境,包括崎岖的山地、长年寒冷的冰天雪地、干旱少雨的沙漠地区、原始森林、大片沼泽地区等,这些地区自然条件恶劣,交通不便,与周围地区联系少,使其饮食文化免受外来文化的影响而保持自己独有的特性。如我国西南云贵高原地区,破碎的地形和森林的隔离作用,使面积不大的高原区稀散分布着三十多个少数民族,且历史上彼此之间联系少,近乎处于相互隔绝状态,因此每个民族都在自己特定的环境里形成了自己特有的饮食文化,因而这里也成为我国民族独特食品和风味食品最多的地区[3]。

2.人文地理环境对饮食文化的影响

(1)经济环境对饮食文化的影响。经济环境对饮食文化的影响是强有力的,饮食文化受社会生产力发展水平的制约。自从人类学会驯化动物、培育植物后,便出现了农业和畜牧业。随着农业和畜牧业的发展,人类便有了稳定而

---

[1] 卢宏. 地理环境对中国饮食文化旅游资源的影响[J]. 云南地理环境研究,2012,24(2):33-36.
[2] 卢宏. 地理环境对中国饮食文化旅游资源的影响[J]. 云南地理环境研究,2012,24(2):33-36.
[3] 卢宏. 地理环境对中国饮食文化旅游资源的影响[J]. 云南地理环境研究,2012,24(2):33-36.

丰富的食源。"烹饪"是人类学会用火以后开始的。随着生产力发展水平的提高、食物品种的增多以及各种炊具的出现,烹饪方法也由少渐多,技艺由简单到复杂,从而促进了饮食文化的发展。尤其是现代,由于经贸、交通运输以及科技的发达,人们不仅能制造出前所未有的美味佳肴,而且还可以通过贸易从遥远的地方获得所需的食品,进一步丰富了人们的饮食生活。

(2)宗教环境对饮食文化的影响。宗教信仰对饮食文化具有较大影响,主要表现在教义教规和有关宗教习俗对饮食文化的影响方面。

(二)建筑风格与气候

不同民族、不同观念在地方建筑上均有反映,体现了建筑的意识性。建筑的物质性主要受制于地理环境,当地的自然地理环境对建筑景观、形式、艺术风格均有影响。

1.自然资源与建筑材料和风格

建筑材料往往就地取材,这是旧时不同地理区域建筑风格各异的原因之一。世界古代建筑可分为以古希腊建筑为代表的西方建筑和以古代中国建筑为代表的东方建筑两大体系。从建筑材料上看,前者以石料为基础,后者以木料为主。从风格上看,前者是石质的梁柱结构,后者主要采用木构架。

古埃及、古希腊和古罗马建筑多用石料。在古埃及尼罗河两岸,气候炎热、多沙漠、少树木,而尼罗河上游埃塞俄比亚高原多古老的岩石,为古埃及的建筑提供了丰富的石材,埃及的金字塔、神庙等都是石建筑。古希腊建筑大多分布在巴尔干半岛、爱琴海诸岛以及小亚细亚半岛西海岸地区,还延伸到亚平宁半岛、西亚、北非等地区。自晚古生代、中生代以来,该区域发生了大规模的造山运动和火山活动,形成了走向复杂的阿尔卑斯褶皱山系。此区域广泛分布着材质坚硬的花岗岩侵入体、大块的石灰岩体和富集的火山灰。另外,此区域属水热不同期的地中海气候,植被多以马基群落为主,缺少高大挺直宜作建材的乔木。

以中国为代表的东方木构架建筑是以木材为主要建材的,同时还影响到日本、朝鲜和东南亚各国。我国的东北、华北、华南以及东南亚等地区,属于较暖湿的季风气候和高温多雨的雨林气候。这些区域均适宜生长各种宜作建材的乔木树种和竹子。亚洲东缘正处于环太平洋地震带,多发地震,木构架各部分以榫卯连接,这种柔性连接整体性强,遇到地震时"墙倒屋不塌"。

我国陕西、山西、甘肃、河南等省还有一种独特的建筑形式——窑洞。该地区的人们利用黄土层深厚、直立性强和气候干燥、雨量稀少、地干不潮的优势，在天然的土崖上横向往里挖洞用来居住。这种窑洞节省建筑材料，施工方便，冬暖夏凉。

2.气候与建筑形式

（1）高寒气候区的建筑——防寒保温。高寒气候区建筑物的共同特征是厚墙紧凑、南窗采光、密闭程度高。有人做过一个有趣的调查，在建筑材料大致相似的条件下，欧洲大陆由西向东建筑物墙体逐渐增厚。这是因为欧洲大陆自西向东，西风渐弱，大西洋暖流的影响变小，气候则海洋性减弱、大陆性增强，冬季气温越往东越低。此外，为了尽快排除积雪，消除重压，一般房顶都较陡，呈"人"字形。

（2）湿热气候区的建筑——通风防雨。在赤道附近的热带雨林气候区和低纬大陆东缘的热带季风气候区，为适应湿热的气候，建筑物为了通风降温、防雨排水，屋檐一般出挑很多，还设有廊子，使户外热空气通过廊子过渡降温。热带雨林区的民居可谓"有顶无窗"，房子没有墙，只挂长苇席，席子放下可挡风雨，收起则凉风可入室降温。我国云南西双版纳地区的竹楼上下两层，下层放杂物、养牲口，上层风大凉爽，利于通风散热，用于居住。

（3）炎热干燥气候区的建筑——隔热降温。在热带、亚热带干旱气候区，常年处于信风和副热带高气压控制下，盛行热带大陆气团，日照强，降水少，昼夜温差大。这里房屋多白色，利于反光，减少墙体的热传导；厚墙小窗，高纬度地区是为了抗寒保暖，这里则是为了隔热。在北非内陆、中亚等地区，多见那种厚墙、小窗的阿拉伯式建筑。在我国的西北内陆甘肃、新疆等地，房屋厚墙、小窗，多平顶、拱顶或缓坡顶。干旱区一般较少考虑屋顶防水排水问题。在秘鲁利马郊外的贫民区，可以见到露着缝隙的屋顶，可以躺在床上"观星赏月"，因为利马被称为"无雨城"，多年平均降水仅为18.2毫米。

（三）交通方式与地貌

云贵高原上流行一句话"火车没有汽车快"，主要原因既与机车爬坡有关，也与机车马力大小有关。在地形崎岖的地方，为了降低坡度，铁路线路较平地长；尤其是对于一些窄轨铁路，使用的都是小型机车，火车速度比汽车慢。在我国云南山区，滇马小巧，既能适应当地的饲养条件，又可攀登崎岖的羊肠小道，当地居民都称赞"袖珍小马有能耐"。

除了吃、住、行之外，人们的生活方式、观念、节日、习俗等都具有一定的地方性，形成了特定区域特色鲜明的"奇风异俗"。

第三节　根深叶茂："根深"方能"叶茂

"根深叶茂"中的"茂"指繁茂。根深叶茂，字面上的意思是指根扎得深，叶子生长得就茂盛。常用此成语比喻基础牢固，才能够兴旺发展。

典出汉·刘安《屏风赋》："维兹屏风，出自幽谷，根深枝茂，号为乔木。"

后汉·徐干《中论·上·贵验》："事著明，则有目者莫不见也，有耳者莫不闻也，其可诬哉！故根深而枝叶茂，行久而名誉远。"

唐·张说《起义堂颂》："若夫修德以降命，奉命以造邦，源浚者流长，根深者叶茂，天人报应，岂相远哉。"[1]

唐·韩愈《韩昌黎文集·十五·答尉迟生书》："夫所谓文者，必有诸其中。是故君子慎其实；实之美恶，其发而不掩，本深而末茂，行大而声宏。"

宋·刘克庄《后村全集·十三·三月二十五日饮方校书园十绝（其三）》："自古根深叶蕃，百年乔木到今存。"

根深叶茂亦作"根深枝茂""本深末茂""根深叶蕃"等。

近义词则有本固枝荣、根深蒂固等。

一、缘何"根深"才能"叶茂"

植物的根一方面可以使植物稳稳地固着原地，另一方面帮助植物从土壤中汲取植物生长所必需的营养物质，可以称得上是植物生命的支柱。毫不夸张地说，没有根就没有叶，也没有花和果，也就没有植物[2]。

那么根有多深才能够达到叶茂呢？这除了和物种本身有关外，还和环境有一定的关系。禾本科植物的根可以深入地下一二米深；野地里的蒲公英长到20多厘米高，它的根能钻到1米深的地底下；沙漠中的苜蓿，根有12米深；另一种

---

[1] 董浩. 全唐文第01部 卷四十一[EB/OL]. [2015-02-23]. http://www.28non.com/guji/article_36499. html.

[2] 沙扬. 根深叶茂[J]. 林业与生态, 2011(6):33.

小灌木骆驼刺,根有15米深;而非洲的巴恶巴蒲树,它的根竟可以钻到30多米深的土层中;生长在西伯利亚的一株抽穗期黑麦,竟有1 400万条小根,占地约225平方米,在这些小根上还长着150亿条根毛,根毛同土壤接触的总面积达400平方米[1]。

二、"根深叶茂"的地理解读

植物的生长,尤其是根深叶茂的植物,既受到自然环境的限制,又影响着自然环境。

(一)地球圈层的整体性特征的体现

植物有机体本身及其生存环境是地球生物圈的重要组成部分。生物圈不是独立于地球其他圈层、单纯由某一形态物质所组成的圈层,而是由岩石圈、水圈和大气圈组成的"交集",包括大气圈的下层、整个水圈和岩石圈的上部,厚度达20千米。它与大气圈、水圈和岩石圈之间相互渗透,并且对这些圈层有强烈的影响,对物质循环、能量转化和积聚有特殊作用,是地球特有的圈层。实际上,生物的大部分个体集中在地表上下约100米的范围内。生物圈是一个巨大的生态系统,可称之为全球生态系统。生物圈由有机物质和无机物质组成,生物体为有机物质,作为环境的岩石、大气和水则是无机物质。

"土壤圈"处于地球大气圈、水圈、生物圈和岩石圈之间的界面上,是地球各圈层中最活跃、最富生命力的圈层之一。维持和繁衍地球生命所必需的各种营养物质基本上以有机质形态积累于土壤中,"土壤圈"成为非生物的无机界与生物有机界联系的中心环节,而植物发达的根系扎根于土壤中,是连接无机界和有

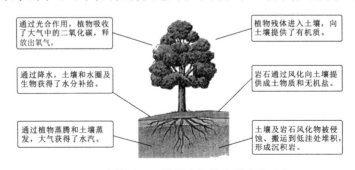

图6.2　自然地理环境要素间的物质交换示意

---

[1]沙扬.根深叶茂[J].林业与生态,2011(6):33.

机界的载体,"根深"而"叶茂"的植物对于人类的生存发展和自然环境等都有着非常重要的作用(图6.2)。

其他星球或存在大气圈或存在水圈、岩石圈,但尚未发现支持生命存在、维持生命延续所必备的"土壤圈"。因此,在现有的探知条件和技术限制下,根深叶茂是其他星球没有的现象。

(二)自然植被是环境的选择,也作用于环境

地球上某一区域的自然植被是该区域长期历史发展的结果,也是该区域环境选择的产物。组成植被的植物具有转化太阳能、提供第一性生产物的作用,在生态系统中决定着能量和物质的流动与循环。组成植被的单元是植物群落。植被是基因库,保存着多种多样的植物、动物和微生物,并为人类提供各种重要、可更新的自然资源。根深叶茂的植被对于防止水土流失、调节区域小气候有一定的作用。

此外,植被是自然地理环境中最敏感的组成要素之一,对环境有强大的改造作用,最常见的就是植物的根对岩石的机械风化作用。树根沿岩石裂隙生长,楔入岩隙,扩展岩隙,把岩石挤开,这种作用称为"根劈作用"。此外,随着根系的进一步深入,枝根、须根等细小根系可以在岩石的裂隙中盘根错节,甚至深入极其细小的裂隙中去,加速对岩石的破坏。如果以地质年代来度量,植物根系的机械破坏力量不可忽视。在岩石中生长的植物,其外观也独具特色,例如世界著名的黄山"迎客松",树冠大而扁平,像一把张开的伞,又像一只伸过来热情欢迎八方来客的手。此外,黄山、天柱山、九华山等山体上都有一些生长于岩隙中的植物,他们扎根裂隙,顺势生长,形成了山体上别具一格的风景。

第四节　精卫填海:如何科学填海

精卫,古代传说中的神鸟。传说上古时期炎帝之女在东海被淹死,灵魂化为精卫鸟,常衔西山之木石以填东海,发誓要填平东海为自己报仇。

典出《山海经·北山经》:"炎帝之少女,名曰女娃。女娃游于东海,溺而不返,故为精卫,常衔西山之木、石,以堙于东海。"

晋·陶潜《读山海经》:"精卫衔微木,将以填沧海。"

宋·刘过《呈陈总领·其四》:"商蚷驰河河可凭,精卫填海海可平。物情大忌不量力,立志亦复嘉专精。"

宋·秦观《浮山堰赋》:"螳螂怒臂以当车兮,精卫衔石而填海。"

金·元好问《壬辰十二月车驾东狩后即事五首(其二)》:"高原水出山河改,战地风来草木腥。精卫有冤填瀚海,包胥无泪哭秦庭。"

元·杨维桢《铁崖先生古乐府·精卫操》:"东海水虽大,精卫心不移,衔石填海有满时。有满时,海有底,吁嗟人心不如海。"

清·李汝珍《镜花缘》第九回:"小弟向来以为衔石填海,失之过痴。"

梁启超《新罗马·楔子一出》:"精禽填海,斥鷃笑其大愚;杜宇啼枝,行人闻而堕涕。"

柳亚子《巢南初度将及,感成六绝和韵》:"精禽填海感沉冤,六月霜飞鉴水昏。"

精卫填海旧时比喻仇恨极深,立志报复;后比喻意志坚决,不畏艰难,奋斗不懈;有时亦比喻徒劳无益。

精卫填海亦作"衔石填海""精禽填海"。

精卫填海的近义词有愚公移山、移山倒海、矢志不移等。

一、精卫填海的地理启示——海能填,地能造

填海造地,是人类向海洋拓展生存和发展空间的一种重要手段,是海洋开发活动中一种重要的海岸工程。具体是指把原有的海域、湖区或河岸转变为陆地。对于山多平地少的沿海城市,填海造地是一个增加平地的有效方法。不少沿海大城市,例如东京、香港、澳门及深圳,均采用这种方法增加平地。有些机场,如日本关西国际机场全部建造在填海的陆地上,仅有联络道与大陆连接。

围海填海工程往往采取取土、吹填、掩埋等方式。当然,与这些方式比较起来,精卫鸟取石填海的方式能否成功便可想而知了。但是,这却给人以启发,拓展了人们的思维,从陆地转向海洋,开始思考海洋资源的利用问题。从历史上看,填海造陆是人类利用海洋最古老的方式之一。

中国自汉代就开始围海造地。1842年,香港首次将兴建皇后大道的沙石推进大海,以后香港便不断填海造地。到21世纪初的一百多年中,填海面积已达67平方千米,超过香港总面积的6%。

荷兰自13世纪起就开始大规模围海填海,4万多平方千米的国土有1/4是人工填海造出来的,丘陵都被挖去填海了,故有"上帝造海,荷人造陆"之称。

日本早在11世纪就有了填海造地的历史记录,当时一个名叫平清盛的将军就在神户填海建了一个人工码头。到了17世纪江户时代,幕府将军又在东京湾进行了大规模的填海造地。二战后,日本大规模填海造地的情况更为普遍:1945—1975年,日本造地11.8万公顷,整个20世纪,日本一共造地1 200万公顷。

二、现实中填海的功与过

填海是人类利用海域资源、缓解土地供需矛盾、向海洋拓展生存和发展空间、抵御海水侵蚀、防洪防潮的重要途径之一,也是各种用海类型中创造经济价值最大的类型之一。人类大规模填海造陆也带来了许多弊端,主要表现在:过度开发、占用海岸线;填海造陆使海湾不断减少;改变水文特征,影响鱼类产卵及洄游;海水污染,海洋生态破坏等[1]。

中国气象局张军岩老师和中国海洋大学于格老师根据各国围海造地的成因,将填海类型分为三类:生存安全需求主导型,工业化发展需求主导型,城市化发展需求主导型。

(一)生存安全需求主导型——荷兰

荷兰境内地势低洼,其国土面积的1/4低于海平面,另有1/3仅高出海平面1米,而荷兰全国总人口的60%都居住在这样的低洼地区。13世纪起,荷兰国土面积被海水侵吞了约5 600平方千米,为了排积水、防海潮、拓展生存空间,荷兰开展了持续的大规模的围海造地活动。长期的实践经验使荷兰建立了完善的填海造地技术体系和管理制度,保证了填海造地的成功实施。依靠填海造地缓解土地矛盾,荷兰当属世界上向大海要土地的"典范"。

然而,随着时间的推移,荷兰填海造地的恶果也开始显现:湿地丧失,海水污染,生物多样性减少,地下水位破坏。荷兰政府当前正在推行一项宏伟计划:将围海造田的土地恢复成原来的湿地,以协调人与自然的和谐关系。荷兰在1990年专门制定了《自然政策计划》(又名"退耕还海计划"),计划用30年时间将现有的24万公顷农田恢复为湿地。

---

[1] 金秋. 中国海域使用中填海造陆变化特征与适宜性评价研究[D]. 大连:辽宁师范大学,2013.

（二）工业化发展需求主导型——日本

日本同样也是个热衷于填海造地的国家。日本国土面积狭小，山地、丘陵等约占66%（包括火山则占全国面积的75%），平原小且分散。同时，日本是世界上海岸线最长的国家之一，约3.3万千米，其曲折的海岸除了形成众多优良港湾有利于海运业和对外经济联系外，更便于沿岸填海造地[1]。

过度的填海导致日本一些港湾外航道的水流明显减慢，天然湿地减少，海岸线上的生物多样性迅速下降，海水自净能力减弱，水质日益恶化，不得不在环保上投巨资。青岛海洋地质研究所研究员高茂生在接受《中国科学报》记者采访时介绍说，日本现在的海洋生态环境建设目标是用100年的时间，恢复到100年前的海洋生态环境[2]。

（三）城市化发展需求主导型——中国香港、澳门及其他沿海城市

香港人口多平地少，为了获取更多平地满足城市发展需要，几乎每隔10~20年就要填海造地。香港陆地面积大约为1 100平方千米，6%来自填海造地，维多利亚港水域是填海造地的主要区域。随着香港城市的发展及新机场的使用，更大规模的围海造地工程正在规划中。

澳门土地面积狭小，是世界上典型的地狭人稠地区。澳门半岛（指原来的小岛）以低矮山地为主，因而需要填海造地来补充商业和住宅用地。澳门一带海域的沙滩淤积旺盛，为澳门填海造地提供了有利的自然条件。

我国沿海地区先后兴起过四次填海造地热潮，特别是进入21世纪以来，一些地区为了建设工业开发区、滨海旅游区、新城镇和大型基础设施，填海造地呈现出速度快、面积大、范围广的发展态势。

"填海造地的经济效益是明显的，但问题可能是潜在的。"[3]中国地质大学海洋学院教授胡克在接受《中国科学报》记者采访时说，问题显现出来可能需要十几年、几十年或更长的时间。

中国科学院植物研究所研究员蒋高明曾撰文指出，填海造地虽然短期内解

[1] 张军岩,于格.世界各国（地区）围海造陆发展现状及其对我国的借鉴意义[J].国土资源,2008（8）:60-62.
[2] 赵广立.填海造地要杜绝科学欠账——粗放开发者休矣[N].中国科学报,2013-08-09.
[3] 赵广立.填海造地要杜绝科学欠账——粗放开发者休矣[N].中国科学报,2013-08-09.

决了土地紧张问题,但是填海造地将蜿蜒曲折的海岸线"拉直",成片的红树林、滩涂等自然湿地被破坏。表面上看,填海造地可能会带来一些经济效益,但长此以往会带来湿地消失,加重旱情,生物多样性降低,渔业资源减少,诱发洪灾,加重赤潮危害,改变自然景观等多种自然灾害。

三、科学填海,功在千秋

"围、填海多在海岸带附近,这些地区人陆海相互作用非常强烈,科学论证牵扯到的因素繁多。"中国地质大学海洋学院教授胡克认为,填海之前对地质条件、生态环境各方面的评价和论证,有助于规避潜在的问题。在填海的规划和施工中,地质环境适宜性评价是重点。总的来说,填海适宜性的评价和论证主要考虑以下几个方面。

(一)区域地壳的稳定性

对于人造陆域的建设地块而言,作用其上的既有自然地质环境的动力地质作用(如地震、海浪冲刷等),又有内在的重力作用及人类工程活动的巨大的工程荷载。在内外动力作用下,地块的整体稳定性是建设用地最突出的工程地质问题。

另外,海底地质及其他不良地质体的分布,也严重影响区域的稳定性;在浅层气、古河道等分布区,一般不宜填海造地。

(二)工程地质条件

填海造地对持力层要求较高,在持力层的承载力小于150kPa(千帕)的区域,一般不适宜填海造地。填海造地过程中特别应考虑区域水动力条件及其所导致的海岸带的蚀淤,如海水动力条件较强且侵蚀严重区,不适宜填海造地。

(三)海岸及海洋动力条件

高茂生曾介绍说,粉砂淤泥质海岸潮间带往往比较宽广,沿岸海域水浅,海洋动力较弱,适合于较大面积的填海造地;砂质或砂砾质的海岸,潮间带宽度、沿岸海域水深和海洋动力居于中等水平,适合中小面积的填海造地;岩石质海岸的潮间带非常窄甚至没有潮间带,沿岸海域水深,海洋动力较强,基本不适合填海造地(港口建设除外),或仅适合小面积的填海造地。

（四）围填海区域内水资源和环境条件

海洋地质调查的相关专家们在《中国科学报》采访时曾经指出：填海造地的目的是更好地拓展人类生活的空间，既然有人类居住、生活，就必然要考虑地下水资源量、距河流距离、区域生态环境、污染程度等。另外，水深条件、海底地面标高，在一定程度上制约着填海造地的成本等。

国土资源部青岛海洋地质研究所研究员尹延鸿根据海岸带底质情况和填海造地的适宜性，将山东省海岸带从北向南分为6个不同的海岸段[1]：①黄河三角洲海岸段，属于粉砂淤泥质海岸，为自然输沙填海造地；②莱州湾岸段，属于粉砂淤泥质海岸，沿岸海域水深很浅，有利于较大面积填海造地；③龙口湾岸段，主要为砂质海岸，沿岸海域水深较浅或中等，适当的填海造地是适宜的；④龙口至威海岸段，以砂质、砂砾质海岸为主，并兼有部分岩石质海岸，沿岸海域水深中等至较深，只能适合较小规模的填海造地；⑤威海至胶南泊里岸段，发育众多海湾与岬角，主要为岩石质海岸，但在海湾中也经常发育砂质、砂砾质海岸，该岸段水深浪大，海洋动力强，总体来看不适合填海造地，仅在海湾内适合小规模的填海造地；⑥胶南泊里至岚山头岸段，以砂质海岸为主兼少量岩石质海岸，只适合小规模的填海造地。

第五节　空穴来风：合理性分析

空穴来风比喻洞穴通风，成语出自战国·楚·宋玉《风赋》："臣闻于师：'枳句来巢，空穴来风'。其所托然者，则风气殊焉。"李善注引司马彪曰："门户孔空，风善从之。"

人们常用空穴来风比喻自身存在弱点，疾病、流言才得以乘隙而入。如唐·白居易《长庆集·初病风诗》："六十八衰翁，乘衰百疾攻。朽株难免蠹，空穴易来风。"又如宋·宋光宪《北梦琐言》第七卷："棹摇船掠鬓，风动竹捶胸。虽好事托以成之，亦空穴来风之义也。"再如梁启超《续论市民与银行》："然而银行当事人，安能逃避责任，空穴来风，理有固然。"

---

[1] 尹延鸿. 山东省海岸带不同岸段的填海造地适宜性分析及需要注意的问题[J]. 海洋地质动态，2010，26(12)：35-39.

一、"风"从何来

风是由空气流动引起的一种自然现象,它是由太阳辐射热引起的。在赤道和低纬度地区,太阳高度角大,日照时间长,太阳辐射强度大,地面和大气接受的热量多,温度较高;在高纬度地区,太阳高度角小,日照时间短,地面和大气接受的热量小,温度低。这种高纬度与低纬度之间的温度差异,形成了南北之间的气压梯度,使空气作水平运动。地球在自转,使空气水平运动发生偏向的力,称为地转偏向力。这种力使北半球气流向右偏转,南半球气流向左偏转。所以,地球大气运动除受气压梯度力外,还要受地转偏向力的影响。受气压梯度力和转偏向力等因素的综合影响,形成了"地理学"上著名的"三圈环流"(图6.3)。

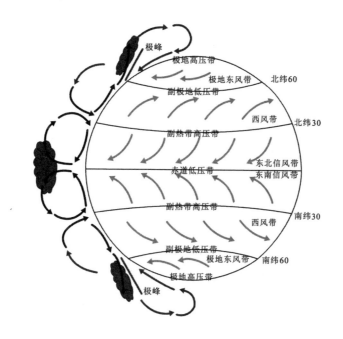

图6.3　三圈环流示意

实际上,地面风不仅受这两个力的支配,而且在很大程度上还受海洋、地形的影响,山隘和海峡能改变气流运动的方向,还能使风速增大,而丘陵、山地因摩擦使风速减小,孤立山峰因海拔高使风速增大,这些就是地理学上经常提到的下垫面因素。因此,风向和风速的时空分布较为复杂。

二、"空穴来风"的地理因素

什么是风向？风向,就是风吹来的方向,比如"东风",就是空气自东向西流动。"穴"意为洞穴,一方面可以是岩壁上通透的孔洞,另一方面也可以是一侧开口不通透的洞穴。既然是"来风",有以下几种可能:一是岩壁与风向不平行,此时"空穴"必然会"来风";二是如果洞穴开口的一侧是在迎风岩壁上或者是与风向不平行的岩壁上,此时洞内也会"来风";还有一种情况就是在岩壁与风向平行或者洞穴开口在背风坡,"空穴"就未必会"来风"。

"空穴来风"还经常用来比喻自身有弱点,也会招致"风"来,是不是这样的呢?《地貌学》第六章专门介绍风成地貌,其中第二节讲到的风蚀作用就提到这一点:在陡峭的迎风岩壁上,当阳光晒热岩壁,使岩石内部的矿物体积不同程度地膨胀,产生热力差异风化,再加上岩石受热时,其内部的盐溶液顺毛细管上升到近表面的细孔中结晶,撑胀岩石,使之发生崩解[1]。这样的风化与崩解,我们看成是岩石自身的弱点。这样的弱点会被风吹蚀风化成许多小凹坑;之后,风携带着沙钻坑旋磨,这样的磨蚀使原本的小凹坑加深扩大,逐渐发育成石窝、风蚀穴或者风蚀洞。由此可见,"空穴来风"这种"弱势招风"的比喻是不无道理的。

三、"风城"乌尔禾

乌尔禾风城又称为魔鬼城,位于新疆准噶尔盆地西北边缘的佳木河下游乌尔禾矿区,西南距克拉玛依市区100千米,是独特的风蚀地貌,形状怪异,当地人将此城称为"苏鲁木哈克",维吾尔人称其为"沙依坦克尔西",意为"魔鬼城"。乌尔禾地区的基岩岩性软硬相间(白垩纪砂岩和泥岩),水平成层,垂直节理发育不均,在长期的流水侵蚀和强劲的风蚀作用下,形成许多平顶的层状山丘,也有生成宝塔状的,还多伴以风蚀蘑菇、风蚀洞穴等附生形态[2]。

乌尔禾地区地处风口,四季狂风不断,最大风力可达12级。夜晚风起,飞沙走石,天昏地暗,怪影迷离。如箭的气流在相连的风蚀洞穴间穿梭回旋,发出尖厉的声音,如狼嗥虎啸、鬼哭狼嚎,若在月光惨淡的夜晚,四周肃索,情形更为恐怖[3]。

[1] 严钦尚,曾昭璇. 地貌学[M]. 北京:高等教育出版社,1985:106-107.
[2] 严钦尚,曾昭璇. 地貌学[M]. 北京:高等教育出版社,1985:106-107.
[3] 好搜百科. 魔鬼城[EB/OL]. [2014-12-18]. http://baike.haosou.com/doc/5335483.html.

第六节　竭泽而渔:科学地"竭"与长久地"渔"

典出《吕氏春秋·义赏》:"竭泽而渔,岂不获得,而明年无鱼。"

《史记·孔子世家》:"丘闻之也,刳胎杀夭,则麒麟不至郊;竭泽涸渔,则蛟龙不合阴阳;覆巢毁卵,则凤凰不翔。"

汉·刘安《淮南子·主术训》:"不涸泽而渔,不焚林而猎。"《淮南子·本经训》:"钻燧取火,构木为台,焚林而田,竭泽而渔。"

"竭泽而渔"中的"竭"是动词,意为"使……干涸"。渔:打鱼。竭泽而渔意思是排干了湖中或池塘中的水捕鱼。此成语常用来比喻只图眼前利益,不作长远打算,无止境地索取而不留一点余地。

竭泽而渔亦作"涸泽而渔""竭泽涸渔"。

近义词如杀鸡取卵、焚林而田、不留余地,反义词如从长计议。

一、短"渔"与长"渔"

竭泽而渔的方式在今天看来是多么的短视与无知。不可否认的是,这种排干湖水抓鱼的方式确实一次性地抓到了湖里所有的鱼,从抓鱼的次数和抓鱼的数量上来看,这次抓鱼获得了效益的最大化。但是,结果是这片湖泽再也抓不到鱼了。

鱼类是一种重要的可再生资源,也是非常重要的经济资源。但是,生物学的最大可持续捕捞量大都不会是经济上的有效捕捞量。那么,如何才能科学捕捞、追求长久的"渔"呢?可从两个方面考虑:

一方面,"泽优,鱼才好"。不仅不能"竭泽",而且还要努力使"泽优",这样才能够保证鱼的正常繁衍,保障鱼的数量和质量。可是,目前各水域的污染问题使水生生物乃至水生态都受到了极大的损害。以我国为例,近年来我国水环境面临污染严重并不断扩大,氮、磷等营养盐污染明显,鱼类资源和水生态环境破坏在不断加剧等问题。陆源污染物以及海上污染物的直接排放,已使中国淡水以及海水水质受到不同程度的污染,尤其是海域的有机污染加剧。《2013年中国环境状况公告》表明:2013年,全国近岸海域水质一般,一、二类海水点位比例为66.4%,三、四类海水点位比例为15.0%,劣四类海水点位比例为18.6%。此外,我国内陆水域水华现象和近陆海域赤潮次数和规模有增大趋势,珊瑚礁、红树林等海洋生物生态系统的破坏也时有发生。预防和控制水污染,重视综合开发水资源,保护水生态,是保障渔业发展的长久之计。

另一方面,我们不能"因噎废食",维环境保护论,禁止"渔"业的发展。诚然,我国乃至世界各海区均存在过度捕捞现象。我国广东及港澳地区拥有的捕捞渔船超过6万艘,功率350万千瓦,捕捞强度成倍超过南中国海的资源承受能力。南海渔业资源潜在鱼数量为$(2.46\sim2.81)\times10^9$千克,而1997年捕捞量已达到3.7×10^9千克,超过可捕捞量的25%~30%。带鱼、小黄鱼、鲅鱼等传统经济鱼类曾是渤海优势渔业资源和专捕对象,而现在不仅形不成鱼汛,而且个体偏小,有些仅有筷子长;小清河口附近的银鱼、河蟹等濒临灭绝;1994—1996年的鳗鱼苗大战、1997年的海蜇大战、1998年的中华绒毛蟹苗大战以及过度、无序的捕捞,已对其种群生存造成灭绝性的影响。这无异于"竭泽而渔"!

如何科学捕鱼,既能合理利用鱼类经济资源,又不破坏鱼类生物资源的可再生性,科学持续发展渔业呢? 要做到以下几点:首先,加强依法治水,加强和完善水域生物管理法规;其次,严格控制污染排放,治理旧的污染源,防治新的污染源;再次,开辟新的资源场所,发展远洋渔业;最后,实施渔业交易配额制度,配额的持有者可以捕捞指定种类鱼的指定数量,配额总量等于有效捕捞量,配额可以在渔民之间自由公平交换。1969年,冰岛首先对远洋渔业实行了交易配额制度,1984年又对深海渔业实施了配额。由于自由转移的可交易配额对渔民有激励作用,近年来冰岛的捕鱼船队数量显著减少,1992年到20世纪末,总捕捞量减少了35%以上。

二、延伸阅读——两道广东普通高中学业水平测试地理试题

2012、2013年广东省普通高中学业水平测试地理试卷中有两道与竭泽而渔相关的试题:

1.基础知识考查:可持续发展的原则

(1)单选题:"竭泽而渔"违背了可持续发展的(   )

　　A.持续性原则　　B.整体性原则　　C.共同性原则　　D.差异性原则

(2)单选题:"竭泽而渔,岂不得鱼,而明年无鱼。"体现的可持续发展原则是(   )

A.持续性　　　B.公平性　　　C.共同性　　　D.阶段性

【答案】(1)A　(2)A

2.思维能力考查:可持续发展对生活的启示

(1)单选题:"杀鸡取卵""竭泽而渔"的故事,在资源和环境问题上给我们的启示有(　　)

①发展经济与保护资源两者不能兼顾　②如果我们对大自然只是一味索取,必然会受到它的惩罚　③要在保护资源和环境的前提下发展经济　④要树立和落实科学发展观,促进全面、协调和可持续发展

A.①②③　　　B.②③④　　　C.①③④　　　D.①②④

(2)单选题:下列行为和观点符合可持续发展理念的是(　　)

A.竭泽而渔　　　　　　B.留得青山在,不怕没柴烧

C.推广使用一次性木筷　D.洗衣服时一直开着水龙头

(3)以下观点和做法,符合可持续发展思想的是(　　)

A.退耕还牧　　　B.竭泽而渔　　　C.砍伐森林　　　D.杀鸡取卵

【答案】(1)B　(2)B　(3)A

2011年4月1日,环境保护部部长周生贤在《求是》杂志撰文指出,离开环境保护谈经济发展是"竭泽而渔"。那么应该如何发展经济呢? 20世纪我国就提出了走可持续发展道路的思想:可持续发展是指既满足现代人的需求又不损害后代人满足需求的能力。换句话说,就是指经济、社会、资源和环境保护协调发展,它们是一个密不可分的系统,既要达到发展经济的目的,又要保护好人类赖以生存的大气、淡水、海洋、土地和森林等自然资源和环境,使子孙后代能够永续发展和安居乐业。

可持续发展的实施需要坚持三个原则。

(1)公平性原则。公平性原则是指本代人之间的公平、代际间的公平和资源分配与利用的公平。可持续发展是一种机会、利益均等的发展,它既包括同代内区际间的均衡发展,即一个地区的发展不应以损害其他地区的发展为代价,也包括代际间的均衡发展,即既满足当代人的需要,又不损害后代的发展能力。该原则认为,人类各代都处在同一生存空间,他们对这一空间中的自然资

源和社会财富拥有同等享用权,他们应该拥有同等的生存权。因此,可持续发展把消除贫困作为重要问题提了出来,要予以优先解决,要给各国各地区的人、世世代代的人以平等的发展权。

(2)持续性原则。人类经济和社会的发展不能超越资源和环境的承载能力,即在满足需要的同时必须有限制因素,即发展的概念中包含着制约的因素。主要限制因素有人口数量、环境、资源,以及技术状况和社会组织对环境满足眼前和将来需要能力施加的限制。最主要的限制因素是人类赖以生存的物质基础——自然资源与环境。因此,持续性原则的核心是人类的经济和社会发展不能超越资源与环境的承载能力,从而真正将人类的当前利益与长远利益有机结合。"竭泽而渔"违背了可持续发展的这一原则。

(3)共同性原则。各国可持续发展的模式虽然不同,但公平性和持续性原则是共同的。可持续发展是超越文化与历史的障碍来看待全球问题的。它所讨论的问题是关系全人类的问题,所要达到的目标是全人类的共同目标。虽然国情不同,实现可持续发展的具体模式不可能是唯一的,但是无论发达国家还是发展中国家,公平性原则、协调性原则、持续性原则是共同的,各个国家要实现可持续发展都需要适当调整其国内和国际政策。只有全人类共同努力,将人类的局部利益与整体利益结合起来,才能实现可持续发展的总目标。

第七节　因地制宜:多维解读

典出汉·赵晔《吴越春秋·阖闾内传》:"夫筑城郭,立仓库,因地制宜,岂有天气之数以威邻国者乎?"《清史稿·朱嶟传》:"惟各省情形不一,因地制宜,随时变通。"

因地制宜通常是指经济活动决策过程中,依据不同地区的具体情况而采取适宜的措施。"因地",指考虑当地的实际,定出合适的办法。不同地区的具体情况,是指不同区位具体的条件和具体的地理环境特征,包括对在地理空间中确定经济活动位置、强度与关系起作用的自然、社会经济、技术等特征。"制宜",是指根据不同区位的具体条件,使经济活动与地理环境相结合的做法(方式、方法),该做法达到的目标是两者呈现相宜和谐且可持续的状态,具有较高的经济效益、社会效益和生态效益。因此,从经济活动的地理空间组织来说,因地制宜的原理既包括针对具体的区位条件,安排相适宜的开发利用方式,确定相适宜的开发利用强度,也包括针对具体的经济活动的客观需求,把握区域具体条件的差异,为经济活动选择相适宜的区位,促进经济联系。它们都表现为经济活动的条件需求与地理环境的供给之间相匹配的过程。例如,在农业发展中,利用各个地方自然条件的优势,把农业生产部门布局在最适宜它发展的地区,称为"因地制宜"。

因地制宜至少包括如下几个方面的问题:一是对不同的"地"的比较和评价,旨在弄清区域差异;二是怎样根据"地"的条件差异进行生产建设,着眼于如何扬长避短;三是对不同"地"的适宜类和适宜度进行评价;四是因地制宜行为主体和承载主体及其关系如何匹配。因此,根据地区的自然地理条件、社会经济技术等优势,把要发展的产业部门、作物类型等布局在最适合它本身发展、生长的地区,是地理学"因地制宜"的视角要义所在。

一、"因地制宜"字字解

(一)因地制宜的"因"

区域差异是因地制宜的基础,区域资源(种类、数量、质量、结构、组合等)和条件(自然条件和社会经济条件)存在差异,意味着发展潜力和可能性互有差异,存在的问题也不相同,需要因地制宜、合理利用地理环境。

就拿农业生产区位选择来看,既要考虑自然环境(气候、土壤、地形等)存在的空间差异,也要重视社会经济技术因素(劳动力、市场、运输、科技、政策等)的发展变化。例如,很多城市郊区的农民,为满足城市居民的生活需求,发展蔬菜、肉、蛋、奶等农副产品生产,其关键因素在于社会经济的考量。

1. 影响农业生产的自然条件

农业生产的对象是动植物,不同的生物生长、发育对热量、光照、水、土壤等自然条件有不同的要求,因此自然条件对农业的区位选择影响很大。

(1)气候。气候是土地资源重要的形成因素。光、热、水与气在空间的差异和时间上的变化,深刻地影响着土地资源的利用方式,并使土地资源具有强烈的地域性。在气候因素中,光、热和水等对农作物的正常生长和发育起着非常重要的作用,它们不仅影响农作物的类型和利用方式,而且也左右着生产中采用的农业措施和应用的科学技术。

表6.2 影响农业生产的自然条件

自然条件	对农业生产的影响	世界农业发达地区	我国农业发达地区
光 热	与农作物的种类分布、复种制度和产量关系密切	光热与降水条件配合较好的热带和温带地区	我国东部季风区光热条件与降水条件配合较好的东北平原、华北平原、长江中下游平原、四川盆地、南部沿海地区、台湾岛、海南岛等地
水 分	年降水量小于250毫米的干旱地区,除有灌溉水源处,一般不能发展种植业		
土 壤	肥沃的土壤,单位面积产量较高	温带草原和肥沃的冲积平原	东北平原(黑土)、华北平原(钙质土)、长江中下游平原和珠江三角洲平原(水稻土)、四川盆地(紫色土)
地 形	平原适宜耕作业,地平土肥,有利于实现农业的水利化和机械化;山区适宜林业、畜牧业	平原	东北平原、华北平原、长江中下游平原、成都平原、珠江三角洲、台湾西部平原

光热条件与农作物的分布、熟制和产量关系最为密切(表6.3、图6.4)。

表6.3 中国活动积温与作物熟制

温度带	范 围	≥10℃积温	作物熟制及主要作物
寒温带	黑龙江省北部,内蒙古东北部	<1 600℃	一年一熟;早熟的春小麦、大麦、马铃薯等
中温带	东北和内蒙古大部分,新疆北部	1 600℃~3 400℃	一年一熟;春小麦、大豆、玉米、谷子、高粱等
暖温带	黄河中下游部分地区和新疆南部	3 400℃~4 500℃	两年三熟或一年两熟;冬小麦复种荞麦等,或冬小麦复种玉米、谷子、甘薯等
亚热带	秦岭—淮河以南,青藏高原以东	4 500℃~8 000℃	一年两熟到三熟;稻麦两熟或双季稻,双季稻加冬油菜或冬小麦
热 带	滇、粤、台的南部和海南省	>8 000℃	水稻一年三熟;甘蔗

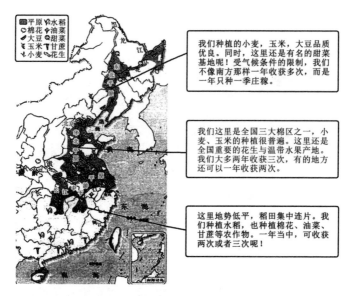

我们种植的小麦，玉米，大豆品质优良。同时，这里还是有名的甜菜基地呢！受气候条件的限制，我们不像南方那样一年收获多次，而是一年只种一季庄稼。

我们这里是全国三大棉区之一，小麦、玉米的种植很普遍。这里还是全国重要的花生与温带水果产地。我们大多两年收获三次，有的地方还可以一年收获两次。

这里地势低平，稻田集中连片。我们种植水稻，也种植棉花、油菜、甘蔗等农作物。一年当中，可收获两次或者三次呢！

图6.4　中国南方与北方农业分布

光、热、水充足，雨热同期对农业生产有利。暴雨、洪涝、干旱、低温、冻害、大风、沙尘等气象灾害，会对农业生产造成不同程度的威胁。

（2）地形。不同地形区适宜发展不同类型的农业。平原和山间盆地地势平坦，土层深厚，水源充足，土地质量较好，适宜发展种植业。丘陵地区特别是坡度大于25°的坡地，适宜发展林业和畜牧业（表6.4、图6.5）。山地自然条件的垂直分异，也体现在土地利用上，农作物分布随海拔有所不同。

表6.4　坡度类型与农业利用

坡　度	坡度类型	农业利用及其措施
<3°	极缓坡	条件良好,基本无侵蚀危害,十分适宜农业,可使用大型农业机械
3°~7°	缓坡	适宜农业,一般可机械化耕作,农业耕作要采取水保措施
7°~15°	中坡	适宜农业,耕地一般修梯田,必须采取水保措施;一些国家把15°作为种植业的上限
15°~25°	微陡坡	可用于农业或林业,但必须具有工程和林业水保措施;我国多把25°作为种植业的上限
25°~35°	陡坡	只能用于林业,易产生重力侵蚀
>35°	极陡坡	只能用于林业,极易产生崩塌和滑坡等

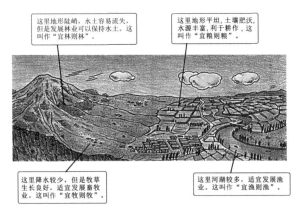

这里地形陡峭，水土容易流失，但是发展林业可以保持水土。这叫作"宜林则林"。

这里地形平坦，土壤肥沃，水源丰富，利于耕作。这叫作"宜粮则粮"。

这里降水较少，但是牧草生长良好，适宜发展畜牧业。这叫作"宜牧则牧"。

这里河湖较多，适宜发展渔业。这叫作"宜渔则渔"。

图6.5　因地制宜发展农业

（3）土壤。土壤是作物生长的物质基础。冲积平原一般土层深厚，土壤肥沃。不同类型的土壤肥力存在差异，我国三江平原和松嫩平原的黑土、黑钙土和四川盆地的紫色土都是肥力很高的土壤，而我国东南丘陵的红壤则具有瘦、黏、酸的特点，需要采取措施加以改良。不同的土壤种类适宜生长不同的作物，不同作物进行正常的生命活动也需要适宜的酸碱度（表6.5）。例如，酸性的红壤适宜茶树、马尾松等的生长，在盐碱地上可种棉花。

表6.5　土壤酸碱度与作物适宜性

土壤酸碱度	pH	适宜栽培作物
强酸性土	<4.5	一般作物难以生长
酸性土	4.5~5.5	茶、油菜、大麦和荞麦
微酸性土	5.5~6.5	一般作物可以生长
中性土	6.5~7.5	一般作物可以生长
微碱性土	7.5~8.0	一般作物可以生长
碱性土	8.0~9.0	田菁、棉花和高粱
强碱性土	>9.0	一般作物难以生长

（4）水源。农业生产离不开水源。水源一方面来自大气降水，湿润半湿润地区适合发展种植业，种植业主要依靠雨水灌溉，称为雨养农业。在干旱半干旱地区，水源更多依赖地表水（如河湖）和地下水，一般适合发展畜牧业，一些水源充足的地区可以发展种植业，称为灌溉农业。

（5）生物。不同植被地区适合发展不同的农业。热带雨林和亚寒带针叶林地区适合发展林业，热带草原和温带草原适合发展畜牧业。生物资源是农业生产的物种基础。气候高温多雨（温暖湿润）、地形垂直差异显著的地区，有着丰富的物种,如我国云南就有"植物王国"之称。

2.影响农业生产的社会经济条件

表6.6　影响农业生产的部分社会经济条件

社会经济条件	对农业生产的影响	对农业区位选择的作用	案例地
市　场	市场对于农产品的需求,决定农业生产的类型和规模	关注市场动态,发展市场需求的农作物品种	阜阳颍州区青茄生产基地
交通运输	运费影响农业生产的经济效益,商品农业须布局在交通便捷的地方	易腐烂变质的农产品应布局在交通便捷处;随着交通运输工具的发展和冷藏设备的广泛应用,集约化程度较高的农作物生产可以远离市场地	山东寿光蔬菜每天供应北京市场
政　策	政府制定相应政策调整农业生产,促进农业发展	响应政府决策,在政策规定的范围内发展农业生产	我国优势农产品布局规划
农业生产技术	农业生产技术的改进,使土地单位面积产量大幅度提高,从而降低生产成本	使农作物产地与市场间的距离对农业活动分布的影响力相对降低	海南岛的蔬菜供应北京市场

(1)市场。现代农业是商品农业,市场的需求量最终决定农业生产的类型和规模。从降低运费和农产品保鲜的角度,农产品的生产要尽量靠近市场。一般地,城市是农产品的消费市场,经济发达、人口密集的地区农产品需求更大。

(2)交通运输。园艺业、乳畜业等,由于产品容易腐烂变质,要求有方便快捷的交通运输条件。

(3)劳动力。劳动力的数量和素质对农业生产的类型和效益都有影响。劳动力充足,有利于劳动密集型农业的发展,如水稻种植业、花卉和蔬菜的种植等。劳动力素质高,有利于掌握现代农业技术,可以提高农产品的产量和品质。

(4)科技。科技对农业区位的影响越来越大,科技发达的地区农业现代化程度高,农产品商品率高。通过科技可以改良品种,改善农业设施和耕作技术等,充分利用有利的自然条件,改造不利因素,发展高产、优质、高效农业。如以色列的节水农业。

(5)政策。世界各国的农业都受本国政策以及政府的影响,政府通过产业区划和布局、补贴等方式,影响农业的空间布局和结构调整。

(6)工业。工业为农业提供农业机械和农药、化肥等物资,同时也为农业提供市场。工业的发展对农业有促进作用。

3.自然因素的改造和社会经济因素的变化

自然因素对农业区位的影响并非都是决定性的。随着科学技术的发展，可以对气候、地形、土壤、水源等因素进行改造。对自然因素进行改造，要根据当时当地的经济技术条件，并需充分考虑投入和产出比。如粮食采用温室种植经济成本过高，不具备市场竞争力。随着地面坡度的增大，修筑梯田的工程量会逐渐增加，而所得的梯田面积会逐渐减小，耕作的难度也随之加大，所以，较陡的山坡不适宜修筑梯田。相比自然因素，农业生产社会经济条件处在不断的发展变化之中，因此农业的区位也在发生变化，农业的区位选择要因时制宜。

（二）因地制宜的"地"

因地制宜的"地"，既有广义的，也有狭义的。广义的"地"，即指地理环境，含有地域、区域、地方或者区位等意思；狭义的"地"，即指土地，包括土地资源、土地类型、土地利用等内容。

土地是各种因素的综合体。具体而言：土地不仅是土壤、植被、地貌、水文等各种自然因素的综合即自然综合体，而且包含了过去和现在人类活动的结果，在自然因素基础上叠加了诸多社会经济因素，更是社会经济综合体（包括土地利用综合体）；土地也不仅是过去和现在的各种因素的综合即历史或现实综合体，由于人类制定和实施各种计划或规划，土地上面还叠加了各种未来趋势性和调控性因素（以社会经济因素为主），且这种因素的叠加具有一定的确定性，极有可能成为现实并产生实质影响，故土地甚至还是一定意义上的未来综合体。基于上述对土地综合体的理解并考虑现实发展状况，可以认为土地类型研究可以分为土地自然类型研究和土地利用类型研究两大部分，后者可进一步分为土地利用现状类型研究和土地利用远景类型研究（表6.7、图6.6）。

表6.7　土地类型研究内容构成

研究组成		研究内容	研究目的
土地自然类型研究		研究土地自然综合体的形成与演替、组合与结构、分级与分类、调查与制图等	认识和揭示土地的自然地理分异和发展规律
土地利用类型研究	土地利用现状类型研究	研究土地利用综合体的现状组合与结构、现状分级与分类、现状调查与制图等	认识和揭示土地的人文地理分异规律
	土地利用远景类型研究	研究土地利用综合体的变化预测与模拟、规划分级与分类、利用方向和调控措施等	认识和揭示土地的人文地理发展规律

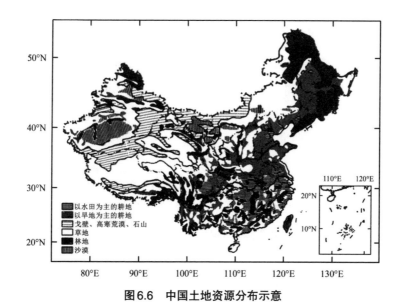

图6.6 中国土地资源分布示意

　　土地类型是一个综合的自然地理概念,是在一定地域范围内对同一级的土地个体据其相似性进行类群归并的产物。这种相似性主要由地方性自然要素分异规律支配,同时也受人类经济活动的显著影响。

　　土地类型是一个区域内按组成要素的某一主体地理因素而形成的一个区域地理组合体,所以它的分类既不同于生物体分类,也不同于土壤的系统分类。土地类型划分的层阶分类,是一个对以土地形成要素的宏观控制影响逐级减退、而区域因素影响逐级加强而形成的地面景观群体层面进行的层阶划分,即所谓土地类型分级系统。

　　20世纪中叶以前,包括中国古代研究在内,土地类型分级多限于以地形为主导因素的中、小单元的划分。20世纪70年代以后,开始进一步扩大到以气候因素为主体的宏观研究,其中以米切尔1979年的"土地类型分级与相应的土壤、植被的分类级别及制图关系"为代表,可总结为土地纲(即土地地带)—土地亚纲(即土地大区)—土地类(即土地省)—土地区(即土地亚省),其下的中小单位类型的划分一般以其中的小地形单元为主。

　　中国土地类型划分比较完整的是《中国1:100万土地类型分级系统》,自上而下划分为土地纲(土地带)—土地大区—土地省—土地区—土地类—土地型—立地七级。其他有关的分级以中比例尺和小比例尺者较多,一般比例尺愈大则以地形为主要标志的分级单位就愈明显。

（三）因地制宜的"制"

因地制宜的"制"，主要作为动词，即采取哪些措施，施行哪些对策等，要求针对不同类型区域的不同发展问题（或问题严重程度不同的地区），采取差异化的政策或措施。例如，针对我国西北地区的荒漠化问题，提出因地制宜进行综合整治策略，具体措施如下：

1.合理利用水资源

在农作区，主要是改善耕作和灌溉技术，推广节水农业，避免土壤盐碱化；在草原牧区，要减少水井的数量，以免牲畜大量无序增长；在干旱的内陆地区，要合理分配河流上、中、下游水资源，既考虑上、中游的开发，又要顾及下游生态环境的保护。

2.利用生物措施和工程措施构筑防护林体系

干旱地区的绿洲常常受到风沙侵袭或沙丘入侵的危害，应在绿洲外围的沙漠边缘地带防沙育草，积极保护、恢复和发展天然灌草植被，在绿洲前沿地带营造乔灌结合的防沙林带，在绿洲内部建立农田防护林网，组成一个多层次防护体系。在缺乏水源的地区，可利用柴草、树枝或其他材料设置沙障工程，拦截沙源，固阻流沙，阻拦沙丘迁移。

3.调节农林牧用地之间的关系

根据自然条件的差异，做好农牧林用地规划，从土地适宜性出发，宜林则林，宜牧则牧。现有林地应该作为防护林的一部分，不能再毁林开荒。绿洲边缘的荒地与绿洲之间的灌草地带，不能盲目开垦，主要用于植树种草，发展林业与牧业。对已经造成荒漠化的地方，还应退耕还林、退耕还牧等。

（四）因地制宜的"宜"

因地制宜的"宜"，也可作广义的理解与狭义的认识。

1.广义上的因地制宜的"宜"

广义上的因地制宜的"宜"，即土地固有的潜在生产力，是指在光、热、水及土等条件下，土地能够提供的最大物质生产量。有人称之为"土地利用能力"，指土地在用于农业、林业和牧业或其他利用方面的潜在能力，是土地自然要素相互作用表现出来的潜在生产能力。例如，20世纪70年代后期，中国科学院自然资源综合考察委员会在东北地区编制《1:100万土地资源图》，采用了土地潜力评价体系。首先,按照土地对农业、林业和牧业的适宜与否将其分为5个等级:宜农宜牧、宜林牧、宜牧、宜林和暂不宜林牧的土地;然后分别按农业、林业和牧业的适宜程度各分最适宜、一般适宜和临界适宜三种情况。另外,为了减少排列组合的数量,并适当突出宜农土地,在宜农林牧的土地中,按农业的适宜性划分为三个等级:①农业无限制或少限制,质量好,最适宜于农业利用的土地;②农业有限制,质量中等,一般适宜于农业利用的土地;③农业限制大,质量差,临界适宜于农业利用的土地。据此,大致划分为7个土地潜力级,分别用罗马字母Ⅰ、Ⅱ、Ⅲ、Ⅳ、Ⅴ、Ⅵ和Ⅶ表示(表6.8)[1]。

表6.8　中国东北地区土地潜力等级划分

潜力等级	适宜性降低(从左至右)						
	宜农宜林宜牧地			宜林牧地	宜林地	宜牧地	其他用地
	农业无限制或少限制,质量好的土地	农业有限制,质量中等的土地	农业限制大,质量差的土地				
潜力降低(从上至下) Ⅰ	√	√	√	√	√	√	√
Ⅱ		√	√	√	√	√	√
Ⅲ			√	√	√	√	√
Ⅳ				√	√	√	√
Ⅴ					√	√	√
Ⅵ						√	√
Ⅶ							√

(1)Ⅰ等地:农业无限制或少限制,质量好,最适宜于农业利用,同时又适宜于林业和牧业利用。地形平坦,土壤肥力高,机耕条件好,是高产稳产基本农田或易建成基本农田。对未垦土地不需改造或略加改造即可开垦,开垦后也易建成基本农田,且在正常利用下不会造成土地退化等不良后果。

(2)Ⅱ等地:农业利用有限制,质量中等,一般适宜于农业利用,也宜于林业和牧业利用。对农业生产有限制,或由于热量不足,或由于水分不足,或由于地形限制,或由于盐碱、沼泽、土壤侵蚀等,需要一定改造措施才能开垦和建设基本农田,或需要一定的保护措施,以免土地退化。

(3)Ⅲ等地:农业利用限制较大,质量差,临界适宜或勉强适宜于农业利用。原因是:或由于一年一熟制不很稳定;或由于水分不足,旱作不稳定,水源

[1] 石玉林.东北地区三幅百万分之一土地资源图的土地资源分类系统[J].自然资源,1979(1):77-90.

又缺乏;或由于较陡的地形,较薄的土层,较重的盐碱化、沼泽化、较强烈的土壤侵蚀,需要大力改造后才能开垦和建设成基本农田;或需在严格保护下进行农业生产,否则易发生土地退化。这类土地适宜于林业和牧业利用。

(4)IV等地:农业利用受到很大限制,但林业和牧业利用无限制或少限制。一般情况下,宜于林业或牧业利用;在特殊情况下,经大力改造后,部分也可作为农业或林业用地,或作为人工牧草地。

(5)V等地:农业、林业利用受到很大限制,但牧业利用无限制或少限制。一般情况下,可作为牧业用地;在特殊情况下,经大力改造后,部分土地可为农业、林业用地,或作为人工牧草地。

(6)VI等地:农业、牧业利用受到很大限制,但林业利用无限制或少限制。一般情况下,适宜作为林业用地;在特殊情况下,部分可作为牧业用地,经大力改造后,部分可作为特殊农业用地。

(7)VII等地:由于特殊的性质暂时不宜农、林、牧业利用的土地,或者可作为特殊用途的土地,如流动沙丘、戈壁之类需改造的土地,或有稀有珍稀动植物资源需保护的土地,或冰川、水源涵养地,或游览区,或作为工业原料、矿产、城镇建筑用地等。

在等之下设亚等,表示适宜程度,在此不再一一阐述。

2.狭义上的因地制宜的"宜"

狭义上,因地制宜的"宜",即土地适宜性,在我国又称为"土宜",它是针对一定的土地利用方式而言的。这些特定的土地利用类型可以是土地利用大类,如农业、牧业、城建和军事用地等,也可以是更详细的土地利用方式,如小麦、柑橘和杉木用地等。由于土地特性或土地质量千差万别,作物或土地利用方式的生态要求也多种多样,两方面很难协调一致。这就是说,某种土地类型很难完全满足作物生长或适合某种土地利用方式,我们将某种土地类型满足作物或适合某种土地利用方式的生态要求的程度称为土地适宜性。

土地适宜性评价是根据土地对不同作物或土地利用方式的适宜程度进行的评价。具体来说,就是指某块土地针对特定利用方式是否适宜,如果适宜,其适宜程度如何,做出等级的评定。由于土地的用途及其质量的高低实际上是土地的自然要素和社会经济要素综合特性的具体表现,土地的自然要素和社会要素相互联系、相互制约、相互促进,推动着土地利用方式及其生产力的发展和演变。因此,土地适宜性评价的基本原理是:在现有的生产力经营水平和特定的土地利用方式条件下,以土地的自然要素和社会经济要素相结合作为鉴定指标,通过考察和综合分析土地各构成要素对植物生长以及建设等用途的适应性和限制性,以此反映土地对各种用地的适宜程度、质量高低及限制强度等,从而对土地的用途和质量进行分类定级。

目前,在国内外影响最大、使用最广泛也最典型的土地适宜性评价方案是世界粮农组织(FAO)于1976年颁布的《土地评价纲要》(*A framework for land evaluation*)及陆续制定的一系列方案。其中,《土地评价纲要》所采用的土地适宜性分类系统为土地适宜性纲(orders)—土地适宜类(classes)—土地适宜亚类(subclasses)—土地适宜性单元(units)四个等级(表6.9)。

表6.9　土地适宜性分类系统

纲	类	亚　类	单　元
适宜性纲:表示适宜性种类	适宜性类:表示在纲内的适宜程度	适宜性亚类:表示类内的限制性因素的差异	土地适宜单元:表示类内限制性因素的微小差异
S:适宜	S_1:高度适宜;S_2:中等适宜;S_3:勉强适宜	S_{2m}:水的限制;S_{2o}:通气性差;S_{2s}:养分状况差;S_{2e}:抗侵蚀性差;S_{2w}:土壤耕性差;S_{2r}:扎根条件差	以S_{2e}亚类为例:S_{2e-1}、S_{2e-2}表示S_{2e}这一亚类内可以区分两种抗蚀性能力不同的单元,但是这两个单元是在中等适宜的范围内
N:不适宜	N_1:暂时不适宜;N_2:永久不适宜	N_{1m} N_{1me}等	

首先,分为适宜纲和不适宜纲。然后根据土地适宜性的程度(高度适宜、中等适宜和临界适宜),在适宜纲内划分适宜级,不适宜纲内分两级——暂时不适宜和永久不适宜。其次,在适宜级内,根据限制性因素的种类(如土壤水分亏缺、侵蚀危险等)划分适宜性亚级。最后,土地适宜性单元表示土地的生产特征和管理要求,同一适宜性单元具有相似的生产潜力和相似的管理措施。

二、"因地制宜"面面观

(一)因地制宜的尺度观

任何事物都有其时间和空间属性,因地制宜问题也不例外。区域大体上可以分为宏观、中观和微观三个尺度,如图6.7。不同尺度的区域,其主体、对象空间范围和影响因素、制约机制有很大的差异,相应的研究方法也有所不同。决定尺度的是所要选择空间的范围。超越空间尺度,抽象地研究地理现象,缺乏理论价值,实际应用意义也不大。

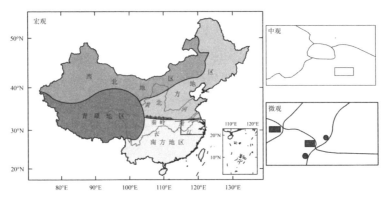

图6.7　因地制宜的空间尺度示意

　　一般情况下,在国际范围内确定某一经济活动的区位要权衡各方面条件,在各国或地区间的地域差异分析基础上将经济活动落实到某一国家或地区范围内;在全国范围内确定某一经济活动的区位则要在分析国内各地区(如沿海地区、内陆地区、东部地区和西部地区等)或各省份的地域差异基础上,择优将经济活动落实到国内某一地区或某一省份范围内;在某一地区或省份范围内,分析其下层级行政单元,即各市县区间的地域差异,择优将经济活动落实到某市县区范围内;在市县区范围内,根据经济活动对自然条件和社会经济条件的具体要求,分析市县区域范围内自然条件和社会经济条件的地域差异,择优将经济活动落实到具体的区位上,即确定出经济活动具体的用地范围。例如,我们要选择一个对国家工业有支柱意义的石化企业用地,假设它的原油来自国外,从全球尺度看,宜放在沿海经济发达地区,特别是工业比重大、技术条件先进的重点城市。从区域尺度看,选择这个企业的位置,应考虑区内产业带的分布、石化企业可能产生的污染、运输条件及与其有关的航道、港口条件等,因此,应把这个企业的位置选择在适度偏离中心城市并靠近深水航道的附近。在最后确定企业的具体位置,特别是企业各单元,如码头、生产区、生活区的位置时,就要进一步考虑航道的滩、槽变化规律,局部的工程地质条件,污染的扩散方向和衰减情况。在企业选址中,我们经历了三级尺度观念:全球尺度的地缘观念、区域尺度的区位观念和局地尺度的规划观念。

　　因地制宜的尺度观主要源于地理学中的地带性规律。地带性规律是指全球或地球表层分异的带状序列,是一种地域分异现象。所谓地域,是地理学中的一个抽象概念,它把地区表层表达成二维空间,在这个空间上有各种地理过程发生并且可以定义为一个景观结构。地域分异规律在地理学中是普遍存在的(如图6.8)。全球尺度上,分异为大陆与海洋,大陆分异又可分为自然地带、自然亚地带、自然区等。在空间经济现象中,区位现象也是一种地域分异现象,在一定空间范围内,只有一个中心市场,不同功能空间形成环状的区位带。有的学者(如景贵和)认为,地域分异可分为四级:①全球性,如全球热量带;②大陆、大洋的分异,如大陆纬度自然带;③区域性分异,如干湿分异和垂直带性;④地方性分异,主要是土地的分异。

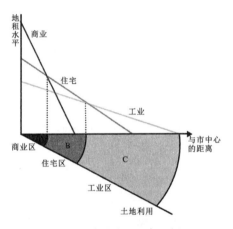

图6.8　地域分异现象示例

　　地域性是地理学的基本特性,它是地表多样性、差异性、相似性的统一。地理区域是由相互联系的地理要素和过程组成的地理综合体。从不同的研究角度,依据不同的原则,可将地理系统分成不同等级、不同类型的地域单元。根据空间尺度,可在纵向上分为全球、洲际或大区、国家、地区、小区等地域层次单元,在横向上构成同一尺度或同类型的空间关联;按研究的主体特性,可分为自然地域系统、人地关系地域系统和人文地域系统。地理学既研究不同等级类型系统的结构、功能、组织、稳定性、动态性、关联性(各界面间的物质、能量和信息传递)、自然与人文的关系,也要进行地区与地区间、不同地域层次间的关系及差异性分析。地域性与差异性要求地理学者关注地区表层的自然与人文现象的多样性与差异性,关注地方、城市、区域、国家的独特性以及社会经济结构、文化制度、发展历史的差异性,关注地方知识与地方文化在解决地方问题上的重要性,要求城市与区域规划、空间决策与政策必须因地制宜。

不同尺度区位之间是有联系的。微观区位是事物的最后落脚点,任何区位都要落实到空间的具体地点,即某个国家或地区的某个城市的具体街区、社区。宏观、中观区位是确定微观区位的背景框架依据。例如沃尔玛进驻中国,首先要考虑中国的投资环境是否可行,然后再考虑在哪些城市布点,最后决定具体的店面设在城市的什么地方。从宏观、中观区位来讲,可能只考虑企业布局于哪个国家、哪个城市,布局多大规模,具体在城市的哪个位置则由下属企业去操作,下属企业的区位选择则不可能摆脱宏观、中观区位所确定的框架。

(二)因地制宜的功能观

土地对人类具有多宜性功能价值。土地作为人类生产发展的基础资源,具有多种功能。一是土地生态系统提供的第一性生产力,这是人类第一产业——大农业存在和发展的基础。二是土地作为自然综合体提供的各种矿产资源、水资源和能源等,这是人类第二产业——工矿业发展的物质基础。三是景观意义上的土地是一种环境资源,风景旅游地就是土地景观功能得以发挥的土地利用方式,既没有在物质上利用土地,也没有在消耗意义上利用土地。具有景观功能的土地价值在于舒适性、美学价值、科学文化价值等。四是为人类活动提供空间场所以及在空间关联中形成区位效益。土地的多宜性功能属于广义的自然资源、自然—经济资源范畴,人类正是在对土地资源不断开发利用与人工环境不断重构中,推进经济技术体系、社会文化体系的发展。由此可见,人类与土地综合体关系的实质是围绕人类社会—地理环境这一主轴关系而展开的,属于人地关系的基础层次。"地"的内涵随着人文环境系统组织结构的日益复杂化而折射出对人类社会的多功能的作用。"地"以其无限的多宜性满足人类不断变化的多样性需求,诸如生理的、心理的、美学的、价值的、物质的等方面(表6.10)。

表6.10　土地资源的多宜性功能

生产功能	生活功能	生态功能	社会保障功能
农业生产用地 工矿生产用地	城镇生活用地 农村生活用地	林地生态用地 牧地生态用地 水域生态用地 其他生态用地	产权功能 增值性功能 不动产功能

（三）因地制宜的决策观

任何一个经济区域的空间结构、组织和发展水平，都是许多行为主体决策及其相互作用的结果。其中重要的行为主体有三个：企业、家庭和公共机构（政府）。这三个行为主体之间的相互关系如图6.9所示。

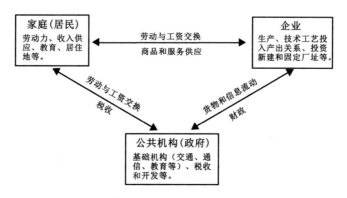

图6.9　企业、家庭和公共机构三个行为主体间的相互关系

研究区域主体及其经济行为，首先面临的问题就是什么是区域主体，区域主体包括哪些对象，各种经济活动主体在何种情况下可以纳入区域主体的研究范畴。其次，区域主体经济行为的研究目的和内容是什么，只有回答了这些问题，才能对区域行为进行深入的分析。